当代社会前沿观察书系

逆风飞扬

社会再生产机制与农民工子女发展研究

闫伯汉 ◎ 著

SOARING AGAINST THE WIND
Social Reproduction Mechanism
and the Development of Migrant
Workers' Children

清华大学出版社
北京

内 容 简 介

在社会转型过程之中，农民工子女的成长发展备受关注。本书使用 CUCDS 数据、CEPS 数据以及 PISA 的中国数据（2015 年），分析了可能影响农民工子女发展的因素，同时针对性地选取了若干典型的、"成功"的、曾留守/流动人员进行深度访谈，以质性的方法探析其改变命运的具体机制过程。得出的主要结论为：弱势群体的再生产或向上流动的主导机制存在于其所生活的社会生态系统之中，这个生态系统既包括远端的制度文化情境，又包括近端的物质条件、互动人群情境；就当前中国社会而言，家庭与学校是最重要的近端情境，富有中国特色的强大的国家力量是最重要的远端情境。由于社会生态系统中的一些情境是易于改变或者受控制性权力关系操控的，这为干预社会再生产特别是促进弱势群体的向上流动提供了机会。对农民工子女这一弱势群体的地位改变而言，除可以通过国家的力量干预其生存情境实现外，乡城流动也是一个重要的实现路径。

本书封面贴有清华大学出版社防伪标签，无标签者不得销售。
版权所有，侵权必究。举报：010-62782989，beiqinquan@tup.tsinghua.edu.cn。

图书在版编目(CIP)数据

逆风飞扬：社会再生产机制与农民工子女发展研究/闫伯汉著. -- 北京：清华大学出版社, 2025.5. -- (当代社会前沿观察书系). -- ISBN 978-7-302-69086-3

Ⅰ. G521

中国国家版本馆CIP数据核字第2025Q4H392号

责任编辑：商成果
封面设计：北京汉风唐韵文化发展有限公司
责任校对：欧　洋
责任印制：刘　菲

出版发行：清华大学出版社
网　　址：https://www.tup.com.cn, https://www.wqxuetang.com
地　　址：北京清华大学学研大厦A座　　邮　编：100084
社 总 机：010-83470000　　邮　购：010-62786544
投稿与读者服务：010-62776969, c-service@tup.tsinghua.edu.cn
质量反馈：010-62772015, zhiliang@tup.tsinghua.edu.cn

印 装 者：大厂回族自治县彩虹印刷有限公司
经　　销：全国新华书店
开　　本：170mm×240mm　　印　张：15.5　　字　数：220千字
版　　次：2025年5月第1版　　印　次：2025年5月第1次印刷
定　　价：89.00元

产品编号：103140-01

前 言

近年来笔者一直在关注农民工子女问题。2018年在由科学出版社出版的《农民工的孩子们：流动对儿童认知发展的影响研究》一书中，笔者对农民工子女问题的成因及可能的解决路径进行了初步讨论，并着重分析了流动对农民工子女认知发展的影响，发现从乡到城的流动能够促进儿童的认知发展。由于认知能力是个体重要的能力之一，与人生其他方面的成就密切相关，因此该书得出了跟随父母的乡城迁移为流动儿童的地位提升奠定了基础的结论。

然而，从衡量个体状态的角度来看，认知能力仅仅是一个方面，还有心理、身体健康等其他方面，那么，乡城流动对这些方面有着怎样的影响？从影响农民工子女社会地位提升的因素来看，乡城流动仅仅是可能的影响因素之一，还存不存在其他重要的影响因素？从研究方法上来看，纯量化研究在探析地位提升方面存在一定的局限，能否辅之以质性研究从而对研究结论进行量化、质性两方面的验证？从研究对象来看，适用于农民工子女的这些结论能否推广到其他弱势群体？研究结论能否有更广的适用性？这些问题，都是在《农民工的孩子们：流动对儿童认知发展的影响研究》一书中没有解答的。鉴于此，本书将以社会再生产主导机制和有效的"反再生产"途径的确定为主要研究任务，试图回答上述问题，作为对农民工子女问题近年来思考的总结。

由于弱势群体类型多样，不同群体的生存情境、向上流动的阻碍因素往往不同，地位改变的方式途径也存在较大不同。因此，作为一项以探寻弱势群体地位改变路径为学术志向的研究，在社会再生产机制的分析中，一方面，试图涵盖更为广泛的弱势群体，追求研究结论的普适性；另一方面，在具体探寻弱势群体向上流动的实证分析中有所选择，并不追求面面俱到，而是以农民工子女这一典型的弱势群体为例，将社会情境分析与再生产机制分析纳入中国场景，探寻其可能的、易于实现的向上流动路径，为其他弱势群体的相

逆风飞扬：社会再生产机制与农民工子女发展研究

关研究提供参考。

在研究过程中，特别注意对社会制度变迁的考虑，以辨识阻滞或促进农民工子女向上流动因素的恰当性。在分析再生产机制时，充分考虑中国社会建设过程中形成的富有自身特色的特征，特别重视在社会转型变革过程中国家力量的关键作用；重视结构性因素对农民工子女成长发展的作用，并从家庭资源、学校因素及乡城流动三个维度进行了分析；也充分重视农民工阶层的抗争努力，并对抗争的有效性进行了评估。

在研究方法上，充分借鉴量化研究与质性研究的优势，既利用全国范围内有代表性的调查数据进行量化分析，也以深度访谈、自我民族志的方法收集资料进行质性分析。本书使用的大样本数据有：清华大学中国经济社会数据中心的中国城镇化与儿童发展调查（China Urbanization and Children Development Survey，CUCDS）数据、中国人民大学中国调查与数据中心的中国教育追踪调查（China Education Panel Survey，CEPS）数据，以及经济合作与发展组织（Organization for Economic Co-operation and Development，经合组织或OECD）国际学生评估项目（Programmer for International Student Assessment，PISA）2015年的中国数据。除量化分析外，为深入把握社会再生产的发生机制，本书针对性地选取了若干典型的、成功实现阶层跨越的曾留守/流动人员，对他们进行深度访谈，以质性的方法探析其改变社会地位的具体机制过程。

在分析策略上，以社会再生产理论统合农民工子女成长发展状况，把成长发展状况的群体间差异纳入更广阔的社会阶层背景之中作为研究视角，故而采用了群体比较的分析策略，不仅考察了家庭背景、学校教育，同时也关注农民工子女生活中更广泛的社会空间、社会生态系统对其成长发展的影响差异。在量化分析时，重视内生性问题的解决，引入了能够消除混淆变量选择性误差的方法，同时也重视对参照群体的选择与处理。

本书的写作逻辑为"社会再生产机制理论分析—再生产机制实证分析—农民工子女社会再生产的关键机制分布分析—农民工子女的地位改变路径分

析"。围绕此逻辑思路，本书共分为十一章。其中，第一章、第二章为社会再生产机制的理论分析；第三章至第六章为再生产机制的实证分析；第七章为对农民工子女社会再生产关键机制的分布描述；第八章至第十章为农民工子女的地位改变路径分析，其中第八章、第九章分别分析了乡城流动对儿童教育获得、健康的影响，第十章聚焦于有留守或流动经历的学业有成的农民工子女，以质性研究的方式分析这些曾经身处困境者最终成功实现阶层跨越的原因；第十一章对本书的发现进行了总结，并讨论了研究的不足之处。

本书的主要结论为，由于社会生态系统中的一些情境是易于改变或者深受社会中控制性权力关系操控的，这为干预社会再生产特别是促进弱势群体的地位改变提供了机会。对农民工子女这一弱势群体地位的改变而言，除可以通过国家的力量干预其生存情境外，乡城流动也是一个重要的实现路径。

弱势群体再生产或向上流动的主导机制存在于其所生活的社会生态系统，这个生态系统既包括远端的制度文化情境，也包括近端的物质条件、互动人群情境。就当前中国社会而言，家庭与学校是最重要的近端情境，富有中国特色的强大的国家力量是最重要的远端情境。简而言之，弱势群体社会再生产或社会流动的主导机制为家庭、学校与权力/制度设置。

就我国社会各阶层间的相对关系而言，虽然因制度变迁的路径依赖与阶层间持续的优势累积，社会各阶层的相对位置仍将呈现"再生产"的明显特征，但弱势群体整体上的阶层再生产并非表明其是一个固化的、永远没有向上流动机会的群体。由于社会生态系统中的一些情境是易于改变或者深受社会中控制性权力关系操控，这为干预社会再生产特别是促进弱势群体的向上流动提供了机会。权力可以通过制度设置来影响地位获得，也可以通过学校、家庭对弱势群体的地位改变发挥作用。

结合流动、留守对儿童的发展影响来看，跟随父母的乡城迁移有利于促进子女的学业发展、教育获得，有利于促进子女的身体健康，因此也最终有利于子女摆脱父辈的命运，实现向上的社会流动；亲子分离、留守在家的农民工子女无论在学业方面，还是在健康方面都面临重重困境，受到诸多限制，最终更可能重蹈父辈的命运，落入阶层再生产。乡城流动对儿童发展的促进作用应归因于城乡之间在教育、医疗等方面的巨大差异。

在阶层地位的获得过程中，结构性因素作用重大；个体及家庭的抗争努力（个体坚韧不屈、发愤图强，家庭的经济支持、较高的教育期望与理解型亲子关系的建立，对结构性因素的趋利避害）对社会地位的改变也具有一定作用。

本书第一章、第二章、第四章、第五章、第七章、第十章、第十一章的作者为闫伯汉；第三章的作者为马洪杰；第六章、第八章的作者为曹谦；第九章的作者为沈纪。清华大学中国经济社会数据中心、中国人民大学中国调查与数据中心以及经合组织（OECD）国际学生评估项目（PISA）为本书的主观观点提供了基础数据支撑，在此表示感谢！同样要感谢河南财经政法大学2017级社会学专业本科班学生梁玉芯、郁宁芳、杨世广、李文奇、王霏、郭凯凯等的辛苦付出，他们牺牲了暑寒假的宝贵时间进行访谈及资料的整理工作，正是由于他们的努力，为本书的质性写作部分提供了丰富的资料。还要感谢责任编辑商成果女士的倾力支持，她专业的眼光与耐心细致的沟通提升了作品的质量。最后要感谢我的家人，他们的支持永远是我不竭的动力源泉！

闫伯汉
于龙子湖毓苑
2023 年 6 月 10 日

目 录

第一章　导论 // 1
　　第一节　研究背景 // 1
　　第二节　研究问题、研究对象与研究意义 // 7
　　第三节　研究思路、研究内容与分析框架 // 15
　　第四节　研究方法与结构概述 // 21

第二章　文献综述 // 25
　　第一节　阶层再生产机制：理论综述与中国现实 // 25
　　第二节　农民工子女地位获得文献回顾 // 43
　　第三节　本章小结 // 54

第三章　家庭的作用：家庭文化资本与子女学业成就 // 55
　　第一节　研究问题的提出 // 55
　　第二节　文献回顾 // 56
　　第三节　研究假设 // 60
　　第四节　数据、变量与模型 // 62
　　第五节　结果分析 // 66
　　第六节　本章小结 // 71

第四章　家庭的作用：家庭资源与家长教育预期 // 73
　　第一节　研究问题的提出 // 73
　　第二节　文献回顾与研究假设 // 74
　　第三节　数据、变量与分析方法 // 80
　　第四节　结果分析 // 83
　　第五节　本章小结 // 91

第五章　学校的作用：学前教育机会与儿童认知能力发展 // 93
　　第一节　研究问题的提出 // 93

第二节　文献回顾与研究假设 // 95

第三节　数据、变量与模型设定 // 100

第四节　学前教育对儿童认知能力发展的短期效应分析 // 104

第五节　学前教育对儿童认知能力发展的长期效应分析 // 107

第六节　本章小结 // 110

第六章　学校的作用：学校质量与学生科学能力发展 // 114

第一节　研究问题的提出 // 114

第二节　文献回顾与研究假设 // 115

第三节　数据、变量与模型 // 117

第四节　结果分析 // 122

第五节　本章小结 // 127

第七章　农民工子女的家庭状况与学校教育状况 // 129

第一节　农民工子女的家庭状况 // 130

第二节　农民工子女的学校教育 // 138

第三节　农民工子女的其他社会生态系统 // 141

第四节　本章小结 // 142

第八章　乡城流动与儿童教育获得 // 144

第一节　研究问题的提出 // 144

第二节　乡城流动对教育获得影响的文献回顾 // 145

第三节　研究假设、数据与模型 // 148

第四节　结果分析 // 153

第五节　本章小结 // 156

第九章　乡城流动与儿童健康 // 158

第一节　研究问题的提出 // 158

第二节　留守与流动对儿童健康的影响：已有研究回顾 // 160

第三节　儿童健康的界定与研究假设 // 162

第四节　数据、测量和变量 // 167

第五节　研究方法和模型设置 // 171

第六节　结果分析 // 174
第七节　本章小结 // 177

第十章　逆风飞扬的农民工子女：一项质性研究 // 179

第一节　研究背景与研究问题 // 179
第二节　文献回顾 // 181
第三节　调查对象与研究方法 // 183
第四节　逆境下的情感体验：坚韧不屈、独立自主 // 184
第五节　重要他人的影响：品质塑造、教育期望、教养方式 // 186
第六节　外在结构性因素：趋利、避害 // 192
第七节　本章小结 // 195

第十一章　结论与讨论 // 197

参考文献 // 211

第一章

导论

第一节 研究背景

近两百年,由于外部刺激和自身发展的需求,我国社会一直努力地从传统农业社会向现代工业社会转型奋进。1949年中华人民共和国的成立,尤其是改革开放政策的实施,使中国社会的转型真正进入加速期。当然,由于世界形势的变化,当代中国社会转型的内涵也变得更为丰富:除从传统农业社会向现代工业社会转型外,同时还伴有从计划经济体制向市场经济体制的转型,以及从现代社会向后现代社会的转型。伴随转型的进行,中国社会的面貌发生了根本的变化,社会阶级阶层结构的变化就是其中之一。

一、社会转型对当代中国阶层结构的影响

中华人民共和国的成立是当代中国社会转型中的关键性事件。中华人民共和国成立后,国家通过社会主义改造等制度政策或方式,使公有制取代了私有制,建立了计划经济体制,最终形成了一个再分配体制下的总体性社会。在这样一个社会中,国家掌握着生产资料、物质财富以及人们生存发展的各种机会、信息等绝大部分资源,并以此为基础,对社会进行深入动员和控制(应星,2015)。

中华人民共和国成立后发生的制度革命也重塑了中国社会的阶级阶层结

构。人们的经济地位在很大程度上取决于其在国家再分配体制中所处的位置，人们的社会地位取决于其在高度集权的计划体制和政治化社会结构中的位置（陆学艺，2004）。旧社会时处于社会上层的地主阶级、官僚资产阶级和民族资产阶级被消灭，处于底层的工人阶级、农民阶级登上历史舞台，中国社会的阶级阶层结构从此长时间稳定地表现为"两个阶级一个阶层"的形态（"两个阶级"指工人阶级和农民阶级，"一个阶层"指知识分子阶层）。1978年改革开放以后，这一阶级阶层结构形态才逐渐被改变。

总的来看，中华人民共和国的成立及伴随的制度变革，在为底层群体提供大量向上流动机会的同时，也产生了大规模上层群体的向下流动。中华人民共和国成立后至改革开放前这段时期，虽然中国社会在经济意义上是反分层的，但并不意味着中国当时是一个平等的社会，当时的中国社会不仅存在着经济平等与政治不平等之间的紧张，而且经济平等的理念在公有制的制度结构与身份制的制度结构之间也存在着紧张（应星，2015）。特别是身份制度（单位身份、城乡户籍身份、政治身份、干部与非干部身份等），对社会流动产生了直接且重大的影响。以城乡户籍身份制度为例，该制度规定，国家只负责城市市民的粮油供应等福利待遇，不负责农民的相关福利待遇；严格限制农民未经允许而自流进城；禁止城市单位自主招用农村劳动力做工。这一制度导致了城乡二元分割的社会结构，城市与农村、市民与农民的差异成为中国最显而易见的社会分层。在这一分层体系中，广大农民明显处于弱势位置（陆学艺，2004）。

1978年的改革开放政策，政治上放弃了"以阶级斗争为纲"的错误政策路线，将全党的工作重心转移到经济建设上来；经济上逐步引入市场机制，改变了单一的公有制形式，取而代之以多种所有制形式。摒弃"以阶级斗争为纲"的路线政策，意味着改革前反经济分层的政治分层标准已经被废弃，标志着身份制的衰落，各种群体在政治、法律面前以公民的身份获得了平等；以经济建设为中心的发展战略，特别是在"允许一部分人先富起来"基调的指引下，使经济分层愈发明显（应星，2015）。在1992年邓小平同志"南方谈话"的推动下，中国的改革开放进一步深入，逐步形成了以公有制为主体、多种所有制形式共同发展的格局，从宏观层面上来讲，中国经济体制完成了由计划到市场的转轨，市场经济体制最终建立。

伴随着改革的深入、市场经济体制的建立，原有的"两个阶级一个阶层"的社会阶级阶层结构发生了分化。有诸多研究描述了这种分化，其中影响最为广泛的是陆学艺的研究。陆学艺（2002）在进行全国性调查的基础上，以职业分类为基础，以组织资源、经济资源和文化资源的占有状况为标准，将当代中国社会划分为国家与社会管理者、经理人员、私营企业主、专业技术人员、办事人员、个体工商户、商业服务业员工、产业工人、农业劳动者和城乡无业/失业/半失业者十大阶层[①]。由"两个阶级一个阶层"分化为"十大阶层"体现了阶级阶层结构演进的多元化、复杂化。其背后的逻辑也不难理解，随着经济的发展，就业空间扩大，劳动分工体系日益精细化、复杂化，如个体户、商业服务业人员等占有相同资源的新职业群体就出现了；随着市场化的进程，非公有制经济蓬勃发展，为满足非公有制经济发展的私营企业主、管理人员也应运而生，形成新的阶层。

改革开放这一重大制度变革既催生出一些新的阶层，又改变了原来的社会阶层（"两个阶级一个阶层"）在社会结构中的相对位置。这一时期，产业工人的地位继续下降：无论是国有企业、城镇集体企业的"减员增效"改革还是"抓大放小"改革，实际上都降低了产业工人的经济社会地位；乡镇集体企业的改制也使产业工人失去了原有的福利待遇（陆学艺，2004）。

1997年后，农业经济出现了明显的下滑趋势，再加上农民面临的负担重、国家财政对农村公共产品和服务的投资比重逐年下降、土地征用、"剪刀差"及农村资金向城市倒流等问题，农业劳动者丧失了改革开放初期的优势，而转变为一个地位较低而且明显处于劣势的社会阶层（陆学艺，2004）。

[①] 除陆学艺的"十大阶层"划分外，比较有影响的划分还有林宗弘和吴晓刚（2010）以对生产性资产的占有为基础构建的新马克思主义阶级分类，李路路等（2012）以权力－支配关系为基础构建的权威阶级分类，刘欣（2018）以支配权的大小为基础划分的"七大阶层"。

二、对当代中国阶层结构现状及趋势的判断

面对社会结构中正在发生的不同阶层相对位置的变化,学者们是如何描述其状况并判断其演进特征的呢?"中产化论""碎片论""断裂论""双重再生产论"是国内学者发展的力图对中国社会分层结构变迁模式作出总体性概括的四个较有影响的理论。

陆学艺(2004)认为,中华人民共和国成立后农民占绝大多数的"两个阶级一个阶层"的社会阶层结构属于传统社会的阶层特征,现代社会的阶层特征应该是"两头小、中间大"的,即中间阶层应该在社会阶层结构中占大多数,而底层、上层应该占少数,形状像"纺锤"一样;改革开放后,中国社会分化加剧,虽然处于底层的产业工人、农业劳动者阶层仍然占据大多数,但总体而言,产业工人的比重是在下降的,农业劳动者的比重更是持续下降的,而企业事业管理人员、专业技术人员、办事人员、服务人员的比重是上升的,第三次全国人口普查数据分析表明,底层职业从业人员数量降低了8.1%,中上层职业从业人员数量则增加了7.2%,整个社会的职业结构呈现出明显的"趋高级化"。中国社会阶层结构正在向"中产化"演进,一个现代化社会阶层结构的雏形已在中国形成(陆学艺,2002)。"中产化论"的观点与布劳和邓肯(Blau & Duncan, 1967)工业主义的判断一致,认为伴随着工业化的深入、技术的进步,中国社会将变得更为开放。

李强(2005)利用第五次全国人口普查数据进行分析发现,中国社会实际上存在两个分层体系:一个是城市社会的分层体系,另一个是农村社会的分层体系。城市社会有中产化/中产阶层化的趋势,而农村社会则普遍是较低地位者,无中产阶层可言;整个中国的社会结构,形状类似于倒过来的"丁"字,倒"丁"字形结构的一横,是人数众多的农村社会阶层,倒"丁"字形结构的一竖,则代表城市的社会阶层;倒"丁"字形社会结构下层群体过大,下层与其他阶层之间属于两极式或直角式的连接方式,阶层界限分明。

李强关于中国阶层结构界限分明的判断与孙立平的"断裂论"观点一致。

第一章 导论

孙立平（2003）以"断裂社会"描述中国社会结构的现状与趋势：各类资源日益聚集于少数上层精英分子手中，大多数的弱势群体占有的资源越来越少，甚至可以说这部分人已被甩到了社会结构之外，随着弱势群体与精英阶层的经济社会差距越拉越大，整个社会日益变为相互隔绝、差异明显的上层社会与底层社会两部分。

"碎片论"与"断裂论"有着近似的理论逻辑，认为中国社会当前的分层形态表现为阶层界限明晰，阶层间客观位置差异巨大，力量差异悬殊，身份制、地域差异（特别是城乡差异）、体制差异等制度条件的分割使得群体间利益关系碎片化（李强，2006）。

"双重再生产论"同时考虑了国家的关键地位与市场的机制，认为制度变迁过程中的再分配权力的转换、延续及市场内在的无法克服的不平等机制的存在，使代际流动模式、社会阶层结构仍然具有再生产的特征；双重再生产模式意味着，那些过去占有优势地位的阶层群体将通过所拥有的社会网络、人力资本等手段，使得他们的优势得以保持、延续（李路路，2002，2003）。

上述对中国社会阶层结构的判断，除"中产化论"显示出乐观的论调以外，其余的理论都直接或间接地强调了中国社会各阶层界限的清晰化、分化趋势的定型化、底层向上流动的困难化。这些对中国社会结构封闭性的判断，转化为今天的流行话语就是——"阶层固化"（Class Immobility）。

近年来，"阶层固化"一词逐渐活跃于舆论界、学术界。"阶层固化"的意思与社会流动对应但又不完全相反，社会流动包含水平流动/横向流动与垂直流动/纵向流动，而阶层固化仅仅意味着一个社会中垂直流动的缺乏（水平流动不一定缺乏），特别是底层向上流动的困难。在一个"阶层固化"的社会中，由于持续存在的诸多不平等机会，家庭出身等先赋性因素对个体的地位获得影响较大，而个人努力等自致性因素的影响较小。可以预见，在一个缺乏向上流动机会的固化社会，社会的和谐稳定必将受到挑战，最终势必会影响到社会经济的可持续发展。

当前的中国社会是一个"阶层固化"的社会吗？当前的中国社会有"阶

层固化"的趋势吗？其实，上述关于中国社会阶层结构的四种理论已给出了答案不一的结论。相较于这些整体性判断，一些研究者从教育获得、收入等决定地位获得的具体角度进行研究分析，也对"阶层固化论"进行了回答。刘云彬等（2009）利用北京大学教务部门的新生入学统计及档案馆中按年集册的新生录取花名册数据进行分析，发现1978—1998年北京大学中家庭出身为农民的学生比例为20%~40%，这一比例在20世纪90年代中后期之后开始下降，2000年以后农村新生比例仅为10%~15%。

清华大学课题组（2012）利用中国大学生学习与发展追踪调查数据，以"是否为农业户口""家庭是否在农村居住""父母是否从事农业"为标准将"农家子弟"分为"农户子弟""农村子弟""农民子弟"三类，发现农户子弟和农村子弟在获得"985""211"高等学校等优势教育资源上的教育机会都出现了下降的趋势。2006—2010年农户子弟在"985"高校中的比例从54.7%下降到45.7%，农村子弟在"985"高校中的比例从43%下降到34.6%。

Chen和Cowell（2017）为考察中国社会的流动性，利用中国健康与营养调查（China Health and Nutrition Survey，CHNS）数据分析了1989—2011年中国家庭经济地位和收入水平的变化，发现中国家庭在经济地位上的流动性下降了，在20年的时间里，原来处于底层的家庭很大概率还在底层，原来处于顶层的家庭很大可能仍在顶层；不但家庭的经济地位形成了再生产，而且家庭之间的收入差距越拉越大——顶层家庭收入的增长速度快于平均水平，更快于底层家庭收入的增长速度，整个社会从收入水平上看表现出流动性的上升，但这种上升不过是"穷人越穷，富人越富"两极分化的结果。

当然，也有一些研究发现不支持"阶层固化论"（顾辉，2015；胡建国等，2019；陈云松等，2019）。但是应该看到，即使是不支持"阶层固化论"的研究，大多也承认相较于改革开放初期，近年来中国社会的垂直流动呈现下降的趋势（Zhou & Xie，2019；陈云松等，2019）；承认中国社会存在着影响阶层正常流动的宏观的制度政策、中观的制度外"间隙"行为机制、微观的差异化个体能动性等若干障碍因素（朱光磊、李晨行，2017）。如周翔和谢宇的研究发现，横向比较11个西方发达国家（英国、德国、法国、匈牙利、爱尔兰、以色列、意大利、荷兰、挪威、波兰和瑞典），当代中国的代际流动率更高，显示出中国社会的流动性更强；但纵向比较20世纪八九十年代的中国，当前中国社会的代际流动率是下降的（Zhou & Xie, 2019）。

综上所述，研究者对"阶层固化"持有这样的观点也许更为恰当：一方面，不能将"阶层固化"与社会流动率的下降等同起来；另一方面，要对社会流动率的降低保持足够的敏感。即使社会流动速度的下降还没到"阶层固化"的程度，研究者未雨绸缪地发出"阶层固化"的警示也是有益的。因预警而引发决策者重视，从而将问题解决于萌芽。

正是持有这样一种对当前中国社会流动速度下降，尤其是弱势群体向上流动面临障碍的判断立场，以及探索弱势群体向上流动可能路径的追求，促成了本书问题的确立。

第二节 研究问题、研究对象与研究意义

上述对社会分层、社会流动状况及趋势判断的差异源于对当代中国社会阶层分化机制认识的不同。当代中国社会阶层结构的分化机制是什么？决定当前中国阶层结构形成的动力是什么？

一、当前中国阶层结构形成的动力解释及研究问题

布劳和邓肯利用20世纪五六十年代的美国数据对地位获得的研究是社会分层领域的经典，他们提出的"布劳-邓肯地位获得模型"的重要结论之一是，伴随着传统社会向现代社会的转型，决定个体社会地位获得的机制发生了变化，在传统社会，先赋因素对个人地位的获得具有最重要的影响；在现代社会，受教育程度等后致性因素决定着个人地位的获得（Blau & Duncan, 1967）。

一般认为，类似于20世纪五六十年代的美国，改革开放后中国社会阶级

阶层分化的主导机制也发生了变化：由改革开放前身份等先赋性因素决定社会成员的社会位置，转变为改革开放后教育、经济收入等自致性因素决定不同群体在社会结构中的地位。如果对此观点不认同的话，至少应该承认：相较于改革开放前，改革开放后自致性因素在地位获得过程中更为重要了。导致这种地位获得主导机制变化的动力是什么呢？

"市场转型论"最早进行了回答，并引发了一系列的争论。"市场转型论"以中国农村的调查资料为依据，提出了一系列关于市场转型与社会分层机制变迁的理论命题，如市场权力命题、市场刺激命题和市场机会命题，其核心观点是：市场转型过程，就是市场机制逐渐取代再分配机制的过程，市场转型导致再分配权力向市场让渡，向"直接生产者"转移；市场转型，意味着直接生产者在市场中获得了更多的自主权、讨价还价的能力，因此也提供了比再分配经济更强有力的刺激；市场成为社会经济流动的另一条渠道，市场改革为再分配以外的部门创造了更多的机会，获取了更多的经济利益。核心命题又可以简单概括为两点：市场转型将降低对政治资本的回报，而提高对人力资本的回报（Nee，1989，1996）。

"市场转型论"不断遭到后来研究者的质疑，并发展出了如下一系列具有竞争性的研究假设。

（一）"权力变形或维继论"

罗纳-塔斯的研究发现，伴随着匈牙利的市场改革，再分配中的权力拥有者先将权力转化为社会网络资源，然后将社会网络资源转变为私有财富，经过这两次转变，再分配权力并没有像倪志伟预言的那样退出历史舞台，而是得到了保持与延续（Rona-Tas，1994）。边燕杰和罗根则基于中国天津的调查数据进行分析，发现对再分配权力的收入回报随着改革的进行而提高，并将再分配权力得以"维继"归因于制度变革的路径依赖，即在执政党地位与单位制度未发生根本动摇的状况下进行的改革，保证了再分配权力对资源的控制（Bian & Logan，1996）。

第一章 导论

（二）"市场阶段与市场渗透论"

泽林尼和科斯泰罗认为，市场改革的结果并非必然如"市场转型论"所预言的那样固定不变，不同群体的获益问题最终取决于具体的制度条件。在再分配经济占据绝对优势地位，市场经济处于极为边缘地位的地方商品市场条件/阶段下，来自底层的人群首先进入市场并获益更多，这时支持了"市场转型论"——再分配者的优势相对下降；在商品经济进一步发展，劳动力市场、资本市场开始出现的社会主义混合经济条件/阶段下，再分配者逐渐将其特权商品化，不平等的二元结构出现；在市场活动占据主导地位的经济转型条件/阶段下，人力资本的回报得到提高的同时，一些再分配者变身为"资本家"，而一些干部则因为保守或失去权力成为改革的输家（Szelenyi & Kostello，1996）。

（三）"制度条件归因论"

魏昂德的研究指出，"市场化"的概念在已有的关于市场转型理论的争论中一直是模糊不清的，市场的存在形式多种多样，市场经济未必有一套不同于再分配制度的社会分层体系。市场对不平等的影响，取决于具体的条件、制度，脱离这些具体条件和制度环境，是不可能预测向市场分配过渡会产生什么影响的（Walder，1992，1996）。

不同于多数学者主要关注市场转型论的"市场转型将降低对政治资本的回报"方面，谢宇和韩怡梅的研究主要验证了市场转型对人力资本回报的影响，发现在中国城市社会中，对以受教育程度为代表的人力资本的回报并没有随着改革的进行而提升，并将之归因于中国城市发育不完善的劳动力市场（Xie & Hannum，1996）。

（四）"政治与市场同步演化、相互作用论"

周雪光以"政治与市场的共变"模型描述中国制度变迁过程中政治与市场之间的内在联系。他指出，政治与市场并非相互对立：一方面，国家在建立规则制度过程中起到了关键作用，市场正是在这些规则制度中运作的，因此，市场领域的经济活动为政治所塑造；另一方面，经济活动也会引发国家政策制度的变革，引发政府机构角色的变换。周雪光认为，要更好地理解不同群体在社会结构中优势或劣势地位的来源，就应该抛弃传统市场转型理论有关再分配制度（老的制度）与市场制度（新的制度）的区分标签，考虑被观察到的经济交易和"新"制度现象在多大程度上是由市场或政治原则所支配，以及它们以何种方式削弱、强化或改变着市场和政治，深入理解政策制度在政治领域的制定过程，尤其是理解"老的"和"新的"利益对政策制度制定过程施加影响的方式（Zhou，2000）。其他研究，也有相似的政治与市场同步演化、相互作用观点的表达（Parish & Michelson，1996；边燕杰、张展新，2022）。

市场转型论及这些竞争性假设，围绕社会主义国家市场转型与社会分层的关系展开争论，在争论中逐渐形成了以下共识：市场与再分配并非简单的此消彼长关系；考察社会转型对社会分层的影响，应对不同社会转型的独特过程、具体模式以及与原有制度之间的"路径依赖"给予高度的关注，应对具体条件、制度环境给予高度的关注；在体制转轨过程中，社会分层模式具有再生产的特征。

（五）研究问题

上述关于当前中国阶层结构形成的动力分析，可以分为两个层次/角度：市场转型论及其相关争论的宏观制度变革角度；地位获得模型的微观个体地位获得角度。在叙述中将宏观层次的讨论既看作微观个体地位获得分析的背景，又看作微观个体地位获得的深层次原因。其实，无论微观的地位获得分析，还是宏观层面的诸多争论，都仅仅关注社会分层模式的特征——地位获得研究关注的是先赋性还是后致性因素主导了当前的分层模式，"市场转型论"及相关争论关注并发现了社会分层模式的再生产特征。但是，它们没有回答再生产的发生机制是什么。具体而言，就是优势群体是如何保持并传递其优势地位的？弱势群体又是如何被再生产的？在一个垂直流动速度下降的社会，特别是在一个底层群体向上流动困难的社会，有没有一些易于操作的方式或可能的路径能够有助于实现底层群体的向上流动？这些正是本书关注的核心问题。

二、研究对象与研究意义

（一）研究对象

按照陆学艺的划分，"十大阶层"又可归为优势群体、中间阶层和基础阶层。基础阶层即底层，包括商业服务业员工、产业工人、农业劳动者、城乡无业/失业/半失业者（陆学艺，2004）。在最宽泛的意义上，这些基础阶层均在整体阶层结构中处于弱势位置，都属于本书的关注对象。从学理上讲，这些统一被归属为底层的群体的再生产方式必然有着某些共同之处，对其进行整体性再生产模式的分析也有重要的意义。但也必须承认，这些群体之间存在着明显的差异，其生存环境、向上流动的障碍因素等往往有别，改变群体地位的具体途径也必然存在较大不同。因此，作为一项以探寻弱势群体向上流动的路径为学术志向的研究，在希望研究结论具有普适性，即能够在某种程度上适用于所有的弱势群体的同时，也明白在力量有限的前提下，面对一项如此宏大的任务，应有所选择、有所舍弃，追求面面俱到很可能会适得其反，落入画猫类虎的境地。基于上述考虑，本书在社会再生产机制的分析中，试图涵盖更为广泛的弱势群体，但在具体探寻弱势群体向上流动的实证分析中，将主要以一个典型群体——农民工子女作为研究对象试图通过对这一群体的再生产模式的细致分析，总结其可能向上流动的路径，为其他弱势群体的相关研究提供参考。

以农民工及其未成年子女作为研究对象有充分的理由。

农民工是一个弱势群体。已有研究表明，尽管农民工的社会地位高于农业劳动者，但在整个分层体系中，仍处在较低的位置上，属于底层社会。李强（2012）从经济地位、权力地位、声望地位三个向度测量了农民工的社会地位，发现在三个向度上，农民工的地位都较低。陆学艺（2004）这样描述农民工的社会地位：与城镇职工相比，农民工从事着最苦、最累、最脏、最险的工作，但获得的是"同工不同酬""同工不同时""同工不同权"的"三同三不同"地位；在经济地位方面，农民工所获报酬与其劳动价值不对等，从事同样的非农劳动，城镇工人的平均工资是农民工的1.78倍；农民工缺乏自我保护能力和组织权力，对决策缺乏发言权，也没有与企业对话的能力；在社会声望方面，他们受到诸多歧视和不公对待，处于边缘化的状态；从国民待遇看，农民工的一些公民权缺失，作为纳税人，他们获得的服务有限，常常被排斥在当地政府的服务范围之外；农民工为城市建设付出了青春、汗水，但他们的伤病、养老、子女教育的重担却没有得到城市社会足够的支持和帮助。

农民工兼有产业工人与农业劳动者的属性，且规模巨大。在阶层划分的统计上，农民工通常作为工人阶层的一部分。但农民工又明显不同于工人阶层，他们无法享受与产业工人同等的社会保障和福利待遇，依此看，农民工更具有农业劳动者阶层的属性，还是农民身份，但农民工显然在职业、经济地位、生活方式上又不同于农业劳动者（陆学艺，2004），因此称之为一个兼有产业工人与农业劳动者双重属性的群体。选择这样一个身跨两大弱势群体的群体作为研究对象，在覆盖面上，表现得更为宽广。农民工的群体规模巨大，国家统计局发布的数据（见图1-1）表明，2022年农民工总量达2.96亿人，比2021年增加311万人，总量在继续增加；在全部的农民工中，本地就业农民工1.24亿人，外出农民工1.72亿人，其中进城农民工也有1.33亿人。

外出农民工群体背后还隐藏着规模庞大的未成年子女群体——农村留守儿童与流动儿童。一方面，大量的农民工外出务工经商，往往是家庭部分劳动力的迁移，并非完整家庭的外出，结果造成未成年子女留守农村的亲子分离局面，形成了农村留守儿童群体。从2015年全国1%人口抽样调查数据可知，农村留守儿童的规模为4051万人，占全部农村儿童的29.4%，即每10名农村儿童中约有3名为留守儿童（吕利丹等，2018）。另一方面，也有越来越多的农民工克服城市生活的重重困难，坚持将未成年子女带在身边，又形

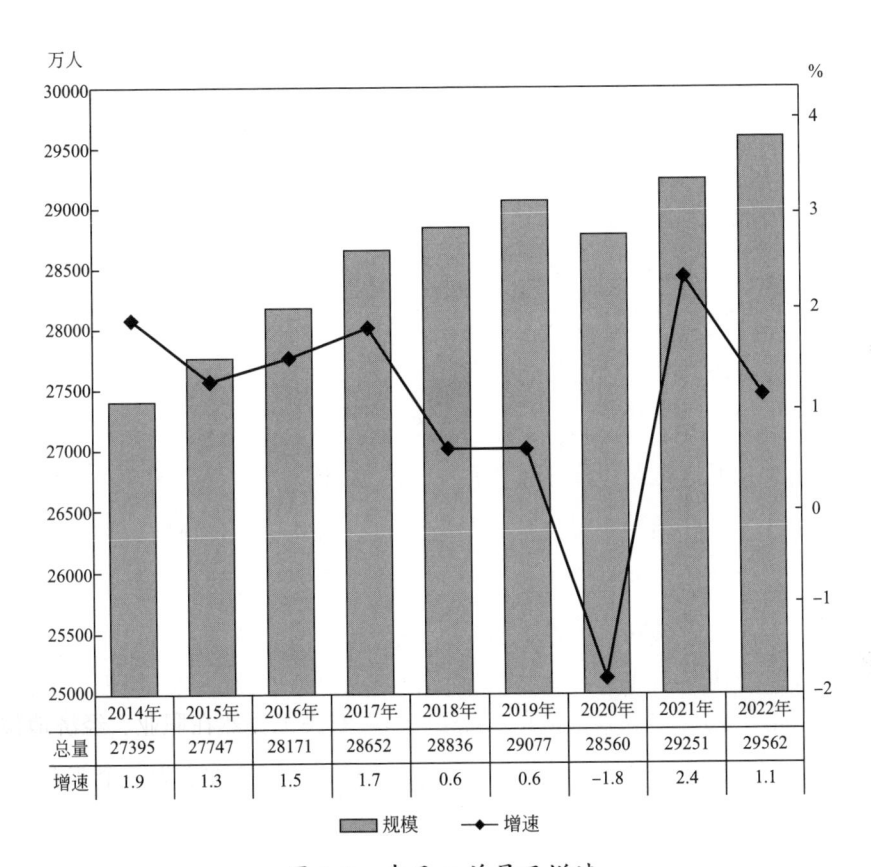

年份	2014年	2015年	2016年	2017年	2018年	2019年	2020年	2021年	2022年
总量	27395	27747	28171	28652	28836	29077	28560	29251	29562
增速	1.9	1.3	1.5	1.7	0.6	0.6	-1.8	2.4	1.1

图 1-1 农民工总量及增速

资料来源：《2022年农民工监测调查报告》

成了一个规模不小的农村流动儿童群体，这一群体的规模大约为2087万人（吕利丹等，2018）。① 东北师范大学中国农村教育发展研究院发布的《中国农村教育发展报告2020—2022》显示，2021年我国义务教育阶段农村留守儿童为1199万人，占义务教育在校生总数的7.59%；义务教育阶段进城务工人员随迁子女有1372万人。

---

① 这里的农村留守儿童指父母双方或一方流动，留在原籍不能与父母双方共同生活在一起的0~17岁农村户籍子女，流动儿童指跟随父母双方或一方流动的0~17岁农村户籍子女；农村留守儿童与流动儿童的规模相比2010年第六次全国人口普查的数据有着明显的减少，一方面，归因于中国人口结构的变动，0~17岁儿童在总人口中的比例下降了；另一方面，在于农村转移人口进城落户政策的落实。

以农民工及其未成年子女为研究对象有助于对中国的社会转型、社会变迁进行考察。作为因市场化、工业化、城镇化进程而催生的一个特殊群体，社会转型时期的一些特点必然投射于其命运轨迹。在市场的作用下农村中的精壮劳动力流动到城市成为农民工，反映了高度集中的计划经济体制向以市场为主进行生产要素配置的市场经济体制的转型；大批的农业劳动者转变为做工的工人，反映了农业社会向工业社会的转型；大规模的农村劳动力从农村迁移到城市，反映了由农村社会向城市社会的转型。

由农业劳动者转变为农民工，经济收入得到了提高，虽然提高的幅度不一定很大，但这无疑也属于地位的提升，属于向上的社会流动，实质上减少了中国社会阶层结构中最底层人员的数量，因此这一群体的出现、壮大是中国社会结构现代化的一个表现。然而，这一群体长时间在统计上被归入工人阶层而实际上更具农民属性的现状，即在城市中不被作为市民看待、不享有市民待遇的状况则成为社会结构现代化的障碍。不仅如此，规模庞大的农民工未成年子女——留守儿童、流动儿童未来会成为中国劳动力市场的主力军，成为中国经济可持续发展、社会和谐稳定的重要保证力量。然而，童年时期的亲子分离或边缘化的遭遇，会在其生命历程中留下深浅不一的烙印，产生一定的消极影响，这些消极影响会转化为一定的破坏性力量，使社会转型中滞后的制度改革成为实现经济可持续发展、社会和谐稳定的阻力。

（二）研究意义

伴随着社会的转型，中国的阶层结构发生了巨大变化，弱势群体的向上流动愈发困难。在此背景之下，研究弱势群体的社会再生产机制，并以农民工子女这一典型的弱势群体为例，分析阻滞或促进这一群体向上流动的因素，不仅可以为农民工家庭的流动决策提供依据，为广大教育工作者、心理工作者、社会工作者及有关公益人士、组织进行针对性的帮扶教育工作提供借鉴，为相关部门的政策导向、政策制定提供参考，还可以为其他弱势群体的相关研究提供借鉴，从而推动中国现代化社会阶层结构的实现。

从理论上来讲，目前有关阶层再生产、社会分层的研究理论多建立在资本主义制度背景之上，将之直接套用于由计划经济体制向市场经济体制转型的中国社会显然存在各种不适与很大的局限。在中国过去几十年的社会建设过程中，形成了很多富有自身特色的发展模式，如多种所有制的长期并存，再分配与市场的有机协调共存以及"国家主导"模式等。特别是在中国经济体制转型过程中，"国家主导"的特征突出而鲜明：在经济领域，国家权力引导着市场作用的发挥；在社会其他领域，国家力量以制度设置的方式引导着社会的转型变革，影响着各阶层的资源获得，形成独特的社会分层演进模式。这些特征为分析阶层再生产机制、社会分层模式提供了新的机会，为相关理论的发展、丰富与突破提供了新的动力。

由于中国的农民工迁移与国际上的跨国移民有着明显的不同，已有的再生产视角下农民工子女问题的研究不仅存在样本选择问题、缺乏系统的群体比较、缺乏对农民工子女生活其中的更广泛的社会空间的关注，而且存在过分强调并预言这一阶层再生产必然性的问题（闫伯汉，2018）。因此，本书"反再生产"（促进弱势群体子女向上流动）的研究思路在某种程度上或许可以凭借中国经验重构阶层再生产理论。

第三节 研究思路、研究内容与分析框架

一、研究思路

（一）从理论上探讨社会再生产的主导机制

在借鉴已有阶层再生产理论成果的基础上，将对中国阶层再生产主导机制的探讨纳入中国城镇化、制度转型、市场转型及国家治理方式的变迁这一宏大的背景之中，借此较为全面地揭示我国弱势群体再生产的运作逻辑，从而为分析以农民工子女为代表的弱势群体向上流动的可能途径奠定基础。

（二）验证社会再生产主导机制在中国的适用性

通过梳理已有阶层再生产理论的研究成果，总结社会再生产发生的关键机制。但是，这些机制是否适用于中国社会，需要来自全国范围内有代表性的样本数据的验证。

（三）影响社会再生产的关键因素在弱势群体中的分布

理论分析与实证分析发现的影响社会再生产、社会流动的关键因素在不同阶层的分布状况如何？弱势群体对这些稀缺资源的占有状况如何？厘清这些问题是进一步探析弱势群体向上流动路径的基础，当然，这也需要全国范围内有代表性的样本数据的支持。

（四）弱势群体向上流动的路径分析

以社会再生产的关键机制为基础，选择农民工及其子女这一典型弱势群体，来探析其地位改变/向上流动应遵循的基本原则及可能路径。具体而言，以系统的群体比较视角，关注农村留守儿童、农村完整家庭儿童、流动儿童及城市儿童生活其中的更广泛的社会空间（制度背景、学校与家庭是重点），考察中国不同阶层未成年子女生存环境的差异及对其成长发展的影响，进而分析农民工子女再生产发生的特点与具体过程机制，分析可能的"反再生产"路径。

二、主要研究内容

根据上述研究思路，本书的主要研究内容包括四个方面。

（一）弱势群体再生产主导机制的确定

为探寻我国社会弱势群体再生产的主导机制，一方面需要梳理借鉴已有国内外阶层再生产理论的研究成果，把握已有理论阐述的再生产的宏观逻辑及微观运作，得出社会再生产的关键机制，即哪些机制促进了优势群体地位优势的代际传递，哪些机制造成了弱势群体弱势地位的代际传递，在此基础上，将再生产理论纳入中国社会转型及国家治理方式变迁的宏观背景，分析适应中国社会的再生产机制。另一方面，需要进行系统的实证研究，将理论综述中得到的有关社会再生产主导机制的结论加以验证，特别是需要对中国范围内有代表性的数据资料进行分析，以检验其在中国的适用性。除此之外，还需要分析具体的弱势群体在这些影响再生产的关键因素上的分布状况，从而确证其弱势的原因。本书选择农民工子女这一具有典型性的弱势群体为研究对象，分析他们在这些关键因素上的分布状况，以及这些因素对其地位获得的影响。

（二）教育制度设置对农民工子女社会流动的影响

遵循着结构主义的逻辑，必须考虑制度性因素的影响。在中国当代社会，仍然存在着一些重要的制度性分割，如城乡分割、区域分割、单位性质、行业分割等，特别是在阶层再生产、社会流动过程中有着非常重要作用的教育制度也存在着双重二元分割性：一方面，城乡教育差别巨大；另一方面，无论城乡，各个教育阶段的学校都存在着质量优劣的分割。正如 Tilly(1998)所言，结构性分割无时无刻不对一些社会群体的机会获得、资源获得起着阻隔作用。中国当代社会存在的诸多制度性分割也会对不同阶层子女的成长发展产生非常重要的影响。

本书将重点考察：①中国社会城乡教育二元分割对儿童成长发展的影响，即留守儿童接受的农村教育与流动儿童接受的城镇教育对他们的成长发展是否有着不同的意义？②根源于城乡教育二元分割，仍有不少的农村儿童无法获得学前教育的机会，学前教育机会对儿童成长发展的作用是怎样的？③不同质量的学校教育对青少年能力发展的作用是怎样的？除此之外，由于教育具有阶层再生产与社会流动的双重功能，而且教育之再生产或社会流动功能的强弱又具有深受社会中控制性权力关系影响的特点，本书将结合中国的体制优势或特点，探讨通过教育制度设置促进农民工子女向上社会流动的可能。

（三）乡城流动的效应分析

按抵抗理论的逻辑，农民工从乡到城的流动既是受现实经济状况所迫的被动行为，又是追求更好生活的主动选择，有着与制度安排抗争的意义（闫伯汉，2018）。农民工流动具有三重含义：地域上从农村向城市的流动、从欠发达地区向较发达地区的流动；职业上从农业向工商服务等非农产业的流动；阶层上从低收入的农业劳动者阶层向收入更高的职业阶层流动（李培林，1996）。也就是说，农民工流动不仅仅是劳动力流动、地域流动，还是一种社会流动。由于农民在中国社会分层结构中属于底层，所以始于农民的社会流动往往是向上的流动。中国城乡教育的二元分割，意味着留守儿童与流动儿童就学环境的明显差别，由于学校对儿童成长发展的关键作用，留在农村上学还是跟随父母进城接受教育就成了可能改变其命运的选择。

农民工社会经济地位的向上流动，特别是部分农民工克服在城市生活居住的种种困难，坚持让子女在比户籍地质量更优的城镇学校就读，并十分重视对子女的言传身教与发展投资，这些努力可能会在某种程度上抵消制度的排斥效应，为子女向上流动基础的建立提供帮助。本书要回答和检验的命题之一是"农民工的这种'反再生产'的努力有效吗？"具体而言，相比在农村生活、就读，从农村到城镇的迁移流动是否更有利于儿童的成长发展？

为分析乡城流动的效应，在实际的研究分析中，将以系统的群体比较的方法、结构主义的视角对农民工子女的成长发展展开研究，同时辅以深入的田野调查，从收集的访谈、观察资料中提炼理论，以弥补大样本的量化分析与结构主义视角的局限性，做到量化分析与质性分析相互补充、相互印证。

已有的群体比较研究对参照群体的选择和处理存在不足，缺乏对不同类型儿童群体间的系统组合比较，导致无法准确地把握影响农民工子女成长发展的因素；由于存在着流动的选择效应，这决定了外出务工者与非外出务工者之间可能存在系统性差异，系统性差异的存在决定了外出务工者与非外出务工者应对不利事件的能力不同，甚至子女应对不利事件的能力也存在差异（闫伯汉，2017）。这样，为分析某因素的"净效应"，剔除有重要影响的混淆变量，就需要引入处理内生性问题、消除混淆变量选择性误差的方法，对这种方法的引进利用是本书量化分析时的重要考量。

结构主义的视角强调非个人特征的结构性因素对儿童成长发展过程中机会获得、资源分配的影响。对农民工子女成长发展的考察，将遵循社会生态系统理论的提示，将农民工子女生活其中的环境看作一个社会生态系统，根据距离其生活的远近，将此系统分为两个不同的水平：一个是由一般文化传统、政策制度提供的远端情境，另一个是家庭、学校等直接影响农民工子女成长发展的近端情境（既包括周边的物质条件，又包括与儿童互动的人群）。考虑家庭与学校教育的重要性，进行情境分析时，会特别重视对家庭文化资本、家长教育期望、学前教育机会、学校质量与儿童发展关系的探讨。

为更好地分析乡城流动的影响效应，也需要对地位获得进行恰当的测量，确定哪些指标能够更好地表达地位获得或者哪些指标能够更好地预测以后的地位获得。考虑学业及健康对个体发展的重要意义，本书将选择学业发展与健康状况两个重要指标。

（四）"反再生产"：逆风飞扬的农民工子女研究

时至今日，中国社会的农民工已有两代——生长于农村进城务工的"第一代农民工"及在城市出生和生长的"新生代农民工"。"第一代农民工"以过去的自己或同村村民为参照群体，将经济状况的改善作为生活目标，因此，在经济收入提高的状况下，虽身处城市，却没有产生出强烈的剥夺感，对社会管理也并没有构成大的挑战。已然成为农民工主力军的"新生代农民工"，虽然地位与父辈一样处于城市社会的底层，但心理结构已发生巨变——他们以市民为参照群体，有着更为强烈的"城市梦"，也不愿再回到"故乡"，因此，面对制度的阻碍，相对剥夺感强烈，对社会管理提出了更大的挑战。

为应对这一挑战，需要重视对农民工再生产的研究，需要将农民工研究与农民工子女研究结合起来，既关注农民工自身的劳动力再生产，又重视农民工对子女后代的养育。研究策略也应进行调整，除要重视宏观和中观的结构性力量、制度性因素分析，注重微观具体的过程机制分析，强调结构性力量、制度性因素的形塑规制作用外,也要突出主体的创造性与能动性(闫伯汉,2014)。为很好地回应这一策略,在实践上,既要进行对作为整体的农民工子女发生阶层再生产的研究,又要进行对部分农民工子女逆风飞扬、逆流而上,实现向上社会流动的"反再生产"的研究。现实中的"反再生产"研究尤为缺乏,因此本书将在第十章中以个案分析的方式,选取一些成功跨越阶层但曾经在童年时期身处留守/流动困境的个案,通过深度访谈与自我民族志的方法收集资料,分析其虽遭遇诸多困难,但最终却凭借个人、家庭的努力,实现向上流动的原因与机制过程分析,期望以逆向研究的方式,对阶层再生产或社会流动形成新的理论认识。

三、分析框架

根据研究思路和研究内容,本书的分析框架总结如图1-2所示。

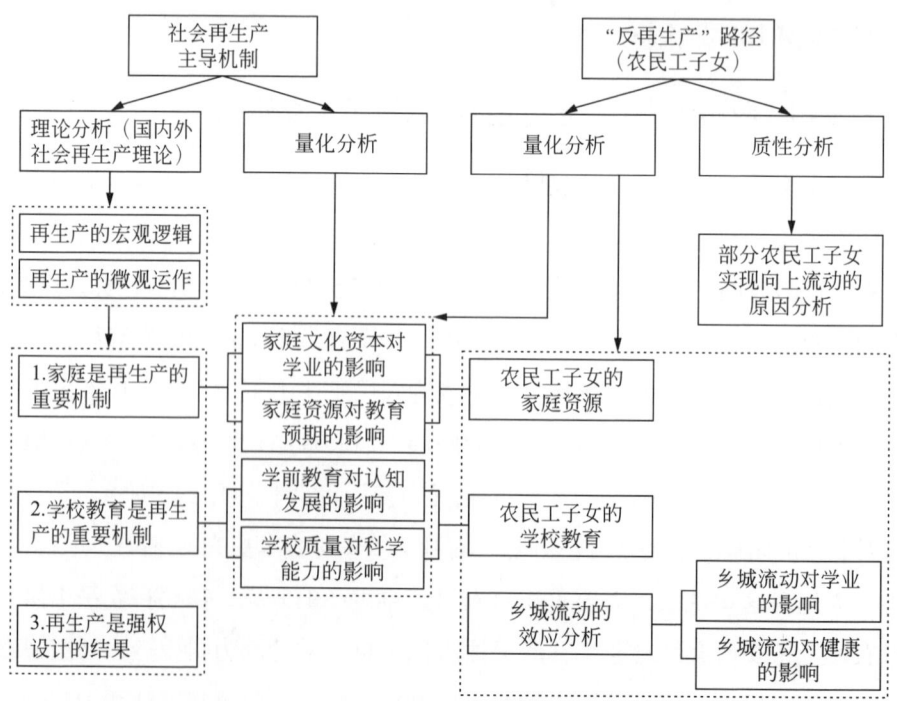

图1-2 分析框架:社会再生产机制与农民工子女的向上流动路径

第四节 研究方法与结构概述

一、研究方法

以弱势群体的再生产为研究主题是本研究具有高度社会现实感和较强社会责任取向的体现。本书采用将理论研究与实证分析相结合、将大型问卷调查与深度个案访谈相结合的技术思路及研究方法，以便更好地完成研究任务。

与已有的大部分针对农民工子女问题的研究不同，本书以结构主义与社会生态系统理论为主要分析视角，将儿童成长的近端情境、远端情境以及农民工的抗争努力纳入阶层再生产的研究视野，期望在充分借鉴国内外已有阶层再生产理论的基础上，以现阶段中国大规模的劳动力乡城流动迁移提供的丰富经验、素材重构再生产理论，确立实证研究的基本内容和方向。在确定分析方向的基础上，选取促成阶层再生产的关键机制或影响地位获得的关键因素进行量化分析、质性分析。量化分析以大样本数据验证导致再生产发生的重要变量，质性分析则以深度访谈、自我民族志资料归纳影响社会流动的关键因素，两者殊途同归，都指向了弱势群体再生产机制及向上流动的可能路径。

大型的全国性问卷调查获得的资料，可以用来有效地分析微观层面上包括农民工在内的各阶层群体的子女的成长发展状况，通过系统的群体比较，分析学校教育、家庭资源、乡城流动等因素对再生产或社会流动的影响效应。但对机制过程的分析，是质性研究的特长，单纯的缺乏深度访谈资料的大样本问卷调查分析，很难深度把握弱势群体再生产发生的机制，只有将问卷调查与深度访谈结合起来，才可能对影响效应及机制过程有准确完整的把握。

本书使用的大样本数据包括：清华大学中国经济社会数据中心进行的全国性、系统性抽样调查项目——中国城镇化与儿童发展调查（CUCDS）数据，中国人民大学中国调查与数据中心设计实施的、具有全国代表性的大型追踪调查项目——中国教育追踪调查（CEPS）数据，以及由经合组织（OECD）实施的国际学生评估项目（PISA）2015年的中国数据。

逆风飞扬：社会再生产机制与农民工子女发展研究

中国城镇化与儿童发展调查（CUCDS）项目于2012年实施调查，采取重复抽样、双样本（主样本和流动人口样本）设计，运用多阶段分层方案，以概率比例规模抽样（Probability-Proportional-to-Size Sampling, PPS）方法，在中国大陆除青海省、西藏自治区和海南省外的28个省级行政单位147个区/县中抽取500个村/居，之后采用"实地绘图列举概率抽样法"、kish表抽样法分别抽取家庭户与家庭户成员进行问卷调查。这一数据是分析家庭资源与家长的教育预期在阶层再生产过程中的作用，学前教育对儿童认知能力的影响，以及探索农民工子女向上流动路径时使用的数据。

在分析家庭文化资本在阶层再生产过程中的作用时，将使用中国教育追踪调查（CEPS）数据，该数据的收集以揭示家庭、学校等单位结构对于个人教育产出的影响为目的，基本可以满足家庭资源效应分析的需要。

在分析学校质量对青少年科学能力发展的影响时，将使用国际学生评估项目（PISA）2015年的中国数据。该数据的样本虽然仅涵盖了中国四个较为发达的地区（北京、上海、江苏和广东），未必能够全面把握中国的基础教育现状，但其关于学校质量及青少年科学能力的测试资料的确为我们提供了一个分析教育不平等的机会。

与此同时，为深入把握弱势群体再生产的发生机制，本书还针对性地选取若干曾留守/流动人员进行深度访谈，分析其童年时期虽遭遇亲子分离、制度阻碍等困难，却最终克服困难，实现向上社会流动的具体机制过程。

在统计分析方法上，运用倾向值匹配、Blinder-Oaxaca分解模型等多种统计分析工具，系统研究不同阶层群体的子女成长发展的差异及影响其成长发展的因素。在分析策略上，为更好地分析农民工子女的成长发展，采用系统的群体比较方法，区分了四种不同类型的儿童群体，即留守儿童、流动儿童、农村完整家庭儿童、城市儿童。

二、结构概述

第一章为导论。主要介绍了本书的研究背景及研究设计。

第二章为文献综述。由于本书的主要任务为探寻社会再生产的主导机制及弱势群体向上流动的路径，对于社会再生产主导机制的分析采用理论与实证分析相结合的方式，试图涵盖更广范围的弱势群体；对于弱势群体的"反再生产"分析，则考虑群体间的差异性，以一个典型的弱势群体——农民工子女为例，因此该章包括阶层再生产机制、农民工子女地位获得两个部分的文献综述。通过系统地梳理国内外诸多有关阶层再生产机制的理论，发现这些视角各异的理论，普遍重视家庭、学校在再生产过程中重要的机制作用，但尚未就家庭、学校因素对社会分层与社会流动的影响展开细致的讨论。为此，第三章到第六章将对家庭与学校的作用进行实证分析。其中第三章、第四章围绕家庭进行，第五章、第六章则聚焦于学校的作用。

第三章关注家庭文化资本与子女学业成就间的关系。主要研究目标是利用中国教育追踪调查（CEPS）数据，分析家庭资源特别是家庭文化资本的类型对中国各阶层子女学业成就的影响。

第四章关注家庭资源与家长教育预期间的关系。主要任务是利用中国城镇化与儿童发展调查（CUCDS）数据，分析对子女发展、地位获得有着重要意义的家长教育预期存在差异的家庭因素，探讨家长受教育程度、家庭结构、家庭经济资本、家庭类型等家庭资源的作用。

第五章关注学前教育机会与儿童认知能力发展。基于现阶段的学前教育存在着明显的城乡、区域差距的现实，利用中国城镇化与儿童发展调查（CUCDS）的数据分析学前教育机会对儿童认知能力发展的影响，并在此基础上，讨论研究结论之于弱势群体社会流动的意义及政府早期干预对于阻止贫困代际传递的意义。

第六章关注学校质量与学生科学能力发展。主要关注点为学校教育质量对学生能力发展的影响。具体的研究策略是利用国际学生评估项目（PISA）2015年的中国数据，从学习氛围、教师支持和教育方法三个维度对学校质量进行操作化，在此基础上分析学校质量对学生科学能力发展的影响，进而讨论研究结论对于弱势群体子女社会流动的意义。

第七章为农民工子女的家庭状况与学校教育状况。聚焦影响农民工子女社会流动的关键因素即家庭、学校教育方面,呈现其分布状况,以确证这些因素的缺失对其地位获得的影响。

第八章、第九章、第十章是对农民工子女向上流动路径的探索。第八章为乡城流动与儿童教育获得。通过乡城流动对教育获得影响的量化分析发现,流动儿童因进入城市享受到较好的教育资源,而获得了更高的教育水平,即乡城流动对儿童的教育获得具有积极作用。

第九章为乡城流动与儿童健康。通过构建儿童健康测量指标体系,以量化分析的方式比较了不同类型的儿童在健康状况、健康功能、健康行为和健康潜能上的差异,发现乡城流动对儿童的健康也具有明显的促进作用。

第十章为逆风飞扬的农民工子女的质性研究。选取一些曾有留守或流动经历的农民工子女,以质性研究的方式分析这些曾经身处困境者最终成功实现阶层跨越的原因,研究发现其中既有阶层能动性的作用,家庭、家长的支持作用,同时也离不开对外在结构性因素的"趋利避害",如充分利用了乡城流动对儿童发展的促进作用。

第十一章为结论与讨论。整体上总结了本研究的发现,讨论了国家力量干预的可能方式、发力点,也指出了研究存在的不足。

第二章

文献综述

明确社会再生产发生的主导机制，探析在一个垂直流动速度下降的社会，有助于底层群体（以农民工子女为例）实现向上流动的一些易于操作的方式或可能的路径是本书的主要任务。因此，有必要对已有的社会/阶层再生产理论研究、农民工子女的地位获得研究进行梳理总结。

第一节 阶层再生产机制：理论综述与中国现实

在当前社会公众的日常话语中，社会流动与阶层再生产总是被不断提及，前者往往被视为"充满活力的"与"健康的"，后者则常常被贴上"死气沉沉"与"有问题"的标签，特别是当诸多社会不平等现象频繁出现时，阶层再生产和"社会流动停滞"的意义会被不断强化。其实，社会流动与阶层再生产并无好坏之别，两者既相互对应，又相互依赖，分别代表了稳定的一面与活力的另一面而共存于人类社会，区别仅在于在一些社会，流动更为明显一些，在另外一些社会，阶层再生产的特征更为突出。那么在当代，放眼全球，社会流动与阶层再生产的趋势如何？是社会流动占据主导地位，还是阶层再生产的特征更为明显呢？

对于这些问题，学者们有两种截然不同的判断：一种是工业主义逻辑，以布劳与邓肯为代表，他们认为工业化的发展，导致技术理性不断扩张，技术理性注重效率优先、重视技术人才，而对技术人才的需求将推动教育的发展与普及，推动社会选择标准发生从先赋性因素到自致性因素的转变、从家庭出身到能力成就的转变，伴随工业化的深入，最终结果是社会分层结构日益开放，社会流动率不断增加，社会流动而非阶层再生产成为社会结构中更为明显的特征（Blau & Duncan, 1967）；另一种是反工业主义逻辑，以费瑟曼、埃尔克森与戈德索普为代表，他们不认同技术理性在当代社会分层中的决定性作用，认为不同国家间的制度性、结构性因素才是形塑该国社会分层结构的关键因素，不同国家因不同的工业化路径、政治文化、制度背景导致了"表型的"流动模式的差异性，但共同存在的社会不平等结构却导致不同国家"遗传型"流动模式表现出惊人的一致性，简而言之，家庭出身与个体地位获得间的关联强度在不同的国家表现不一，但在社会流动方面，无论是发达的工业国家，还是工业欠发达国家都因制度结构性因素而一致呈现出代际继承性、短距离流动的明显特征（Featherman et al., 1975; Erikson & Goldthorpe, 1987a, 1987b; Hout & DiPrete, 2006）。流动与再生产地位趋势的判断是社会分层与社会流动领域的核心研究问题之一，判断的过程其实部分表达了社会流动或再生产的发生机制，但缺乏系统性、深入性，而且学界也并无关于"社会流动"或"阶层再生产"的统一理论体系，有的是相似的分析视角、相似的观察，在这些视角、观察之下，是各式理论间从未停息的争辩。鉴于此，本章将聚焦于"阶层再生产"，对中外相关理论成果进行梳理，总结其发生的重要机制，在此基础上再回归中国现实，分析再生产发生的关键机制在中国的状况、对阶层分化可能的影响以及对弱势群体的意义。

一、资本主义社会的再生产机制：国外学者的理论

资本主义社会阶层再生产的机制是什么？布洛维（2007: 155-170）认为，阶级关系社会再生产的制度机制既存在于阶级关系的微观设置中，也存在于资本主义的宏观制度支持中。微观层面的关键是理解同意和压制在日常实践中，特别是在劳动过程中连接的方式。宏观层面的中心问题，则是各种

第二章 文献综述

机构——国家、媒体、教育——作用于阶级结构稳定化的方式。下面将按照布洛维的思路，从宏观制度支持、微观制度设置两方面总结资本主义社会阶层再生产的理论成果（闫伯汉，2018）。

（一）资本主义社会阶层再生产之宏观制度支持

卡尔·马克思（Karl H. Marx）的国家理论、安东尼奥·葛兰西（Antonio F. Gramsci）的政治霸权与文化霸权理论及鲍尔斯（S. Bowles）和金蒂斯（H. Gintis）的"符应理论"属于宏观的资本主义社会阶层再生产理论。

马克思指出，国家是统治阶级的工具，通过这一工具，统治阶级实现了对被统治阶级的统治，从而更好地维护了其阶级利益；在资本主义社会，资产阶级占有生产资料，拥有大量财富，居于统治地位，无产阶级不占有生产资料，仅拥有少量财富，处于被统治地位。为了资本主义生产关系再生产的实现，作为统治阶级的资产阶级，必然会进行一整套的制度安排，如颁布法律、建立政治架构、设置执行机构等。

葛兰西更为细致地说明了资本主义社会的这套制度安排。一方面，通过议会、军队、法庭、警察等机构，以强制的、直接的暴力统治的政治霸权方式，维护资产阶级在政治社会的统治地位；另一方面，通过教会、学校、工会等机构，进行意识形态的创建、传播散布，以间接的、非暴力教化的文化霸权方式，维护资产阶级在市民社会的统治地位（葛兰西，2000）。相比政治霸权，葛兰西更为看重文化霸权对于维护资本主义生产关系再生产的作用，认为教化的、非强迫的、制造同意的方式更有利于维护统治，而知识分子在其中的作用至关重要，他们负责意识形态的创建、传播与散布，学校是培养各级知识分子的重要工具，因此，学校教育是文化霸权建立和延续的关键（葛兰西，2000）。

那么，资本主义社会是如何对学校教育制度进行安排的呢？鲍尔斯和金蒂斯的"符应理论"对此进行了详细阐释，其核心思想是学校教育符应于资本主义经济制度的需求。具体而言，学校教育的科层制结构与生产场所的权力关系相符应、各层次学校学生的社会背景特点与劳动分工相符应，使学生预演了未来工作场所中的关系角色；学校教育的内容、各层次学校的管理特点与资本主义经济发展的需求相符应，使学生在学校不但学习了未来可能从事职业类型所需的劳动技能，更重要的是内化了不同职业的价值观念与行事方式，这些制度安排为资本主义经济的发展奠定了坚实的基础，也促成了资本主义生产关系再生产的实现（鲍尔斯、金蒂斯，1990）。

这些宏观制度支持理论，呈现了资本主义社会阶层再生产的整体框架，但构成框架的各部分的纹路并没有被细致地描述刻画，即对于优势群体如何保持并延续其优势地位，弱势群体上升的流动渠道如何被阻滞的机制过程的阐述并不清晰。然而在此方面，再生产之微观理论——社会封闭理论、抵抗理论、文化再生产理论、语言编码理论和家庭养育理论则具有优势。

（二）资本主义社会阶层再生产之微观制度设置

1. 社会封闭理论

社会封闭（Social Closure）一词源于马克斯·韦伯的《开放的与封闭的关系》一文。该文将社会关系区分为"封闭的"与"开放的"两种，开放的关系比如市场，不以任何理由排斥任何希望加入的潜在成员；相反，在封闭的关系中，优势群体制定各种规则、条件，将某些人群排斥在外。简而言之，社会封闭是一种垄断机制，指优势群体通过制定规则、设置条件的方式，将某些特定人群排斥在圈子之外，从而使优势群体在资源、机会的分配方面达到利益最大化。实质上，社会封闭就是优势群体再生产的方式。

帕金（Parkin，1979）发展了马克斯·韦伯的社会封闭思想，认为社会封闭是一个双向的利益博弈，既包括优势群体对弱势群体的排斥（Exclusion），又包括弱势群体面对优势群体的排斥而进行的策略性回应，也叫篡夺（Usurpation）。在现代社会，主要有两种社会排斥的制度安排或工具——财产制度和专业资格证书制度：财产制度规定产权神圣不可侵犯，目的在于阻止其他人获得产权衍生的收益；专业资格证书制度以学历证书/文凭为手段，达到对社会分工中核心职位的获得实施控制与监视的目的（Weber，1968）。关于学历证书的作用，韦伯曾这样描述：学历证书证实了持有者的社会地位，有了它，持有者就有了与贵族联姻的资格；就能够被接纳进入一个坚持"以荣誉为行为准则"的社交圈子；才能要求在工资报酬之外，获得"他人的尊重"作为额外的回报；更为重要的是，能够要求对社会的经济优势地位实施垄断（Weber，1968）。

帕金进一步将社会排斥区分为两种理想类型：集体排斥和个体排斥。集体排斥指将某些特定群体整体地排斥在资源、机会之外；个体排斥设置的排斥标准有利于个人竞争，也就是个人通过努力能够获得资源、机会，实现向上流动。显然，集体排斥容易激化矛盾，而个体排斥则利于社会的稳定。当然，现实中纯粹的集体排斥和纯粹的个体排斥都不常见，更多的是两种极端类型的组合，区别在于所占比重大小的不同。在现代资本主义社会，相较于集体排斥，个体排斥占据主导地位（Parkin，1979）。

篡夺则是弱势群体面对优势群体排斥时进行的策略性回应，也表现为对排斥的模仿。通过策略性回应及模仿，弱势群体试图增加讨价还价的能力，保护自身的权益。正是在排斥与篡夺的互动中，形成了社会的分层结构。

2. 抵抗理论

帕金的社会封闭理论，论述的重点为优势群体对弱势群体的"社会排斥"，虽也提及了弱势群体对优势群体排斥的回应、反抗，并以"篡夺"概念加以概括，但不够深入，特别是缺乏"篡夺"对于底层群体意义的分析。

在这一点上威利斯更进一步，他批评了已有再生产理论过度结构化的观点，认为"未来从未像制度上的权威设计的蓝图那样清晰可辨"，阶层再生产并非完全是按照精英阶层的意愿进行的，底层群体也并非总是任由摆布的，而是有着一定的主动性（Willis，1977）。

威利斯对英国汉默镇上的一批工人家庭出身的学生的日常生活、学习进行参与式的民族志观察，发现了这些对象有着"反学校文化"的鲜明特征，他们"打盹、哄骗和逃学""抵制权威，摒弃教条""找乐子""无聊与刺激""性别歧视""种族歧视"……威利斯进一步分析发现,实质上"反学校文化"与工人阶级文化/车间文化有着千丝万缕的联系,"反学校文化"推崇的男性气概、强硬风格与车间文化的男性沙文主义一致,"反学校文化"中学生试图对课堂控制的尝试与车间工人试图对生产过程控制的尝试类似……文化的相似性,使他们拒绝职业指导假定的工作多样性,拒绝父母的忠告,带着摆脱学校权威的渴望及对挣钱的向往,进入工厂,心甘情愿地成为工人阶级的一份子,从而子承父业,完成了工人阶级的再生产(Willis, 1977)。

威利斯的抵抗理论,呈现了不同于以往的底层再生产逻辑、过程,指出阶级地位的形成有阶级背景、学校教育的原因,也有自身主观意识的原因,特别是对"主体性"的强调隐含着更为积极的意义,极大地推动了后来的阶层再生产研究。

3. 文化再生产理论

布迪厄最早提出了文化资本的概念,指与个体地位获得和地位象征有关的有形或无形的文化资产,具有身体化、客观化、制度化三种存在形态(Bourdieu, 1984)。布迪厄认为,文化资本是上层阶级的专属,是上层对高雅文化的掌握程度,这种高雅文化以物质或非物质的形式表现出来,与其他阶层进行区隔,标识自身社会地位,或者作为一种手段,有助于持有者获取较高的教育成就(Bourdieu, 1984)。一些学者认为,将文化资本仅仅操作化为高雅文化的做法过于狭隘,限制了文化资本的解释范围,遂扩大了文化资本的内涵,扩大后的文化资本不仅包括布迪厄所言的高雅文化的知识、参与,还包括家庭氛围、习惯、风格、一般性技能等(Farkas et al., 1990; de Graaf et al., 2000)。显然,广义的文化资本概念应用范围更广,解释力也更强。但无论是狭义的还是广义的文化资本都存在明显的阶层区隔,优势群体总是拥有丰富的文化资本,而弱势群体往往拥有十分有限的文化资本,这种文化资本的差异导致不同阶层的子女在进入正式学校教育之前已经形成了明显的"惯习"分化。更为重要的是,这种家庭文化资本的不平等在学校教育体系中得到了保护、强化，学校在一视同仁的旗帜下默认了入校学生文化资本的差异，承认了其继承的家庭文化资本的合法性，保护了已有的不平等。不仅如此，学校还以精英阶层的文化作为主流文化的方式强化了这种不平等，造成了不同阶层子女文化习得难易程度的千差万别（优势群体子女轻而易举就可以掌握的知识，弱势群体子女却要经过刻苦努力才能习得），也造成了不同阶层子女学业成就的明显差异，最终优势群体的优势得以传递给子代，而弱势群体的子女则遭到放逐、淘汰，完成再生产（布尔迪约、帕斯隆，2002a，2002b）。

4. 语言编码理论

语言编码理论注重从语言使用与阶层再生产关系的角度进行论述，其核心思想是不同职业使用的语言也不同，不同阶层存在社会分工的明显差异，因此不同阶层的家庭使用的语言也存在系统差异。具体而言，优势家庭使用的语言属于变化多样、词汇丰富、逻辑严密、表达准确的精密编码（Elaborated Code），弱势家庭使用的语言属于结构简单、词汇贫乏、机械呆板的局限编码（Restricted Code）；然而儿童所处家庭使用的语言会影响到其日后的学校经验，这是因为学校是以优势家庭使用的精密编码语言作为授课、主导语言的，这样对于优势家庭儿童而言，学校语言不过是家庭语言的自然延续，他们更容易获得学业成功，而对于弱势群体儿童来说，要重新适应全新的语言系统，很难取得较好的学业成就，在以后的竞争中难以获得有利地位（伯恩斯坦，1989）。拉鲁也在其研究中表达了相似的观点：在语言的应用上，底层家庭强调语言的实用性，孩子要接受成人所给的指令，而较少进行质疑、挑战，结果是容易造成局促感的出现；然而优势家庭更鼓励孩子对自我的表达，成人与孩子间往往以商量的方式进行交流，孩子也被允许反驳家长的观点，结果是培养了孩子的优越感；更为重要的是，优势家庭的语言系统与学校教育的语言系统相兼容，而底层家庭的语言系统与学校教育的语言系统相脱节，最终导致了他们学业成绩的阶层差异（Lareau, 2003）。

5. 家庭养育理论

拉鲁上述语言运用的阶层差异观点仅是其家庭养育理论的一部分。除"语言运用"的差异外，在"组织日常生活""与教育机构的互动"上的差异也是其家庭养育理论的两个重要方面。他的家庭养育理论的主要内容是，在美国社会中，家庭养育方式存在明显的阶级差异，底层家庭采用"自然成长"的方式，而优势群体采用"协作培养"的方式；底层家庭子女有更多的日常活动的自主权、对闲暇时间的控制权，在家庭中普遍运用指令性的语言，家庭也经常屈服、顺从于学校权威；优势家庭则依据协作培养的教养逻辑，以孩子的发展为目的，安排孩子的日常活动，干预包括学校教育在内的各种事务，鼓励孩子表达观点（Lareau, 2003）。截然不同的养育方式对孩子的成长发展有着不同的意义，"协作培养"模式下的孩子虽漏失了与亲戚的联络及一些自己的闲暇时间，却获得了优越感、自信心，习得的技能保证了日后进入劳动力市场的竞争优势地位，而"自然成长"模式下的孩子会产生局促感、疏离感，不利于学业的成功及日后在劳动力市场中的竞争。

二、中国学者对社会再生产机制的解释

上述适用于西方工业化、市场化国家的阶层再生产理论是否适用于转型中的中国社会呢？从逻辑上讲，中国正在进行的一系列变化革新、建设发展就是一种工业化、市场化的途径，随着工业化、市场化的深入进行，我国的社会阶层化、再生产机制将与西方工业化国家在某些方面表现出一致性，因此，适用于资本主义社会的阶层再生产理论在转型中的中国社会也具有一定的适用性。

但是也应看到，转型中的中国形成了诸多富有自身特色的发展模式，如向市场经济的转型，并非意味着再分配权力的降低，而是形成了一种再分配与市场有机协调共存的局面；在中国社会，市场的力量从来不是"无往不胜"的，特别是对于整个社会的转型变迁、社会分层而言，市场作用的发挥往往离不开国家权力以制度设置的方式进行的引导。因此，国家力量是分析中国社会阶层分化、阶层再生产时必须考量的一个因素。事实上，一些中国学者

第二章 文献综述

在对当代中国社会阶层再生产发生机制进行解释时既吸收了已有的再生产理论，又充分注意到了中国的实际。其中，再生产与统治机制、教育不平等的传递机制就是代表性的理论成果。

（一）再生产与统治机制

社会分层结构指不同阶层之间的相对位置关系，社会分层结构的再生产指各阶层相对位置关系的继承、复制。毫无疑问，阶层结构的再生产会深刻地影响代际流动，甚至使代际流动表现为明显的继承性特征即阶层再生产。当代中国社会的代际流动模式是以继承性还是以流动性为主导呢？改革开放以来的中国社会已发生并正在发生急剧的、全方面、深刻的转型变迁，由于经济结构、制度结构乃至文化的变革，高速的现代化过程和大规模的制度变迁，推动了中国社会结构的巨大变迁，如此社会背景下，代际间的关联度相对较弱应是一个可以预计的结果（李路路，2006）。进一步来讲，在代际流动模式上，处于急剧变迁中的中国应该会呈现出不同于西方发达资本主义国家的特点，"FJH假设"[①]所强调的不同社会中普遍存在的阶层再生产现象不适用于中国。然而，有学者利用全国抽样调查数据的分析结果却表明，中国"虽然代际关联度相对较低，但是代际间的继承性趋势仍然强于流动性"（李路路，2006），即阶层再生产仍然是中国社会代际流动模式的主导特征。在结构、制度、文化甚至社会运行状态方面存在差异的不同社会中，为何会在代际流动模式上显现出相同的阶层再生产特征占主导地位？在回答这一问题时，李路路提出了两个解释机制：再生产机制与统治机制。

再生产机制的主要观点是，在一个社会分层系统中，各个社会群体所处的位置往往不同，实现利益的能力大小和机会也不同，居于垄断位置和优势地位的社会群体，由于维护、扩大和延续自身位置和利益的需要，会运用自己在权力上的优势地位，通过多种社会封闭或社会排斥的方式保障自身垄断而获得

[①] Featherman、Jones 和 Hauser 在 1975 年曾提出著名的"FJH假设"，即在具有市场经济和核心家庭制度的国家里，尽管不同国家在关联强度上存在差异，但流动模式却呈现出很强的相似性。

各种资本的机会，使得社会分层的秩序得以稳定地延续，这种再生产的逻辑会超越工业化和制度的影响，在各种不同的社会中发挥作用，甚至在制度变迁的过程中，这种再生产的机制也会支配着社会流动的模式（李路路，2006）。

这种再生产逻辑得以维持的原因在于统治机制。传统的统治机制的核心观点是，分层体系中占据优势位置的社会集团，一方面通过将强力的权力制度化为"统治权力"的方式，使垄断、封闭、排斥等再生产机制在一定程度上脱离了具体的社会集团，成为一种普遍化的社会规则，也使得"权力"转变为更有利于其集团利益保证的"权利"；另一方面，通过他们所掌握的文化和意识形态权力，将"统治权力"合法化为符合社会中大多数成员关于公正、公平和道德观念的社会秩序的方式，使社会分层秩序的再生产更加稳定、更少受到挑战，也使得社会分层秩序保持着某种程度的弹性（李路路，2006）。

再生产机制、统治机制宏观上较为系统地解释了不同社会中共存的阶层再生产现象，其明显与政治霸权、文化霸权理论以及社会符应理论有着共通之处，统治机制对应于政治、文化霸权，社会符应理论则可以看作优势集团进行社会封闭或社会排斥的有效方式之一。然而，正如前文所言，宏观机制更多地适用于解释社会分层秩序的稳定，而无法细致地描述不平等的传递。要对阶层再生产进行更为详细的呈现，需要对具体场景不平等的发生进行微观阐释。由于家庭与学校是阶层再生产发生的重要场所机制，又由于教育获得对最终地位获得的巨大意义，因此，这种微观机制的分析多聚焦于家庭背景对教育不平等传递的影响。

（二）教育不平等的传递机制

关于家庭背景等先赋因素影响教育不平等的路径有很多模式性概括，除布东的"首属效应"（Primary Effect）与"次属效应"（Second Effect）模式（Boudon，1974）广受关注外，国内学者刘精明的"三路径模式"、李煜概括的"文化再生产、资源转化和政策干预[①]"三模式也有较大的影响。

---

① 政策干预模式指国家以政策制定的方式对教育机会分配进行的干预，属于宏观机制。

第二章 文献综述

"三路径模式"强调排除强力政治干预的非正常情况,在一个稳定统治的社会里,家庭背景等先赋因素对教育获得的影响有三个主要路径:一是通过促进儿童间的能力分化而产生机会不平等;二是因个体或者家庭的选择偏好引发机会不平等;三是通过直接干预机会配置结构而导致机会不平等(刘精明,2008)。

第一种路径对应于"文化再生产模式"。文化再生产模式指较高受教育水平的父母,其子女在教育机会上享有优势,父辈的文化教育水平能够在子代得以继承和延续,从而完成家庭的文化再生产,而实现文化再生产主要通过教育期望、文化资本和人力资本三个机制(李煜,2006)。教育期望作用的机制在于,父母受教育程度较高的家庭更重视教育,对子女有较高的教育期望,而父母较高的教育期望有利于孩子保持学习热情并取得较好的学业成就;文化资本的作用机制在于,家庭教育背景好的子女因受家庭文化氛围的影响,会更多进行一些有助于提高学习成绩的知识学习,进而提高学习表现;人力资本的作用机制则表现为,受教育程度高的家长有能力对孩子的学习进行辅导、答疑,并改进其学习方法和技巧,从而提升其学业表现(李煜,2006)。

第二种路径对应于布东的"次属效应",是指在升学/入学决策时,由于弱势群体对升学的风险承担能力较弱或者对教育预期收益评估较低,导致其中一些人过早地退出竞争,这样就在机会均等的名义下,让弱势群体家庭基于理性选择,在自愿的表象下隐蔽地达到排斥的目的(Breen & Goldthorpe,1997)。李煜形象地称之为家庭背景对教育获得的"隐性"排斥。

第三种路径对应于"隐性"排斥,优势群体也常运用丰富的经济资本、社会资本进行赤裸裸的"直接"排斥,以直接干预机会配置结构的方式影响子女的受教育机会,其运作方式是完全背离择优录取原则的,仅考虑家庭出身或者经济能力,从而将非特定社会背景的子女排斥在外的机会垄断及在一定制度空间下的"插队",优势家庭正是通过"直接"排斥与"隐性"排斥的方式将其社会经济资源转化为子女受教育机会的优势(李煜,2006)。

三、理论思考

通过梳理国内外学者关于社会阶层再生产发生机制的理论,至少可以形成两种认识:阶层再生产的发生是强权设计的结果;学校、家庭是社会再生产的重要机制。

(一)阶层再生产的发生是强权设计的结果

笼统地讲,资本主义社会中社会再生产的设计者为统治阶级,更为准确地讲统治阶级的代表——精英集团才是蓝图绘制者。精英集团利用所掌控的权力,进行一系列的制度安排设置,企图以强制的、最好是教化的方式维护自身的地位、利益。只是设计不能不顾忌底层的感受,因此,制度安排往往以脱离具体社会集团的形式存在,成为社会各个阶层普遍遵循的规则,而规则的运作最终导致了优势群体地位的维持、延续,阶层再生产的实现。

但是,社会旋转的巨轮,并不能够被精英集团完全掌控,制度运作的惯性有时也会不利于上层集团,并最终将部分成员甩下,使其沦为社会的底层,即旧制度无法适应新时代而引发的变革导致了剧烈社会流动的发生、阶层结构的重塑。另外,弱势群体也并非完全被动地顺从于再生产的安排,他们也在进行着抗争、努力,部分人能够洞悉规则的漏洞,并利用有限的资源实现地位逆转。

(二)学校、家庭是社会再生产的重要机制

前述阶层再生产机制理论,虽然视角各异,但普遍强调了学校、家庭在再生产过程中重要的机制作用。

在宏观上,西方国家的制度安排为再生产的实现提供了支持,其突出特征是充分重视学校教育的重要作用,精密安排了一套对应于生产场所劳动分工的学校教育体系及权力导向关系。在微观上,一方面,在家庭资源特别是家庭文化资本作用下不平等模式在家庭间悄然传递,家庭养育方式也导致不同家庭出身的儿童不同的发展路径;另一方面,学校以精英阶层的文化作为主

导文化、以优势群体家庭使用的语言作为学校语言的方式保护、延续、强化了文化资本的不平等。抵抗理论虽以强调主体性的方式对结构化观点进行了反转,但从"反学校文化"对工人阶层子女影响的论述中,不难看出学校教育是底层再生产发生的重要机制。

其实,学校教育有着明显的两面性,它不仅是社会分层的重要机制,也是社会流动的关键因素,特别是在现代社会,教育无疑成了弱势群体向上流动的最重要渠道(Blau & Duncan,1967)。此外,家庭资源中对儿童发展有着重要影响的文化资本、教育期望等因素都与教育有着密不可分的联系:家长的受教育程度高,家庭的文化资本也丰富,对子女的教育期望也高;反之,家长的受教育程度低,对子女的教育期望一般较低,子女可以利用的文化资本也有限。

社会中控制性的权力关系赋予了学校教育不平等再生产的使命,而促进社会流动的作用本是教育本质的应有之义。然而一个社会中控制性权力关系的宏观、微观制度设置决定了教育之再生产或社会流动功能的强弱,也正是在此意义上,使对于社会再生产/社会流动的干预成为可能。

基于上述认识,让我们回到中国的现实,考察可能影响、改变阶层再生产发生的关键因素之状况,探讨其与弱势群体向上流动的关联。

四、中国的现实及对弱势群体的意义

(一)学校教育:双重二元分割

学校教育是阶层再生产的重要机制,也是社会流动的关键因素。那么中国的学校教育事业发展状况如何?学校教育资源的分布状况怎样呢?

中华人民共和国成立以来,教育事业获得了巨大发展。最明显的证据是各阶段教育机会供给量的持续快速增加,以义务教育为例:根据教育部网站公布的数据,2000年,小学学龄儿童入学率已达99.1%,初中毛入学率为88.6%,基本普及了九年义务教育;2006年,初中毛入学率达到了97.0%,可以说已在真正意义上普及了九年义务教育。在各阶段教育机会供给量持续增加的前提下，教育事业的发展惠及了包括弱势群体在内的各个社会阶层。

但是，教育不平等仍然存在，特别是城乡间的差异依然明显。"不平等有效维持理论"（Effectively Maintained Inequality，EMI）主张，教育的扩张并不必然意味着教育不平等的降低（Lucas，2001）。教育的扩张可能使不平等的形式发生变化：不平等不但在不同的教育阶段上有所不同（Erikson & Jonsson，1996），而且在相同的教育阶段也可能表现为不同的形式，当某个教育阶段的教育机会饱和时，人们便开始注重对同阶段优质教育资源的争夺（对优质教育资源的争夺即使在机会缺乏时也经常发生，只是机会饱和时的竞争更为普遍）。中国教育资源分配的不均为这种不平等的发生提供了土壤。同样以义务教育为例，虽然我国20世纪90年代末取消了实行近50年的义务教育阶段重点学校政策，但此后由于学校间客观存在的巨大差距，教育政策在资源配置上并未实现一视同仁，重点学校仍然得到了各种制度性优惠，并采取巩固和有利于自身利益的做法；"择校热"并未降温，反而愈演愈烈，"电脑派位"等"就近入学"政策执行不力；重点学校制度事实上得到巩固……（杨东平，2005）。

一边是教育机会供给总量的不断增加，一边是对优质教育资源的激烈争夺，2000年以来中国基础教育不平等的形式已然发生变化，相比教育机会的获得，不平等更为突出地表现为对优质学校教育资源的获取。优质教育资源具有累积性优势效应——前一求学阶段较好的软件、硬件设施有利于学生的学业发展，有助于学生在后续的求学阶段获得更高级别、更高质量的学校教育（方长春，2005；吴愈晓，2013），并最终获得更高的职业地位。这一现实客观上展示了学校与家庭在社会再生产/社会流动过程中的机制作用——家庭背景促进了最初的教育分流（优势家庭的子女接受学前教育、更好的初等教育），先阶段分流与家庭又一起影响了下一阶段的分流结果，并最终影响了个体的职业地位获得。

双重二元分割性是中国教育制度面临的难题也是改革的关键，从幼儿园到大学各教育阶段重点学校与普通学校教育存在明显的分割；农村与城市的分割，则引发城乡教育的巨大差别（张玉林，2013）。城乡二元格局下城乡经济、城乡学校教育两极分化的现实深刻而持续地影响着农村儿童的成长发展。一方面，经济的相对落后使得学前教育这类对儿童发展有益而非强制性的办学没有得到发展普及。教育部的统计数据表明，2021年全国学前教育毛入园率已达88.1%，从城乡分布看，这11.9%没有接受学前教育的适龄儿童主要分布在农村，这些适龄儿童没有接受学前教育的一部分原因在于家庭经济贫困、家长观念落后，另一部分原因在于当地无学可上、缺乏正规的学前教育机构。另一方面，经济的相对落后使农村学校教育投资不足，难以吸引优秀的师资，教学管理质量不高，导致农村人口的教育水平低于全国平均水平，父辈受教育水平影响子代的成长发展，最终结果是农村儿童整体上处于不利的成长环境，向上流动困难。

农村儿童中处境更为不利的是留守儿童。城乡二元结构下，相对落后的农村经济、落后的农村教育使这一群体可以利用的资源本就有限，再加上成长过程中父母长时间的缺席引发的亲情缺失、学业监督指导缺失、行为监管缺乏等，使其抵御风险的能力更为薄弱，向上流动更为艰难。

相比留守儿童，流动儿童虽然有父母陪伴，但要面对生态系统整体性（制度环境、社区环境、学校环境与同伴群体）的变化，还要面临就医、社会保障特别是入学等方面制度化的困难，向上流动受到阻碍。

（二）制度改革

在前文已谈到，国家、政府的力量是考察中国社会阶层结构、阶层再生产机制的一个重要因素。

面对中西方政治体制与治理体系孰优孰劣的争论，持有这样的态度也许最为恰当：中西方的政治体制、治理体系都有着自身的优势，也有着各自的不足，优势与不足表现在不同的情境之下，没有包办一切的体制体系，也没有完全一无是处的体制体系，要学习借鉴对方的长处，克服弥补自身的不足。

逆风飞扬：社会再生产机制与农民工子女发展研究 ● ● ●

就本书关注的"促进弱势群体向上流动实现"的主题而言，中国的政治体制、治理体系恰恰能够发挥优势。事实上，当前中国的社会阶层结构就是中国政治体制、治理体系运作的结果，而政策制度是权力作用于社会结构的根本途径。改革开放后正是通过调整纠正原有政策制度，颁布新的政策制度（如允许私有制存在、恢复高考、放松乡城流动限制等）才有了经济的持续高速发展，形成了当前的社会阶层结构。显然，要促进中国社会的流动特别是弱势群体的向上流动，需要国家层面的干预，而改革和调整那些阻碍社会流动的制度设置应是有效的干预方式。国家干预的发力点至少应包含三个方面。

1. 废止具有直接排斥效应的教育制度

教育是阶层再生产发生的关键机制，因此，有关教育制度的设置应是改革调整的重点。就教育不平等的传递路径而言，直接排斥路径因其集体排他性而广受诟病，是一种非正常的状态。相比直接排斥，家庭通过子女的能力分化而影响教育获得的路径更为常见，虽然以能力水平为唯一标准的贤能主义也饱受如再生产理论的批评——这不过是优势群体最大化维持不平等或有效地维持不平等的一种策略，不平等不会因为择优录取的原则而减弱，但相较而言，以非集体性排他的"后致"能力作为获取教育机会的标准更易为大众接受，也更契合机会均等、公平竞争的现代社会游戏规则。这样，为维护社会稳定，有效促进中国社会流动特别是弱势群体的向上流动，中国教育改革的一项重要任务应为废止那些有着直接排斥效应的教育制度，如"事实上存在的重点学校制度""流动人口子女教育机会获得不平等制度""重点大学的本地化制度"等。

2. 改革教育制度设置的双重分割性，大力发展农村教育

城乡教育的差异是我国教育双重分割性的重要表现之一。为改变这种分割性，需要大力发展农村教育，加大对农村教育经费的支持。发展农村教育，既要注意农村学校硬件设施的改善，又要注重优质教师资源的培养引进，因为已有研究表明，相比硬件设施，师资力量是更为重要的影响儿童发展的因

素。此外，也要大力发展和普及农村的学前教育。我国农村的学前教育发展还很不完善，存在巨大的改善空间。教育部公布的数据显示，虽然我国的学前教育毛入园率一直在稳步增长，到2021年已达88.1%，但数据的增长无法掩盖明显的城乡差异，适龄儿童中没有接受学前教育者主要分布在农村，学前教育毛入园率还存在"城高乡低"的状况。

大量关于学前教育投资与社会经济回报的研究证实，学前教育是投资获益最多的教育阶段。对儿童的发展而言，0~6岁为儿童成长的关键期，在此期间适当及时的良性干预，将会有效改善儿童的健康福祉、教育成效、技能潜能、就业状况和生活质量；反之，在此关键期的负面刺激，则会导致儿童认知资本贬值、身心健康受损、教育成效降低以及人生机会减少（Noble et al., 2017）。对国家社会经济的发展而言，投资儿童早期教育被视为帮助弱势家庭打破贫困代际传递最有效的干预手段（Woodhead, 2012; Heckman & Raut, 2016）；投资学前教育比中晚期补偿性教育具有更高的投资回报率（Carneiro & Heckman, 2003; Heckman & Masterov, 2007）；早期教育的投资回报率为7%~18%，远高于金融资本的回报率（世界银行东亚及太平洋地区人类发展部，2011）；学龄前儿童的入学率提高1‰，就可以使人均GDP提高0.36%~0.58%（胡鞍钢，2002）。除此之外，投资学前教育还有加强社会团结，降低犯罪率、贫困率、死亡率，减少国家社会福利开支，增强社会公正健康的功能（Jacques, 2002）。

用最少的投资，获取最大的回报，有利于儿童的成长，有利于经济的持续发展，有利于社会的和谐稳定、公正健康，又有巨大的投资发展空间，因此，农村学前教育确实是国家应该也值得投资的领域。

本书第五章"学校的作用：学前教育机会与儿童认知能力发展"中将利用全国范围内的样本数据，从学前教育对儿童认知能力发展影响的角度验证学前教育的重要性。

3. 立法保护流动儿童公平接受各类教育的权利

我国城乡教育的差异，深刻地影响着城乡儿童的发展路径。从整体上来看，受制于相对欠发达的经济、贫乏的学校教育条件，农村儿童的发展在多方面都落后于城市儿童。为改变这种状况，除大力发展农村教育，改善农村儿童的就学条件外，还有一个改革成本更低、见效更快、简单易行的途径——开放城市的学校教育，保护流动儿童公平接受各类教育的权利。这是因为，一方面，随着城市新出生人口数量减少，城市教育资源将出现空余现象，使得流动儿童可以在不挤占教育资源的情况下在城市入学就读，而且随着财政拨款制度的完善，所在城市的负担也不会明显增加；另一方面，流动人口是举家迁移还是单独外出不仅与流入地的政策制度有关，更是一个基于经济实力、家庭发展的理性选择，流入地宽松的政策固然能够吸引更多人口的流入，但经济基础能否支持其子女在城市生活学习，或愿不愿意举家迁入城市则是未定的事情，所以进一步开放城市的学校教育可能远非想象中的不可承受（闫伯汉，2018）。

在城市教育资源可以承受的前提下，开放城市学校的教育资源，将会有更多的原留守儿童跟随父母发生从乡到城的流动，接受更为优质的学校教育，这无疑有助于这部分儿童的成长发展。另外，留守儿童的减少意味着农村儿童教育资源人均占有量的增加，这必然有利于农村教育的发展，从而进一步缩小城乡教育的差距。

从实践上看，中央政府早已颁布一系列保护流动儿童受教育权利的政策，最著名的就是2001年国务院颁布的"两为主"政策（以流入地政府管理为主，以全日制公办中小学为主），但它不具有法律强制意义。因此，为贯彻落实这一宏大计划，需要中央政府着眼全局、统筹协调，以立法而非颁布政策的形式切实保护流动儿童公平接受各类教育的权利，最终通过发挥我国政治体制、治理体系的优势，使学校教育在政府管理下更多地展示出社会流动而非阶层再生产的功能。

颁布政策、建立法律依据对于乡城流动儿童的发展有着重要的意义，而基于中国现实的相关论证比较缺乏。鉴于此，本书将利用中国的大样本数据，分析从农村到城市的流动对儿童发展的意义，第八章"乡城流动与儿童教育获得"重点关注从乡到城的迁移对儿童教育获得的影响,第九章"乡城流动与儿童健康"注重分析从乡到城的迁移对儿童健康的意义。

第二节 农民工子女地位获得文献回顾

农民工子女问题肇始于 20 世纪 80 年代,是在中国工业化加速、社会经济转型深化背景之下,因劳动力流动而引发的社会问题。工业化、城市化的进程对劳动力的需求,导致大规模的劳动力由农村流向城镇、沿海等发达区域。劳动力流动有两种形式:一种是非完整家庭式流动,即家庭成员部分外出务工经商、部分留守农村的流动形式,造成未成年子女留守农村的局面,形成了规模庞大的农村留守儿童群体;另一种是完整家庭式流动,即农村劳动力夫妻将未成年子女带在身边的流动形式,形成了一个数量可观的流动儿童群体。2015 年全国 1% 人口抽样调查数据显示,流动儿童的规模大约为 2087 万人;农村留守儿童的规模为 4051 万人,占全部农村儿童的 29.4%,即每 10 名农村儿童中约有 3 名为留守儿童(吕利丹等,2018)。

留守儿童、流动儿童注定成为中国社会转型过程中一个引人注目的群体,再加上各自面对的结构性约束——前者面临亲子分离及儿童成长发展问题,后者因制度性障碍面临城市融入难题,越发成为广受关注的弱势群体。近年来,关于农民工子女的研究文献也呈井喷式增长,这些文献既有聚焦"问题"的新闻报道,又有基于专题性调查的学术论文、著作。这些文献关注留守儿童、流动儿童的方方面面——学业成绩、认知与非认知能力、家庭教育、学校生活、心理发展、健康卫生、社会融入、监护模式、社会化、社会支持……呈现出全景式的研究取向。这种全景式的研究取向,一方面加深了人们对于农民工子女这一弱势群体的了解,吸引社会各界对这一群体的帮扶救助;另一方面,雷同甚至千篇一律的研究报告、先入为主的问题化趋向、对细化后研究结果整合梳理的缺乏、相关问题的研究者在各自研究范围内自说自话……都是研究危机的表现,根源在于缺乏统一的分析框架、清晰的研究视角(闫伯汉,

2014）。由于留守儿童、流动儿童相关研究始终关注因留守、流动对儿童成长发展/地位获得的影响，因此留守或流动经历对儿童地位获得的影响成为这一研究领域的核心问题，鉴于此，为进一步推动相关研究，我们试图围绕此核心问题，对已有的研究文献进行梳理总结。

一、留守儿童地位获得：留守儿童是问题儿童吗？

自从留守儿童群体被关注以来，似乎就被贴上了"问题儿童"的标签。早期关注留守儿童的新闻媒体，往往聚焦于一些吸引眼球的极端事件，导致公众对这一群体形成了刻板印象。翻看较早关注留守儿童的《光明日报》《新华日报》《中国妇女报》《中国教育报》的相关报道，会发现往往以"辍学失学严重、学习成绩差、智力发展滞后、行为不良、内向封闭、性格不健全"等词语来形容留守儿童（李陈续，2002；任松筠等，2005；周丽婷，2006；翟帆、赵秀红，2007）。这种"标签化"甚至"污名化"，引发了一些研究者"不要污名化农村留守儿童"的呼吁（赵玮，2008），进而引发了人们对"留守儿童是问题儿童吗？"的反思。显然，回答这一问题需要在抽样调查的基础上进行群体比较研究，辨析哪些是留守儿童群体特有的问题，哪些是包含留守儿童在内的所有农村儿童普遍存在的问题。

（一）留守儿童的教育状况

由于教育对儿童的成长发展、地位获得至关重要，因此，以往研究对留守儿童的学业成绩关注最多，其中以比较留守儿童与农村完整家庭儿童的研究最为常见，但研究结论并不一致。

第一种观点是，留守经历给留守儿童的学业发展带来了负面影响，相比农村非留守儿童，留守儿童的学业成绩往往更差。留守儿童的成绩在父母外出后有所下降（叶敬忠等，2006）；大龄学龄儿童的教育状况令人担忧（段成荣、杨舸，2008a，2008b）。周宗奎等（2005）对义务教育阶段教师的调查发现，教师认为相比农村完整家庭儿童，留守儿童在学业、一般表现、品行与情绪上的表现更差。

监护权的缺失、缺乏父母的陪伴是留守儿童学习表现差的直接原因（Wu & Zhang, 2015）。留守儿童的家庭结构、家庭文化资本贫乏是导致其学习成绩差的重要原因。父母双方外出的留守儿童一般由祖父母看护，他们的受教育水平往往较低，对儿童的学习没有能力进行辅导，很少能帮助他们解决学习中的问题；父母之一外出的留守儿童，留守的父亲或母亲因忙于家务和田间工作，没有时间参与子女的学习，这些都会给留守儿童的学业造成负面影响，导致其成绩难以提高甚至有所下降（范先佐，2005）。

第二种观点是，留守经历对留守儿童的学业发展无显著影响，其学业成绩与农村非留守儿童的学业成绩无明显差异。北京师范大学课题组对儿童的学业行为、学习成绩进行测量比较，发现留守儿童与农村完整家庭儿童的学业行为、学习成绩没有显著差异（朱科蓉等，2002）。其原因在于，父母外出务工导致父母这一主要看护人的不在场会对子女的学业成绩、入学率产生不利影响，但是外出务工的汇款会改善家庭的经济状况，有利于子女的学业发展，这一正向效应与父母缺失产生的负向效应相互抵消，因此，表现为留守儿童的学业成绩与农村完整家庭儿童无明显差别（Hu, 2012；吴映雄、杜康力，2014）。

第三种观点是，留守儿童的学业成绩好于农村完整家庭儿童。这一情况主要发生于父亲外出的留守儿童家庭。郑磊和吴映雄（2014）的研究发现，父母外出同时存在着"收入效应"和"教养缺失效应"，父亲在外工作使得家庭经济状况改善，投资子女的教育费用增加，从而对子女的学业产生正向的影响，而母亲在教育子女中扮演着更为重要的角色，母亲在家看护子女，使得教养缺失的负向效应没有发挥，因此，总的来看，效应为正，父亲外出务工有利于子女学业成绩的提高。

（二）留守儿童的健康状况

儿童的健康状况也是地位获得的重要指标。与教育状况一样，关于留守儿童健康状况的研究结论也不一致。

已有文献主要从营养摄入、体格发育和疾病三个方面比较分析留守儿童与农村完整家庭儿童的健康状况。在营养摄入方面，主要观点认为，农村完整家庭儿童日均摄入的奶制品、豆制品、水果、食用蛋类和鱼肉禽类均优于留守儿童（陈丽等，2010；韩嘉玲等，2014），父母外出会使得留守儿童的营养状况恶化（田旭等，2018）。在体格发育方面，一些研究发现留守儿童的超重情况减少（丁继红、徐宁吟，2018），另外一些研究却发现因留守导致儿童BMI[①]值升高、体重超标、身高不足、发育迟缓现象（叶敬忠、潘璐，2008；李钟帅、苏群，2014；邬志辉、李静美，2015；赵晓航，2017）；还有一些研究则发现不同的留守模式对儿童的体格发育有着不同的影响，那些父亲外出务工而母亲在家看护的留守儿童，其身高和BMI指标与农村完整家庭儿童相比并无明显差别（陈在余，2009）。在疾患方面，一些研究发现留守儿童的患病风险更大，具有"高患病率、高就诊率"的特征（李强、臧文斌，2011）；然而也有一些研究发现留守儿童的患病率与农村完整家庭儿童无显著差别（丁继红、徐宁吟，2018）。

背后的原因也可以从收入效应和教养缺失效应中来找寻。父母外出务工增加家庭的收入，改善了家庭的生活状况，提升了消费水平，有利于提高留守儿童的出生质量、降低婴儿死亡率、减少慢性病的积累（Frank & Hummer，2002）；同时，父母外出，往往意味着看护责任的转移、看护质量的下降，儿童健康状况也会受到不同程度的负面影响（Lee，2011；陈玥、赵忠，2012）。

不仅在教育状况、健康状况上的研究结果不一致，在其他方面如心理发展、社会行为、一般表现、品性等方面的研究发现也是众说纷纭、结论不一。这些纷争虽然给我们判断父母外出对儿童成长发展的综合影响效应带来困难，但至少使人们明白留守儿童是一个弱势群体（尽管不一定比农村完整家庭儿童更为弱势）。家庭资源本就贫乏（家庭收入低、父母受教育程度不高），落

---

① BMI，Body Mass Index，简称体质指数。计算公式＝体重（kg）÷身高（cm）^{2}。

后的农村教育无法弥补家庭教育的不足,再加上父母外出导致看护质量的下降,必然对这一群体的成长发展产生不利影响,最终影响其地位获得。

二、流动儿童地位获得:流动经历的影响是正是负?

与大规模人口流动相伴而生的另一个儿童群体是流动儿童。流动儿童因在城市无法得到平等的学校教育机会而成为广受关注的弱势群体(李成贵,2007)。因此,已有的对流动儿童的研究中,教育是最常见的研究主题。然而,不同的比较对象有着明显不同的结论,也就是研究的着眼点不同,会发现流动经历对儿童教育获得的影响效应也不同。

(一)流动对教育获得影响的负向效应:流动儿童与城市儿童的比较

1995年1月21日,《中国教育报》上刊登的《流动的孩子哪里上学》一文引起了人们的关注(李建平,1995),自此,流动儿童因在城市"入学难"而进入人们的视野。随着调查的逐步开展,研究者发现,相比城市儿童,流动儿童不仅"入学难",而且"上好学更难"——设施简易、师资薄弱的打工子弟学校聚集了大量的农民工子女(赵树凯,2000;吕绍青、张守礼,2001)。流动儿童"入学难"背后的逻辑是城市的公立学校无法满足流动儿童的入学需要,越是大型城市,矛盾越突出(段成荣、梁宏,2005);在就学过程中流动儿童可能还会遭受学校、老师、同学的歧视或不平等对待,再加上部分农民工流动性大,工作不稳定、住所不固定,造成其子女频繁择校,就近选择费用较低、相对散漫的打工子弟学校或其他民办学校(江立华、鲁小彬,2006;谢建社等,2011)。相比公办学校,打工子弟学校或其他民办学校往往在稳定性、师资质量、硬件设施、教学管理上相对落后,这必然会对流动儿童的学业表现产生不利影响。

不仅如此,由于乡城流动的发生,还给儿童的成长发展带来如下两个方面的挑战:一是流动儿童原有的提供传统支持资源的社会关系如师生关系、同辈群体关系断裂，而新的社会关系的建立又需要时间；二是新环境的适应问题，新的社区、新的学校、新的教材……这些挑战会对流动儿童的教育获得产生不利的影响。一些实证研究提供了证据：一方面，相比城市儿童，流动儿童的学前入园率低、失学率高、延迟入学率高、超龄问题严重、童工问题突出（中国儿童中心，2005；段成荣、梁宏，2005；Liang et al., 2008）；另一方面，由于流动一定程度上中断、延误了流动儿童的学业，影响了学习进度，导致进入学校的流动儿童成绩滑坡、学习成就差、辍学率高（谢建社等，2011；张绘等，2011）。

由此可见，将着眼点放在流动儿童与城市儿童的比较上，会发现从乡到城的流动对儿童的成长发展、地位获得产生了较大的负面影响。然而，如果将流动儿童与生活在农村的留守儿童、完整家庭儿童相比，又会发现截然不同的结果。

（二）流动对教育获得影响的正向效应：流动儿童与农村儿童的比较

申继亮和王兴华（2007）比较了流动儿童与农村儿童的创造性思维发展，发现流动儿童的创造性思维发展显著高于农村儿童，进一步分析发现，流动时间的长短也与创造性思维发展密切相关——短期流动儿童的得分明显低于中长期流动的儿童，而中期、长期流动儿童的得分没有显著差异。由此可见，随着流动时间的增长，流动在一定程度促进了儿童的创造性思维发展。

还有一些研究有着类似的发现。王水珍和刘成斌（2007）从社会化角度分析，发现流动儿童在身心发展、知识面广度方面都好于留守儿童；徐宏伟和谢宇利用中国家庭追踪调查（China Family Panel Studies, CFPS）数据的分析发现，流动儿童的数学测试表现好于农村儿童（Xu & Xie, 2015）；闫伯汉（2017）利用中国城镇化与儿童发展调查（CUCDS）数据，比较了不同类型儿童认知能力的差异，发现流动儿童的认知得分显著好于留守儿童、农村完整家庭儿童。

流动对教育获得产生积极的效应应归因于流动后家庭经济收入的提高、教育环境的改善及个体智力的发展（申继亮、王兴华，2007）。从乡到城的流动往往伴随着家庭经济收入的提高，水涨船高，子女的教育投资也随之增加，从而有利于促进学业发展。从乡到城的流动意味着教育环境的改善，城乡二元差异既表现在城乡居民收入差异上，又表现在城乡义务教育生均投入的差异上（沈百福，2004）。义务教育投入的不同，导致城乡学校教育质量的巨大差异。这样，从乡到城的流动，意味着由教育贫乏环境到教育优质环境的转换，这无疑对儿童的教育获得具有正向影响（Long，1992）。流动经历往往可以让孩子学会独立、增长见闻，提高孩子们处理新环境的能力，这对孩子的学习和智力发展也是有益的（Scanlon & Devine，2001）。

（三）流动儿童的健康状况

与教育获得一样，流动儿童的健康状况也因比较对象不同而有着不同的结论。与城市儿童相比，流动儿童在营养摄入、体格发育和疾病三个方面都处于劣势：摄入非健康食物（如高糖含量饮食）风险大、体格发育相对迟缓、患病率较高（韩嘉玲等，2014）。流动儿童在健康状况上的劣势，可能的原因是其在城市中可能会遭遇制度和文化障碍，可能面临没有卫生制度保障的疾病风险，同时还可能产生低自尊、抑郁等心理问题（Greenman & Xie，2008）。

但相比生活在农村的儿童，流动儿童的健康状况又表现出优越性：发育迟缓率和低出生体重率更低、身高和体重发展更好、患病风险低（赵如婧、周皓，2018；Xu & Xie，2015；陈丽等，2010）。流动正向效应的逻辑是，首先，流动并未发生亲子间的居住分离，父母收入增加和父母健康照料的正向效应可以直接作用于流动儿童；其次，城乡医疗资源和服务存在结构性差异，从乡到城的流动，意味着儿童流动到一个具有优质教育资源、健全医疗设施的环境；最后，在卫生信息获取方面，城市相比农村更为有利（Glewwe，1999；Menjívar，2010；Hildebrandt et al.，2005）。

三、结构视角下农民工子女的前途命运：阶层再生产

尽管关于农民工子女教育获得、健康状况的研究结论不一，但已有研究的主要目的在于发现"留守问题"与"流动问题"，因而实际上将留守儿童、流动儿童构想为一个背负诸多负面特征的"受害者"形象，并将其形成机制简单归因于亲子分离、父母失职。显然，这对留守经历与流动经历的理解过于狭隘了。为改变这一状况，一些学者引入结构和资源的视角（再生产的视角）来分析留守与流动现象（熊易寒，2010；谭深，2011；周潇，2011a，2011b；汪建华、黄斌欢，2014；谢东虹，2016；江立华，2011；黄斌欢，2014，2015）。

谭深（2011）提出了"拆分型家庭模式"的概念，指出留守儿童的传统支持资源，如家庭和乡土网络正随着工业化、城市化的迅猛进展及人们价值观念的变化而日渐减少，与此同时，结构层面解体的农村社会、二元分割下的农村教育使得留守儿童的处境更为艰难。

拆分型劳动力再生产体制虽然改善了家庭的经济状况、减少了儿童的务农经历，但割裂了亲子关系，使留守儿童的家庭责任感降低、吃苦耐劳的品质缺乏，最终导致那些有着留守经历的新生代农民工难以适应无技术、高强度的劳动，而陷入更为频繁的工作流动（汪建华、黄斌欢，2014；谢东虹，2016）。

熊易寒（2010）研究了在城市公办学校、农民工子弟学校就读的流动儿童，发现在公办学校的流动儿童在认同主流价值观、期望向上流动的同时，其成长发展存在明显的"天花板效应"；然而在农民工子弟学校的流动儿童，会否定学校的规章制度、价值体系，蔑视教师的权威，这种"反学校文化"最终导致他们提前进入次级劳动力市场。城市公办学校、农民工子弟学校中的流动儿童成长机制虽然存在着明显的差异，但结果却都导向了阶层再生产而非社会流动。

周潇（2011a，2011b）的研究明确指出，农民工独特的劳动力更替模式——"劳动力更替的低成本组织模式"导致了农民工阶级地位代际再生产

趋势的出现。该模式表现为两种形态：一种是农民工的劳动力更替被城市外部化给乡村，即农民工在城市完成自身的劳动力再生产，但孩子被留守在乡村，从而导致了劳动力维持与更替被分隔开来，这部分儿童因亲子分离、城乡二元结构而发展不利；另外一种形态则是农民工将孩子带入务工所在的城市，但这些孩子却在城市处于一种被高度边缘化的状态，其被放置于城市中低成本的生活区域，难以获得城市的种种资源。这种劳动力更替的组织模式给农民工子女的成长发展带来了诸多困难，造成农民工子女和其他阶层子女在劳动力市场上的分化割裂，最终使农民工子女重复父辈的命运，进入阶层再生产。

综合这些结构性视角的研究文献，可以发现，当聚焦于农民工子女面临的问题的成因时，会发现城乡二元结构等结构性因素对留守儿童的发展造成了诸多障碍；城市社会的制度性障碍对流动儿童的进一步发展形成了阻碍。

四、研究述评

已有的关于农民工子女问题的研究比比皆是、成果丰硕，这些文献几乎关注了留守儿童、流动儿童的方方面面，向人们清晰地展示他们真实的生存发展状态的同时，也对造成这种状况的原因进行了全面分析，政府部门、社会组织等也借鉴这些研究成果针对这一弱势群体颁布政策、帮扶干预，且取得了明显的成效，但相关研究仍有待充实改进。

（一）缺乏深入的向上流动途径的研究

已有的研究无论是大样本调查还是选取典型样本的个案分析都倾向于以结构性视角探析其阶层再生产发生的原因。按照社会分层、社会流动的有关理论，在具有核心家庭制度、市场经济的国家，代际的流动率虽然有高低之别，但代际的关联模式具有相似性，都表现出代际继承性与短距离流动的明显色彩（Hout & DiPrete，2006），即作为一个整体的弱势群体，农民工子女因先赋因素（家庭资源的贫乏）和后致因素（制度性因素的阻滞）的约束，可能很难逃脱阶层再生产的命运。但是，现实中我们也看到了一些逆流而上、逆风飞扬，最终实现阶层跨越的案例，这表明低阶层子女的向上流动并非完全没有机会。对这些实现阶层跨越案例的系统性分析，有助于促进这一阶层更多人员的向上流动。但已有文献缺乏对这些跨越阶层人员的深入研究。

另外，已有的农民工子女研究往往以"结构因素"解释阶层再生产发生的原因，这一笼统的解释并无益于对农民工子女问题的细致把握，也无助于一些针对性政策措施的颁布实施。因为它并没有清晰地阐释结构因素是如何发挥作用的，即再生产的具体机制过程仍然是混沌不清的，而把握再生产的具体机制过程，是有的放矢地改变弱势群体地位的基础。

（二）缺乏系统的群体比较研究

已有文献对留守问题、流动问题的分析，通常采用简单的群体比较方法，即通过留守儿童与农村完整家庭儿童的比较发现留守引发的问题，通过流动儿童与城市儿童的比较得出流动引发的问题。但这种比较的方法，常常对内生性问题重视不够，导致无法获知留守或流动的确切效应，这是因为留守儿童与农村完整家庭儿童、流动儿童与城市儿童可能在留守或流动之前就存在着系统性差异，这种差异可能源于家庭资源的不同，也可能源于城市与农村之间教育、文化的不同。另外，这种方法的参照群体选择往往存在问题，导致无法完整把握留守或流动的影响效应，这是因为，留守儿童与农村完整家庭儿童的比较，仅反映了流动的"亲子分离"后果，至于流动的"随迁"的效果，则需要流动儿童与留守儿童的比较，确切地说需要流动儿童与假设这些儿童没有流动的比较。这样，要完整地分析真实的留守或流动效应，既要重视一些混淆变量的存在而造成的内生性问题，又要重视参照群体的选择问题（闫伯汉，2017）。

（三）缺乏全国性样本数据的专题性研究

已有对农民工子女问题的研究其结论常常不一致的原因除缺乏对内生性问题的重视及对参照群体的选择存在问题外，研究设计、测量指标不统一，抽样方法不一致，样本代表性不足也是重要原因。特别是在样本的选取方面，许多研究主观性较强、缺乏随机性、样本覆盖面较窄，这必然使研究结论存疑。简而言之，只有以科学抽样的全国性样本数据为基础的分析才能得出令人信服的结论，而这样的研究比较少见。

（四）缺乏对农民工群体分化的关注

有学者认为，我国的农民工群体已呈现出明显的阶层化特征（王春光，2005）。农民工群体的分化首先表现在留守儿童父母与流动儿童父母的分化。这两个群体在受教育水平、身体状况、家庭经济水平、家庭结构等方面都可能存在明显差异，这种系统性差异可能影响子女规避风险的能力，影响他们留守还是随迁的决策，最终影响子女的发展。一些研究发现了农民工群体分化在子女发展上的表现：随迁子女的学业表现、认知发展、健康状况显著好于留守在家的子女（Xu & Xie，2015）。

在现代社会，代际继承性与短距离流动是代际关联的主导模式（Hout & DiPrete，2006）。发生于中国社会劳动力迁移过程中的，由农村到城镇的劳动力流动，由农业到工业、商业、服务业的职业流动，由农民到农民工、工人的阶层流动正是这一模式的体现：虽然仍相对处于社会的底层，但相比以前的农民，他们的地位有了一定提升。只是这种地位的提升对子女发展的意义不一：一部分农民工以亲子分离为代价，结果可能造成子女发展受阻；另一部分农民工的子女随迁到城市，虽然遭遇了一些制度性阻碍，但父母陪伴加上相对优质教育资源的获得，对其发展产生了积极性的影响。可以看出，这是两条明显不同的发展路径，特别是随迁城市这一路径，可能蕴含着破解留守儿童问题的极为经济又易于操作的干预意涵。对这一路径即流动对儿童发展正效应的深入研究往往被流动儿童与城市儿童的比较分析所淹没。因此，关于流动对儿童发展影响的分析亟待加强。

第三节　本章小结

对社会再生产机制的分析是本书的主要任务之一，除此之外，本书的另一任务是探讨在特定的社会再生产机制条件下，以农民工子女为代表的弱势群体可能改变再生产命运的路径。因此，对社会再生产机制的理论回顾以及对农民工子女地位获得的文献梳理是必不可少的。

对于社会再生产机制的理论，从宏观与微观、国外学者的解释和国内学者的观点进行回顾，总结出其核心观点：阶层再生产的发生是强权设计的结果；学校、家庭是社会再生产的重要机制。

对于农民工子女地位获得的文献梳理，从留守儿童、流动儿童的地位获得两个方面进行，主要关注留守或流动对儿童教育、认知、健康影响的研究文献，发现相关研究仍存在有待充实改进之处，主要表现为：缺乏深入的向上流动途径的研究；缺乏系统的群体比较研究；缺乏全国性样本数据的专题性研究；缺乏对农民工群体分化的关注。

由于以往文献未就家庭、学校因素对社会分层与社会流动的影响展开细致的讨论，接下来的第三章到第六章将以此为重点，对家庭与学校的作用进行实证分析。

第三章

家庭的作用：家庭文化资本与子女学业成就

第一节 研究问题的提出

家庭文化资本作为分析社会不平等的一个理论概念，近年来受到国内外学者的重视，他们致力于研究文化资本对学业成就、教育获得或地位获得的影响。这些研究发现，文化资本对学业成就、教育获得或地位获得发挥着积极的作用，由此验证了布迪厄的观点：经由文化资本的再生产，社会阶层的优势得以保持和延续。

在我国，尽管家庭文化资本对子女学业成就或教育获得的影响作用受到的关注越来越多，但现有文献依然存在实证研究方面的不足：当前研究基本上延续了布迪厄的思路，比较不同阶层在文化资本存量上的差异，并用文化资本的存量差异去解释学业成就或教育获得的差异，这便预设了文化资本只有存量上的差异，并无质的不同，因此也就忽视了对以下问题的探讨：不同类型的文化资本而非不同存量的文化资本对子女学业成就或教育获得的影响是否存在显著差异？现有研究虽然已开始关注家庭文化资本对子女学业成就或教育获得作用的阶层差异问题，但在统计分析方法上仍然存在一些问题：①文化资本的操作化问题。有研究将文化资本的不同类型整合为一个统一的文化资本变量（吴愈晓等，2017），这种处理方式忽视了不同类型文化资本的异质性，其合理性存疑。②统计模型的应用问题。有学者针对不同阶层分别建立回归模型，比较文化资本变量在不同阶层的回归模型中回归系数的差异（孙远太，2010），这种方法已被证实存在删截问题，其结论并不可靠。

鉴于此，本章利用全国性的中国教育追踪调查（CEPS）数据，致力于回答以下两个问题：一是不同类型的家庭文化资本，对子女学业成就的作用是否存在显著差异？二是家庭文化资本对学业成就的作用，是否存在阶层差异？通过对以上问题的回答，一方面可以丰富我们对中国社会背景下不同类型文化资本作用方式的认识，另一方面有助于我们了解家庭文化资本在社会分层中发挥了怎样的作用。

第二节　文献回顾

文化资本的概念最早由布迪厄提出，用来分析社会不平等是如何在代际间进行传递的。他认为，不同阶层的学生在进入学校时，拥有的文化资本是有差异的，这些文化资本包括语言能力、顺应学校教育的性情倾向、人际交往技能等，这些资源可以通过学生在家庭及相关环境中的早期社会化经历而获得。学校教育传授的知识和选拔人才的标准与上述文化资本具有内在亲和性，来自社会上层的学生文化资本更丰富，更容易在学校教育中取得成功。在分析文化资本对教育不平等的影响时，学者们致力于回答下列问题：①文化资本是否与教育不平等有关联；②如果两者有关联，文化资本又是如何影响教育不平等的。

一、文化资本是否作用于教育不平等

有学者以法国学生为研究对象，认为在法国，家庭文化资本对阶级再生产的影响很小，文化资本造成教育不平等或社会不平等的机制并未得到证实（Robinson & Garnier，1985）。还有学者对希腊的研究发现，家庭社会经济地位越高，文化资本越高，但家庭社会经济地位对标准化测验成绩影响的机制，

第三章 家庭的作用：家庭文化资本与子女学业成就

主要是通过学生的能力和努力，而非通过文化资本（Katsillis & Rubinson, 1990）。对捷克斯洛伐克的研究发现，家庭环境提供的各类资源都对子代教育获得发挥作用：一方面，新的社会分层标准，如父亲党员身份开始对教育获得发挥作用；另一方面，传统分层标准，如上层阶层的文化品位和生活方式在教育分层中仍然发挥重要作用（Wong, 1998）。对瑞典的研究发现，父母教育对阅读得分发挥显著积极作用（Myrberg & Rosén, 2009）。对斯洛文尼亚中学生的研究发现，文化资本和认知能力均对教育获得发挥显著作用（Flere & Kirbiš, 2010）。

对韩国的研究发现，家庭客观文化资本对学业成就有积极作用，但学生的身体化文化资本对学业成就有不利影响（Byun et al., 2012）。与韩国研究的发现不同，在日本社会中，身体化文化资本对初中升高中的学习成绩发挥积极作用，但父母为孩子阅读及家庭客观化文化资本不发挥作用，而身体化文化资本和客观化文化资本对最终学历均发挥积极作用（Yamamoto & Brinton, 2010）。吴愈晓将家庭文化资本操作化为家庭的客体化文化资本和父母的文化活动，分时期探讨家庭文化资本对中国人升学的作用，发现文化资本对升初中和升高中发挥显著作用，例外是"文革"时期：它对升初中的作用有所减弱，对升高中没有影响（Wu, 2008）。

以上研究表明，对于文化资本是否发挥作用，以及文化资本的哪些方面发挥作用，不同国家或地区的研究结论有所不同。正如一些学者所反思的，文化资本研究的结论众说纷纭，原因可能在于：①许多彼此不同的概念被冠名为文化资本，从最初的孩子和家长参加高雅文化活动，到后来的家庭阅读习惯和文化氛围、家庭教育资源、课外活动、家长与孩子交流文化社会政治等议题的频率等（Jæger, 2011）；②文化资本要转化为学业成就或教育获得，需满足被学校环境认可这一前提，然而究竟什么样的文化资本会被学校重视这本身就是一个相对主观的标准，因国家、地区的不同而不同（Kingston, 2001）；③文化资本在解释学业成就时还面临一个问题，即这种学业成就是以阶级为基础的排他性文化实践的结果，只有当这种文化实践真的存在时，文化资本对学业成就方有解释力。但某个社会中真的存在排他的、为特定阶级所垄断的文化实践吗？

二、文化资本如何作用于教育不平等

对于这个问题，布迪厄认为来自社会上层的学生文化资本更丰富，因此更容易在学校教育中取得成功（Bourdieu & Passeron，1990）。拉鲁认为文化资本作为一个内涵丰富的概念，不仅包括对上层阶级文化的熟悉，而且包括个人通过灵活地使用知识、技能来满足社会制度评价标准的能力，这种特别的能力可以在代际间传递，为特定阶层垄断，形成阶层"优势"（Lareau & Weininger，2003）。总之，社会阶层越高，文化资本的回报就越大，文化资本加剧了教育不平等。这一模式被迪马乔描述为"文化再生产模式"（Dimaggio，1982）。

基于对当代社会结构中社会流动较为普遍的观察，迪马乔批评布迪厄的看法有时偏向决定主义和宿命论，他采取一种较为宽泛的方式看待文化资本，认为文化资本有一部分是在家庭中伴随着成长过程获得，但也有一部分可以通过后天积极参加文化活动而获得和积累。因此学生在校内或校外参加文化活动对学习成绩也有帮助。迪马乔将这种通过参加文化活动而获得文化资本的方式称为"文化流动模式"（Cultural Mobility Model），他的研究发现女性符合文化再生产模式，而男性符合文化流动模式，因为女性更好地继承了家庭文化资本，而男性则表现出对本阶层文化的叛逆（Dimaggio，1982）。德赫拉夫等通过对荷兰的研究，也验证了文化流动模式的存在，阅读习惯对中下阶层学生教育获得的作用大于中上阶层学生（de Graaf et al.，2000）。国际学生评估项目（PISA）的实施，使开展文化资本的国际比较研究成为可能。有学者按照国家的福利供给情况、社会不平等水平和开放度将国家分为四类，来比较文化资本在这四类国家中发挥的作用有无差异。结果发现，福利供给较少、社会不平等程度较高的国家更符合文化再生产模型，而其他国家相对更符合文化流动模型（Xu & Hampden-Thompson，2012）。

第三章 家庭的作用：家庭文化资本与子女学业成就

还有学者对中国文化资本的作用情况进行了研究。如孙远太（2010）分析了文化资本对上海市民教育获得的影响，研究发现经济地位较低的家庭文化资本的作用大于经济地位较高的家庭，文化流动模式对上海市民更有解释力。与之不同，吴愈晓等（2017）的一项研究发现，文化资本的效应存在阶层差异和学校差异，阶层越高，学校越好，文化资本的作用就越大，由此认为中国社会符合文化再生产模式。

综上所述，文化资本研究经历了一个概念操作化日益精细、对其作用方式的探讨更加全面细致的发展过程，多数研究发现文化资本对学业成就和教育获得发挥积极作用，并对文化资本发挥作用的过程和机制进行了探索，但也存在两点缺陷：一是对文化资本概念的操作化莫衷一是；二是在具体结论上有所差异甚至相互矛盾。这其中诚然有不同国家的教育系统特征不同、社会分层模式和社会开放程度差异等原因，但是对于同一国家，如中国的研究，其结论也呈现显著差异甚至明显矛盾，就十分耐人寻味了。

研究结论的差异和相互矛盾主要有两个方面：一是对文化资本的操作化存在显著不同。这源于许多研究基于对大型调查数据的二手分析，研究主题和问卷设计大多并非围绕教育，可用的变量和指标有限，导致无法对文化资本的作用进行充分详细的探讨；或者即使运用了专门的全国性教育调查数据，但对文化资本的操作化方法具有争议性。如吴愈晓等（2017）的研究将客体化文化资本和身体化文化资本整合为同一个因子，并未考虑不同类型的文化资本对学业成就作用的正负差异。二是所用模型的差异。以往学者对于文化再生产和文化流动模式的研究，有两种技术路线方法，一种是在模型中纳入家庭社会经济地位与文化资本的交互项；另一种是按社会经济地位高低划分为两个群体，分别建立回归模型，比较两个模型中文化资本自变量回归系数的大小。两种方式也都为中国学者沿用，但后面这种处理方法存在删截问题，所得结论并不可靠。

本章尝试克服已有的文化资本作用研究的上述局限，主要体现在以下两个方面：一是结合中国教育制度的独特性，就制度性文化资本、客体化文化资本和身体化文化资本如何分别影响学业成就,各自发挥了怎样的作用提出研究假设,并建立模型予以验证;二是文化资本对于学业成就的影响在不同群体中存在差异,通过探讨客体化文化资本、身体化文化资本和制度化文化资本与家庭社会经济地位的交互项分别对学业成就的作用,来分析文化资本在中国究竟是发挥了阶层稳定器的作用,还是促进阶层流动的作用。

第三节 研究假设

一、文化资本发挥作用的类型

布迪厄把文化——特别是以文凭形式存在的文化——视为一种特殊的资本类型,这种资本可以通过时间、精力、金钱获得,然后用来获得具有高地位、高收入的职业。简言之,文化资本指与个体地位获得和地位象征有关的有形或无形的文化资产,它具有身体化、客观化、制度化三种存在形态(Bourdieu,1984)。在布迪厄来看,文化资本是上层阶级的专属,在实际研究中往往被操作化为以物质或非物质的形式表现出来的高雅文化(Bourdieu,1984)。显然,这种将文化资本视为上层阶级专属并操作化为高雅文化的做法过于狭隘,限制了文化资本概念的解释力。后来的学者逐渐突破了这一限制,不断地丰富其内涵,时至今日,文化资本的三种形态涵盖了更为宽广的意涵:文化资本的身体化形态一般指一种身体和心灵的持续性倾向;文化资本的制度化形态主要是指教育文凭;文化资本的客体化形态则指的是图画、书籍、字典、乐器、仪器等文化产品。总之,广义的文化资本既包括布迪厄所言的高雅文化的知识、参与,又包括家庭氛围、习惯、风格、一般性技能、教育文凭、文化产品等。

但是,文化资本要发挥作用,还要依赖其他的条件。学校环境就是文化资本发挥作用的重要条件之一。胡安宁(2017)的研究发现,文化资本作用的发挥,很大程度上取决于学校环境(包括教师)是否欣赏学生的文化资本,以及这种欣赏能否转化为学业成就。例如,在法国和意大利,艺术史和哲学

第三章　家庭的作用：家庭文化资本与子女学业成就

是学校中很重要的科目，而且教育体系及其代言人认同社会上层的高雅文化，因而熟悉本阶层高雅文化的中上阶层的学生更容易在教育系统中取得成功。但在荷兰、韩国等国家，这些科目并不是很重要，因而对这类国家的研究并未发现与高雅文化有关的文化资本对学业成就或教育获得发挥作用（de Graaf et al., 2000），甚至还有负面影响（Byun et al., 2012），发挥作用的是阅读习惯或家庭客体化文化资本等。我国的教育体制与后者类似，因此，在我国真正对学业成就发挥作用的文化资本，应该不是与高雅文化有关的文化资本（如参加文化活动），而是与课程学习有关的文化资本（如父母的受教育程度、家庭藏书、家庭阅读活动等）。因此我们提出假设 3-1a 至假设 3-1d。

假设 3-1a（身体化文化资本）：亲子参加文化活动，对孩子学习成绩没有显著作用。

假设 3-1b（身体化文化资本）：亲子阅读活动越多，孩子学习成绩越好。

假设 3-1c（客体化文化资本）：家庭文化设施越丰富，孩子学习成绩越好。

假设 3-1d（制度化文化资本）：父母教育程度越高，孩子学习成绩越好。

二、不同社会经济地位家庭文化资本作用的差异

文化再生产理论认为，家庭社会经济地位越高，掌握的文化资本在数量和种类上就越具有优势，文化资本对子代发挥作用就越大。从布迪厄对资本的定义来看，各种非经济的资本事实上是"经济资本的转化和伪装形式"（Bourdieu, 1986）。一方面，较高社会经济地位的家庭可用各种经济资本的投入丰富子女的客体化文化资本；另一方面，这类家庭拥有较多的经济资本，使对孩子时间的投资成为可能，便于他们在社会化过程中将特定的身体化文化资本传递给子女。此外，较高社会经济地位的家长一般具有较高的受教育程度，便于对孩子进行言传身教。有学者研究发现，中国的中产阶级家庭在藏书量、带孩子参加高雅文化活动、让孩子参加补习班等教育投入等指标上具有显著优势（洪岩璧、赵延东，2014）。拉鲁在《不平等的童年》一书中揭示了不同

阶层家庭在教养方式上的差异：中产阶级采用的是"协同培养"方式，工人阶级采取的是"自然成长"方式；采用协同培养方式的家长，更积极地参与孩子的学习过程，也更积极地与学校沟通，他们的子女学业成绩更好（Lareau, 2003）。基于上述讨论，我们认为，社会经济地位较高的家庭能够更好地利用文化资本这种手段，促进孩子的学业成就。因此我们提出假设 3-2a 至假设 3-2c。

假设 3-2a：家庭社会经济地位越高，父母受教育年数对孩子学习成绩的作用越大。

假设 3-2b：家庭社会经济地位越高，家庭文化设施对孩子学习成绩的作用越大。

假设 3-2c：家庭社会经济地位越高，亲子阅读活动对孩子学习成绩的作用越大。

第四节 数据、变量与模型

一、数据来源

本章使用中国人民大学中国调查与数据中心设计与实施的中国教育追踪调查（CEPS）2013—2014 年的基线数据。CEPS 在全国范围内抽取了 112 所学校约 2 万名七年级和九年级学生作为调查对象。在对变量进行处理并删除缺失值后，最终进入分析的样本数为 18045。

二、变量与描述统计

（一）因变量：学业成就

本章通过被访者（学生）语文、数学、英语三科期中考试成绩的标准化得分之和来测量学业成就。语文、数学、英语三科成绩的原始分数由学校提供，而非学生自填。将这三科得分按照学校、年级进行标准化处理，为使分析结

第三章 家庭的作用：家庭文化资本与子女学业成就

果易于理解又将标准化得分转换为取值为 0~100 的学业成就变量，然后加总。数字越大代表学业成就越高。

（二）核心自变量：文化资本

根据文化资本的定义和常用的操作化方式，我们使用家庭文化设施、亲子参加文化活动和阅读活动的频率以及父母受教育年数来分别测量客体化文化资本、身体化文化资本和制度化文化资本。

家庭的文化设施情况包括是否配备独立书桌、电脑、互联网和藏书情况。通过主成分因子分析和最大方差旋转法对上述变量提取公因子，标准化后得到一个取值范围在 0~100 的家庭文化设施变量，数字越大代表家庭客体化文化资本越丰富。

问卷询问了中学生和父母一起做以下事情的频率：①吃晚饭；②读书；③看电视；④做运动；⑤参观博物馆、动物园、科技馆；⑥外出看电影、演出、体育比赛等。同样采用主成分因子分析和最大方差旋转法进行因子分析，结果出现了两个因子，⑤和⑥主要负荷于因子 1，②和④在因子 2 上的负荷较强，与我们对亲子文化活动与亲子阅读活动的区分相吻合。用因子 1 上负荷较强的题项来构建参加文化活动频率的测度，用在因子 2 上负荷强的题项构建参加阅读活动频率的测度。对其标准化后分别得到亲子参加文化活动变量和亲子参加阅读活动变量，取值均为 0~100，数值越大代表家庭参加此类活动越多，家庭的身体化文化资本越丰富。

父母受教育年数是通过询问受访者父母的受教育程度，取两者之中的较大值，并按一定规则换算为受教育年数。其中，没有受过任何教育的赋值为 0 年，小学赋值为 6 年，初中赋值为 9 年，高中、职高、中专、技校赋值为 12 年，大专赋值为 15 年，大学本科及以上赋值为 16 年。

（三）家庭社会经济地位变量

本章使用家长职业地位、家庭经济条件、参加辅导班数量、参加兴趣班数量这四个指标测量学生的家庭社会经济地位。这四个指标均为虚拟变量。

家长职业地位以父亲的职业来测量，如果父亲职业的答案缺失，则以母亲职业代替。原始问卷中父母职业的类型划分较细，为便于统计分析，对部分职业类型进行了合并，合并后的职业类别为：管理人员、专业技术人员、工人、商业或服务业人员、农民或其他。在统计分析时生成四个虚拟变量，以最后一类为参照类。

家庭经济条件，通过询问被访者目前的家庭条件来测量，答案包括"非常困难""比较困难""中等""比较富裕""很富裕"。重新编码后分成三类，即"困难""一般""富裕"，在统计分析时生成两个虚拟变量，以第一类为参照类。

参加辅导班和兴趣班的数量反映了家庭经济实力和教育支出，因此也纳入分析。问卷中询问学生参加了哪些兴趣班/课外辅导班，让其在11门课程中进行选择（可多选）。在11门课中，4门属于课外辅导班，7门属于兴趣班。对于每一门课外辅导班课程，参加了的计分为1，否则为0，然后把4项分数相加得到参加辅导班变量，该变量的取值为0~4的整数，同理可得参加兴趣班变量，取值为0~7的整数。

（四）控制变量

本章的控制变量包含：①性别（0=女性，1=男性）；②年龄；③兄弟姐妹数；④户籍属性（0=非农业户口，1=农业户口）；⑤迁移流动状况（0=省内流动或跨省流动，1=本地非流动）；⑥认知能力，用学生的认知能力测试得分来测量，这套认知能力测试题不涉及学校课程所讲授的具体记识性知识，只测量学生的逻辑思维和问题解决能力，测试题分为语言、图形、计算与逻辑三个维度，将其转化为0~100的值。由于本章选用的因变量"学生语文、数学、英语单科成绩"是按照学校、年级计算的标准化得分，不受学生年级（七年级、九年级）以及学校类型（公立学校、民办公助、普通民办、民办打工子弟学校）的影响，因此不将年级和学校类型作为控制变量。主要变量的描述性统计如表3-1所示。

表 3-1　家庭文化资本：主要变量描述性统计

主要变量	变量	均值/比例	标准差	最小值	最大值
学业成就	英语标准化得分	61	10.19	0	100
	语文标准化得分	71.98	9.69	0	100
	数学标准化得分	63.39	10.10	0	93.36
	总分	196.38	26.17	34.31	273.51
文化资本	父母受教育年数	10.78	2.94	0	16
	家庭文化设施	56.44	24.12	0	100
	亲子参加文化活动	24.35	26.25	0	100
	亲子参加阅读活动	46.77	35.52	0	100
家长的职业地位	管理人员	12.20%	—		
	专业技术人员	6.09%			
	工人	25.71%			
	商业或服务业人员	25.35%			
	农民或其他	30.64%			
家庭经济条件	困难	11.73%	—		
	一般	76.72%			
	富裕	11.54%			
教育支出	参加辅导班数量	0.59	0.95	0	4
	参加兴趣班数量	0.43	0.81	0	7
控制变量	性别（男性=1）	50.83%	—		
	年龄	14.51	1.24	12	18
	兄弟姐妹数	0.73	0.82	0	5
	户口（农业户口=1）	54.92%			
	迁移流动状况（本地非流动=1）	82.35%	—		
	认知能力	43.23	18.06	0	100

三、模型和分析步骤

根据因变量的特征，采用多元线性回归模型进行统计分析。数据分析分三步。第一步是以家庭社会经济地位为自变量，并在控制相关变量后对学业成绩进行回归，即模型1，旨在估计家庭社会经济地位对学业成就的影响；第二步在模型1的基础上引入文化资本相关变量，即模型2，旨在探讨文化资本诸变量对学业成就的影响；第三步则是在模型2的基础上进一步引入家庭经济地位和文化资本诸变量的交互项，即模型3至模型6，旨在探讨社会经济地位不同的家庭，文化资本的作用是否存在差异，以验证文化再生产假设。

值得注意的是，由于在包含交互项的模型中，回归系数的含义与一般的多元回归模型有所不同，为使包含交互项模型的自变量的回归系数变得可以被解释，同时为了避免多重共线性问题，我们对文化资本诸变量（父母受教育年数、家庭文化设施、亲子参与文化活动、亲子参与阅读活动）进行了标准化处理，即将这四个变量分别减去自身均值后形成四个新变量，取代原变量纳入包含交互项的模型中。

第五节 结果分析

如表3-2所示，模型1的结果显示，学业成绩的阶层差距显著。专业技术人员家庭孩子的总成绩比参照类家庭孩子的总成绩高2.172分，商业服务业人员家庭孩子的成绩比参照类家庭孩子的总成绩低1.857分。高收入家庭的孩子相比一般收入家庭的孩子，总成绩低3.24分。报辅导班对提升总成绩有作用，但报兴趣班反而不利于总成绩。模型R^2为0.203，说明家庭社会经济地位和相关控制变量能够解释总成绩方差的20.3%。

模型2在模型1的基础上增加了反映文化资本的变量。模型纳入整套文化资本变量后，R^2增加了0.004，且F比率显著，说明文化资本对总成绩发挥显著作用，可以解释总成绩方差的0.4%。在文化资本各类别中，父母受教育年数、亲子参加文化活动均发挥显著作用。父母受教育年数每提升1年，孩子总成绩提高0.476分；但亲子参加文化活动对孩子的总成绩有不利作用，亲子参加文化活动变量每提高10分，孩子总成绩降低0.494分。研究结果支持假设3-1d，但参加文化活动不仅对总成绩没有显著作用，甚至会有负作用，

第三章 家庭的作用：家庭文化资本与子女学业成就

与假设 3-1a 不符。家庭文化设施和亲子参加阅读活动对总成绩没有显著作用。假设 3-1b 和假设 3-1c 未获证实。

模型 3 在模型 2 的基础上增加了父母职业与父母受教育年数的交互项。父母职业与父母受教育年数的交互项效应显著。管理人员家庭、专业技术人员家庭与参照类别之间父母受教育年数的影响之差异分别为 0.842 和 1.386，说明家庭社会经济地位越高，制度化文化资本对孩子总成绩的积极作用就越大。研究结果支持假设 3-2a。

模型 4 在模型 2 的基础上增加了父母职业与家庭文化设施的交互项，父母职业与家庭文化设施的交互效应显著，交互项的回归系数反映了参照类别与每个被明确纳入的类别之间家庭文化设施对总成绩影响（斜率）的差异，管理人员家庭、专业技术人员家庭、商业服务业人员家庭与参照类别的影响之差异分别为 0.171、0.113、0.056，这说明家庭的社会经济地位越高，家庭文化设施对子女总成绩的作用就越大。结合模型 2 发现的家庭文化设施对总成绩没有显著影响，可以推断，虽然从整体上看家庭文化设施对总成绩没有显著作用，但对于社会经济地位较高的家庭的子女，它还是能够发挥一定的积极作用，研究结果支持假设 3-2b。

模型 5 和模型 6 在模型 2 的基础上分别增加了父母职业与亲子参加文化活动的交互项以及父母职业与亲子参加阅读活动的交互项。由表 3-2 可知，父母职业与亲子参加文化活动的交互项效应显著，管理人员家庭、专业技术人员家庭、商业服务业人员家庭、工人家庭与参照类别之间亲子参加文化活动的影响之差异分别为 0.105、0.105、0.066、0.037，结合模型 2 发现的亲子参加文化活动对总成绩的不利影响，可以推断，虽然整体来看亲子参加文化活动对总成绩有不利影响，但其不利影响对社会经济地位不同的家庭造成的"伤害"是不同的：对参照类别的不利影响最大，达到 0.053，对工人家庭的不利影响为 –0.016（–0.053+0.037），而对管理人员家庭、专业技术人员家庭和商业服务业人员家庭则有一定的积极作用。另外，父母职业与亲子参加阅读活动的交互项效应显著。管理人员家庭、专业技术人员家庭和商业服务业人员家庭与参照类别之间亲子参加阅读活动的影响之差异分别为0.089、0.077、0.039。结合模型2发现的亲子参加阅读活动对总成绩没有显著影响，可以推断，虽然亲子参加阅读活动从总体来看对提升总成绩没有显著作用，但在管理人员家庭、专业技术人员家庭和商业服务业人员家庭中，还是有一定作用的，假设3-2c得到了支持。

表3-2 估计总成绩的多元回归模型

变量	模型1	模型2	模型3	模型4	模型5	模型6
管理人员	−0.192	−0.908	−2.577***	−1.269*	−1.458**	−2.191**
	(0.668)	(0.700)	(0.815)	(0.746)	(0.722)	(0.886)
专业技术人员	2.172***	1.367	0.835	1.310	1.120	−1.128
	(0.810)	(0.834)	(0.917)	(0.865)	(0.852)	(1.034)
商业服务业人员	−1.857***	−1.792***	−1.594***	−1.427***	−1.610***	−1.388***
	(0.501)	(0.507)	(0.518)	(0.517)	(0.509)	(0.529)
工人	−0.402	−0.349	−0.010	0.082	−0.162	−0.031
	(0.484)	(0.486)	(0.498)	(0.499)	(0.489)	(0.516)
家庭收入中等	−0.854	−0.684	−0.479	−0.534	−0.654	−0.627
	(0.569)	(0.582)	(0.583)	(0.583)	(0.582)	(0.582)
家庭收入较高	−3.240***	−2.884***	−2.899***	−2.845***	−2.906***	−2.885***
	(0.777)	(0.802)	(0.802)	(0.802)	(0.802)	(0.802)
报辅导班	0.925***	0.899***	0.878***	0.911***	0.896***	0.893***
	(0.199)	(0.200)	(0.200)	(0.200)	(0.200)	(0.200)
报兴趣班	−1.525***	−1.442***	−1.486***	−1.463***	−1.467***	−1.457***
	(0.228)	(0.231)	(0.231)	(0.231)	(0.231)	(0.231)
父母受教育年数	—	0.476***	0.448***	0.472***	0.477***	0.183
	—	(0.079)	(0.079)	(0.079)	(0.079)	(0.136)
家庭文化设施		0.002	−0.024*	0.006	0.005	0.003
		(0.009)	(0.013)	(0.009)	(0.009)	(0.009)
亲子参加文化活动		−0.049***	−0.050***	−0.100***	−0.053***	−0.049***
		(0.008)	(0.008)	(0.015)	(0.008)	(0.008)
亲子参加阅读活动		−0.006	−0.005	−0.006	−0.033***	−0.005
		(0.006)	(0.006)	(0.006)	(0.009)	(0.006)

第三章 家庭的作用：家庭文化资本与子女学业成就

续表

变量	模型1	模型2	模型3	模型4	模型5	模型6
管理人员×父母受教育年数	—	—	0.842*** （0.233）	—	—	—
专业技术人员×父母受教育年数	—	—	1.386*** （0.277）	—	—	—
商业服务业人员×父母受教育年数	—	—	0.235 （0.186）	—	—	—
工人×父母受教育年数	—	—	0.052 （0.193）	—	—	—
管理人员×家庭文化设施	—	—	—	0.171*** （0.033）	—	—
专业技术人员×家庭文化设施	—	—	—	0.113*** （0.038）	—	—
商业服务业人员×家庭文化设施	—	—	—	0.056*** （0.021）	—	—
工人×家庭文化设施	—	—	—	−0.005 （0.019）	—	—
管理人员×亲子参加文化活动	—	—	—	—	0.105*** （0.024）	—

续表

变量	模型1	模型2	模型3	模型4	模型5	模型6
专业技术人员×亲子参加文化活动	—	—	—	—	0.105*** (0.030)	—
商业服务业人员×亲子参加文化活动	—	—	—	—	0.066*** (0.019)	—
工人×亲子参加文化活动	—	—	—	—	0.037* (0.019)	—
管理人员×亲子参加阅读活动	—	—	—	—	—	0.089*** (0.018)
专业技术人员×亲子参加阅读活动	—	—	—	—	—	0.077*** (0.027)
商业服务业人员×亲子参加阅读活动	—	—	—	—	—	0.039*** (0.013)
工人×亲子参加阅读活动	—	—	—	—	—	0.017 (0.013)
控制变量	性别、年龄、兄弟姐妹数、户籍、流动状况、认知能力					
截距	188.5*** (2.331)	185.6*** (2.539)	189.2*** (2.346)	189.0*** (2.347)	189.4*** (2.344)	189.7*** (2.346)
R^2	0.203	0.207	0.209	0.208	0.208	0.209
样本数	18045	18045	18045	18045	18045	18045

注：* 表示 $p<0.1$，** 表示 $p<0.05$，*** 表示 $p<0.01$；括号内为标准误。

第三章 家庭的作用：家庭文化资本与子女学业成就

第六节 本章小结

本章结合中国教育制度的特征，将文化资本细分为身体化形态、制度化形态以及客体化形态，以在多元线性回归模型中纳入家庭社会经济地位与不同类型文化资本交互项的方式考察不同类型文化资本对子女学业成就的作用方式。此外，还探讨了文化资本对不同阶层孩子的学业成就发挥作用的差异。针对上述议题，得出两个结论。

第一，家庭文化资本对学业成就有着重要影响，但要一分为二地看待。文化资本的各类型中，对学业成就发挥作用的主要是制度化文化资本，而客体化和身体化文化资本对学生的学业表现无益，身体化文化资本中的亲子参与文化活动甚至还有负面作用。中国的学校并未将与高雅文化有关的知识或能力列为主要考核内容，而是侧重考察认知能力和记忆能力并通过标准化考试选拔人才。某些家庭活动，如参加高雅文化活动，虽然可以提高孩子的综合能力和素质，但是并不能促进其学业成就，反而因挤占学习时间分散精力对孩子的学业表现形成了制约，这与韩国研究的结论基本一致（Byun et al., 2012）。

第二，文化资本对于社会经济地位不同的家庭发挥的作用存在较大差异。这种差异有三种体现：对于能够促进学业的文化资本项目，家庭社会经济地位越高，其对孩子学业成就的促进作用越大；对于整体作用不显著的文化资本项目，其对社会经济地位较高的家庭仍能够发挥一定作用；对于不利于学业的文化资本项目，家庭社会经济地位越高，越能够规避其消极影响，甚至可以变不利为有利。总之，家庭社会经济地位越高，越能够扬文化资本之长，避文化资本之短。文化再生产模式在中国得到了一定程度上的验证。

上述结论在理论方面有两点启示。

第一，不同类型的文化资本发挥的作用存在差异，甚至在作用方向上截然相反。因此，考察文化资本在社会分层中的作用，应将其分为不同类型，不可一概而论。

第二，不同类型文化资本的作用有正有负，社会经济地位较低的家庭很难充分利用不同类型文化资本的长处，克服可能的消极影响，从而可能导致子女学业成就受损，这说明文化再生产模式更适合解释中国的现实。由于相比经济资本，文化资本的阶层壁垒作用更为坚实顽固、不易改变，因此要缓和这种社会不平等的代际传递，需要强烈、持续的外力干预。从不同类型文化资本的作用看，制度化文化资本对学业成就的影响最为重要，干预的有效发力点应该是丰富家庭的制度化文化资本，提高公民的受教育程度。就缩小阶层差异而言，政府需要通过各种制度设计促进城乡之间、城乡内部各教育阶段学校之间的教育资源均衡以弥补家庭文化资源和教育资源的分化，通过缩小学校之间在质量和生源阶层构成上的差异，为不同阶层学生通过后天努力获取文化资源实现向上流动创造条件。

本章的研究还存在两点局限：一是没有引入教育制度变迁的动态视角，考察文化资本在不同时期作用的变化趋势。期待以后能够利用多轮次的中国教育追踪调查（CEPS）数据，来检验未来中国社会中文化资本作用的变化趋势。二是没有探讨学校环境因素对孩子们学业成绩的影响。众所周知，学校环境是影响学生成绩的另一个重要因素，要全面考察学生成绩的影响因素，更合适的方法是采用多层线性模型，同时将学校、家庭的作用纳入考察，而本章只是通过在学校内部对学生的学习成绩进行标准化来对学校因素进行控制，单独探讨了家庭因素的影响。学业成就和教育获得研究需进一步考察学校因素对个人学业成就和教育获得的影响，本书第六章将对比有更详细的讨论。

第四章

家庭的作用：家庭资源与家长教育预期

第一节 研究问题的提出

诸多研究已证实受教育程度对社会经济地位获得具有重要作用（Blau & Duncan，1967；Sewell & Hauser，1972；Bourdieu & Passeron，1990）。因此，从教育不平等入手被视为解决阶层固化、贫困代际传递等问题的关键。教育不平等包含多个层面，除教育获得不平等外，教育期望不平等也是一个重要方面，因为教育期望会对教育获得产生重要影响。然而，已有研究往往将"基于主观理想的期望"（Aspirations）与"基于客观现实的预期"（Expectations）混淆在一起，统称为"教育期望"，进而考察其影响因素及作用发挥。由于两者可能存在明显的测量差异（无论是父母的教育期望还是子女的教育期望），因此，将两者混淆在一起的研究结论也往往存疑——那些通过显著性检验的因素到底是影响了"基于主观理想的期望"还是"基于客观现实的预期"？与阶层联系更为紧密的到底是"教育期望"还是"教育预期"？

为厘清这些问题，本章将家长对子女的受教育程度展望进行了更为细致的划分，并试图利用中国城镇化与儿童发展调查（CUCDS）这一全国性数据，从阶层与城乡的视角展现家长教育期望与教育预期的不平等，并对造成教育期望与教育预期差异的因素进行分析。具体要回答：当前的中国，不同阶层/群体对子女教育期望的差异及影响因素（特别是家庭因素）；不同阶层/群体对子女教育预期的差异及影响因素；在此基础上，进一步将教育期望作为一种理想，将教育预期作为最终教育获得的替代，分析阻碍不同阶层/群体教育期望实现（教育期望与教育预期之差）的因素。

第二节　文献回顾与研究假设

一、概念界定

在《现代汉语词典》（第七版）中，对"期望"的解释是"对未来的事物或人的前途有所希望和等待"。但这一解释并未言明期望仅仅是一种主观希望还是根据实际对未来的预期构想。事实上，在日常生活中，对"期望"一词的理解也因人而异，有些人更多地从理想希望的角度进行理解，有些人则认为它是根据实际情况的预期。具体到家长对子女的教育期望，如果在调查研究中未加严格界定，一部分人可能认为是理想状态下，希望子女教育能够达到的程度，而另一部分人则可能认为是考虑现实情况下，对子女能够达到受教育程度的预期。显然，这是两个不同的概念，不加区分地将其统括在"教育期望"之下得到的相关研究结论（无论教育期望作为因变量还是自变量）都可能存在问题。鉴于此，在实际研究中，应该严格区分教育期望（Educational Aspirations）与教育预期（Educational Expectations），而区分两者首先应体现在资料收集时对期望与预期的细致测量。

本章中家长教育期望指理想状态下，父母希望子女达到的受教育水平。测量家长教育期望的问题是："在最理想的情况下，您希望孩子的教育能够达到什么程度？"家长教育预期指父母依据客观情况对子女可能达到的受教育程度的预期估计。这里的客观情况既包括宏观的教育设置，又包括家庭状况、子女个体情况等。测量家长教育预期的问题是："有时候，孩子未必能达到我们所希望的受教育程度，您预计孩子真正能够完成什么程度的学业？"

教育获得为最终达到的受教育程度。教育期望、教育预期、教育获得之间的关系大致如图 4-1 所示。

第四章 家庭的作用：家庭资源与家长教育预期

（理想情况）▼ ▼ ▼（现实情况）
教育期望　　　　　　　　　教育预期　　　教育获得

图 4-1　教育期望、教育预期与教育获得之间的关系

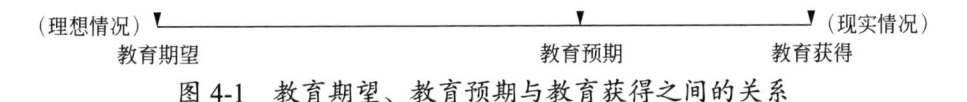

教育期望为理想的一端，教育获得为现实的另一端，在理想与现实之间是教育预期。理论上讲，理想与现实之间的距离可能很大，也可能很小，甚至距离为 0 或负，即理想与现实是一致的或现实高于理想；同样道理，教育预期与教育期望、教育获得之间的距离可能很大，也可能很小，甚至三者可能完全一致。现实而言，由于存在很多因素可能阻碍教育获得，理想与现实间往往存在差距，作为理性的人常常可以预见可能的阻碍因素，正确估计理想与现实之间的差距，因此教育预期与教育获得往往更为接近。据此判断，在无法获取最终受教育程度数据的情况下，本章用教育期望与教育预期的差异看作理想与现实之间的差异，进而探讨阻碍理想实现因素的方案是可行的。但也应该承认，教育预期与最终教育获得也存在不同，这不仅表现在结果上，更表现在是否具有期望的意涵上，即教育预期仍然具有期待希望的意味，虽然相比教育期望这种理想化的意味要淡得多。因此，某种意义上，教育预期也具有与教育期望相似的功效，对教育获得有着重要的作用；影响教育期望的家庭、个人因素，也可能影响教育预期。

下面将对有关家长教育期望对子女教育获得的影响及家长教育期望影响因素的研究文献进行梳理回顾，由于本章的重点是家庭资源对家长教育期望、教育预期的影响，因此，对家长教育期望/预期影响子女教育获得的文献回顾是作为研究的基础而存在的——家长教育期望/预期的重要性突显了研究教育期望/预期不平等的意义。由于已有文献大多没有严格区分教育期望与教育预期，有些研究甚至将教育预期在教育期望的意义上使用，为行文方便，综述中也将它们统括在"教育期望"之下。

二、家长教育期望/预期与子女教育获得

在教育获得的影响因素研究中，教育期望常常被证实是家庭社会经济

地位与子女学业表现、教育获得间一个重要的中介机制，即家庭社会经济地位通过影响父母等重要他人的教育期望，进而影响子女的教育期望并最终影响子女的学业表现与教育获得（Sewell & Shah, 1968; Duncan et al., 1972; Hauser & Anderson, 1991; Goldenberg et al., 2001; Davis-kean & Pamela, 2005）。有关父母参与子女学业的研究发现，相比"沟通""监督""参与学校活动"等，"教育期望"这一参与方式与子女的学业成绩关系最为紧密（Fan, 2001）。《普洛登报告》指出，相比家庭物质环境、学校因素，父母的态度对子女学业成绩的影响更具有解释力（Plowden, 1967）。有些学者更是将教育期望视为预测教育获得的最有效变量（Jacob & Wilder, 2011）。那么，家长的教育期望是如何作用于子女的学业成就、教育获得的呢？

皮格马利翁效应清晰地展现了教师期望作用的发挥机制：教师对学生的高期望，通过积极的态度和更多赞扬、互动等行为方式传递给学生，激发了学生学习的动力与热情，学生的积极反馈又使得教师更为热情，给予学生更多的关心照顾，如此往复的良性循环，推动学生的学业成绩朝着期望的方向迈进，最终自我预言得以实现。

家长期望的作用逻辑与教师期望类似，家长教育期望与其态度、行为关系密切，较高的教育期望往往意味着积极的态度、支持性行为；积极的态度传递给孩子的多是鼓励性信息，称赞、鼓励、认可可以转化为子女学习的动力与信心，从而有助于提升其学业成绩；支持性行为会转化为对子女学业更多的关注与支持，如积极面对学习过程中遇到的困难，购买学习资料、参加课外辅导班、积极与学校教师沟通等，这也有助于孩子学习成绩的提升。可用图 4-2 表达这一作用逻辑。

图 4-2 家长教育期望对子女学习成绩的影响机制

●●● 第四章 家庭的作用：家庭资源与家长教育预期

然而，相同的期望并不总是能够产生相同的结果，高教育期望伴随的积极的态度、支持性行为也因主体条件的不同而程度各异，一些教育程度低、家庭资源贫乏的父母虽然也可能对子女有着较高的教育期望，但受制于自身条件，与子女沟通的方式方法、支持力度等方面都效果不佳或打了折扣。也就是说，真正对子女学业成绩的提升发挥作用的，并不是理想状态下的"期望"，而是基于客观现实的"预期"及因此而产生的态度上的、行为上的实际支持，而这些都与社会经济地位、阶层等密切相关。那么，有哪些因素会影响家长教育期望呢？

三、影响家长教育期望/预期的因素

已有研究证明，影响家长教育期望的因素多种多样，既有宏观的文化传统、国家/地区教育设置、劳动力市场状况因素，又有微观的家庭社会经济地位、父母受教育程度、子女学业成绩/认知能力、子女性别等因素。有研究将亚裔父母对子女的高教育期望归因于传统的儒家文化传统（Sue & Okazaki，1990），有研究讨论了不同教育制度安排与劳动力市场差异对教育期望的影响（Andres et al.，2007）。由于更多的研究是在相同的宏观背景下展开的，因此微观的家庭背景、子女特征因素更多地被检验。其中，家庭社会经济地位、父母的受教育程度是公认的影响教育期望的两个重要因素（Sewell & Shah，1968；Goyette & Xie，1999；Davis-kean & Pamela，2005；王甫勤、时怡雯，2014；刘保中等，2014；杨习超等，2016）。具有优势社会经济地位的家长，特别是较高受教育程度的家长，更能认识教育对于个体地位获得及家庭优势地位保持和延续的作用，所以更重视子女的教育，也更期望子女获得更高的受教育程度（Sewell & Shah，1968；王甫勤、时怡雯，2014）。不过，一项基于中国流动人口数据的研究发现，家庭经济地位并不影响家长的教育期望，子女的学业成绩、家长受教育程度与生活经历才是影响家长教育期望的重要因素（杨威，2012）。一项利用中国教育追踪调查（CEPS）数据进行的研究，不仅发现了不同维度的家庭社会经济地位对家长教育期望的影响不同，而且发现了这些影响存在着性别差异,对于男生而言,父母的受教育程度、职业、家庭文化资本对家长教育期望会产生正向影响,但家庭经济水平的影响为负;对于女生而言,父母受教育程度与家庭文化资本对家长教育期望的影响为正,父母职业与家庭经济状况的影响不显著(杨习超等,2016)。戈芬认为,各阶层家长对子女的教育期望并无差异,他们都希望子女能够上大学,不同之处在于,各阶层实现期望的能力存在差异(Gofen,2009)。关于性别的影响效应,多数研究认为中国家长的教育期望存在男孩偏好,并将之归因为文化观念的影响(Zhang et al.,2007;刘保中等,2014);也有一些研究不支持教育期望的性别偏好(刘守义,2006),原因可能在于教育的大众化发展及生育政策引发的少子化效应。

已有的家长教育期望影响因素研究形成了一些成果,但仍存在一些有待充实之处。第一,没有严格区分教育期望与教育预期。教育期望是理想状态下对子女教育程度的希望,理想状态下的希望固然与所属阶层有关,但又常常能够摆脱社会经济地位的局限,这也是调查经常发现不同阶层的家长对子女的教育有着相似期望的原因。

第二,因数据获取难易程度的差异,已有研究较多探讨教育期望对学业成绩的影响,而较少分析教育期望与最终教育获得之间的关系。学业成绩固然与最终教育获得关系密切,但现实中也存在诸多学业成绩好的孩子因各种因素的阻碍而无法获得更高受教育程度机会的现象,因此,不能将两者等同看待。然而利用回溯题(如"您在少年时期,您的父母是否期望您上大学?")对教育期望的答案收集容易受到被访者当前社会地位或教育成就的影响,陷入依据现今的教育程度回答童年、少年时期教育期望的窘境,从而影响测量的信度和效度。这样,为分析教育期望与教育获得之间的关系,先要解决资料的收集或变量的测量问题。

正是基于以上考虑,本章利用中国城镇化与儿童发展调查(CUCDS)数据,引入"教育预期"变量,将"教育预期"看作"教育获得"的替代,在分析教育期望、教育预期影响因素的基础上,重点关注教育期望与教育预期

第四章 家庭的作用：家庭资源与家长教育预期

之间的差异，探讨影响理想实现的因素，即分析造成教育期望与教育预期之间存在差异的家庭、个人原因。

四、研究假设

基于上述文献述评与分析，本章提出有关家庭因素的研究假设 4-1 至假设 4-3。

假设 4-1：家庭社会经济地位越高，家长对子女的教育期望越高。

假设 4-2：家庭社会经济地位越高，家长对子女的教育预期越高。

假设 4-3：家庭社会经济地位越高，家长教育期望与教育预期间的差距越小。

家庭社会经济地位可以从家庭社会资本、经济资本、文化资本等方面衡量。因此，上述假设又可以细化为若干亚假设。

除家庭社会经济地位外，家庭结构也可能影响家长的教育期望和教育预期，本章提出有关家庭结构的研究假设 4-4 至假设 4-6。

假设 4-4：家庭子女数量越多，家长对子女的教育期望越低。

假设 4-5：家庭子女数量越多，家长对子女的教育预期越低。

假设 4-6：家庭子女数量越多，家长教育期望与教育预期间的差距越大。

目前，农民工的未成年子女群体，尤其是留守儿童，因亲子分离、制度阻碍而广受关注。为探讨这些因素对弱势家庭中家长期望进而对儿童发展可能的影响，本章将全部儿童划分为留守儿童、农村完整家庭儿童、流动儿童和城市儿童。这种划分，除注意家庭背景的差异之外，还关注城乡差异，留守儿童、农村完整家庭儿童生活在农村，城市儿童生活在城市，而流动儿童则对农村和城市生活都有体会，因此，儿童类型既是个人特征变量，又可以测量家庭类型，还反映了城乡差异。本章提出有关儿童类型的研究假设 4-7 至假设 4-9。

假设 4-7：相比其他家庭类型的家长，农村留守儿童家长的教育期望更低。

假设 4-8：相比其他家庭类型的家长，农村留守儿童家长的教育预期更低。

假设 4-9：相比其他家庭类型的家长，农村留守儿童家长的教育期望与教育预期间的差距更大。

另外，由于家长在预测估计子女的教育程度时，学习成绩是一个重要的考虑因素，为测量学习成绩对教育期望/预期的影响，本章引入认知能力变量，并提出假设4-10至假设4-12。

假设4-10：子女的认知水平得分越高，家长对子女的教育期望越高。

假设4-11：子女的认知水平得分越高，家长对子女的教育预期越高。

假设4-12：子女的认知水平得分越高，家长教育期望与教育预期间的差距越小。

第三节 数据、变量与分析方法

一、数据

本章使用的数据来自2012年的中国城镇化与儿童发展调查（CUCDS），该调查的基本情况参见第一章中的介绍。除要求对抽取的成人进行问卷调查外，还要求对抽取的家庭户中的3~15岁儿童及其主要看护人进行测验、访谈。符合年龄要求的儿童需进行语文、数学和英语能力的测验；主要看护人需要回答涉及儿童成长方方面面的"看护人问卷"。

二、变量

（一）因变量

1. 家长教育期望和家长教育预期

家长教育期望的选项设置为小学、初中、中专/职高、高中、大专、本科、硕士、博士。为便于进行影响因素分析，将教育期望简单赋值为"大学教育期望"=1和"非大学教育期望"=0。家长教育预期的选项设置及划分方法与"家长教育期望"相同。

第四章　家庭的作用：家庭资源与家长教育预期

2. 家长教育期望与家长教育预期间的差距（以下简称期望与预期之差距）

为最大限度利用数据，对家长教育期望与家长教育预期变量进行重新赋值："小学"赋值为6年；"初中"赋值为9年；"中专/职高"赋值为11年；"高中"赋值为12年；"大学专科"赋值为15年；"大学本科"赋值为16年；"硕士研究生"赋值为19年；"博士研究生"赋值为22年。赋值后变量的取值为6~22。两个变量的差值（绝对值）越大表示家长教育期望与家长教育预期之间的差异越大。负值表明家长教育期望低于家长教育预期，这种状况很少；正值表明家长教育期望大于家长教育预期；0表明家长教育期望与家长教育预期一致。本调查中家长教育期望、家长教育预期及两者的差距情况如表4-1和表4-2所示。

由表4-1可知，家长对子女的教育期望为大专及以上的占95.2%，高中及以下的仅占4.8%；家长对子女的教育预期为大专及以上的占72.8%，高中及以下的仅占27.2%，大专及以上教育期望与大专及以上教育预期之差为22.4个百分点，差距明显。将受教育程度折算成受教育年数后求均值（见表4-2），则家长对子女的平均教育期望为16.89年，平均教育预期为14.97年，两者相差近两年，差距也显而易见。

表4-1　家长教育期望/预期的频数分布

教育程度	家长教育期望 频次（次）	家长教育期望 占比（%）	家长教育预期 频次（次）	家长教育预期 占比（%）	百分比之差（百分点）
小学	7	0.2	14	0.4	-0.2
初中	35	1.0	220	6.2	-5.2
中专/职高	14	0.4	104	2.9	-2.5
高中	114	3.2	631	17.7	-14.5
大专	63	1.8	227	6.3	-4.5
本科	2540	71.1	2105	58.9	12.2
硕士	243	6.8	113	3.2	3.6
博士	557	15.6	158	4.4	11.2
合计	3573	100.0	3573	100.0	—

注：因四舍五入，存在各项占比加总不为100%的情况，下同。

表 4-2　家长教育期望/预期的均值与标准差　　　单位：年

类别	均值	标准差
家长教育期望	16.89	2.60
家长教育预期	14.97	2.80

（二）自变量和控制变量

自变量有家庭社会经济地位、家庭结构、家庭类型和子女认知水平。使用父亲受教育程度、父亲职业类别和家庭人均收入三个变量分别代表家庭的文化资本、社会资本和经济资本，从而反映家庭社会经济地位的高低；使用家庭0~15岁子女数这一变量测量家庭结构状况；使用儿童类型来反映家庭类型的差异，将全部儿童分为农村留守儿童、农村完整家庭儿童、流动儿童和城市儿童四类。留守儿童指因父母（双方或之一）外出务工/经商，而留守农村一个月以上的未满16周岁的儿童；流动儿童指跟随父母（双方或之一）外出务工/经商，在城镇生活一个月以上且户籍仍在农村的未满16周岁的儿童；农村完整家庭儿童指与非流动父母同住的农村户籍儿童，是相对于有父母在外务工的农村留守儿童而言的一个群体，也可能是单亲家庭，甚至是无父母家庭；城市儿童指城市户籍儿童。本章将子女的语文、数学和英语能力的测验得分作为衡量其认知水平高低的依据，以探析其对家长教育期望、家长教育预期、期望与预期之差距的影响。子女性别为控制变量。自变量和控制变量的描述性统计如表4-3所示。

表 4-3　自变量与控制变量的描述性统计

变量	加权均值/比例	变量	加权均值/比例
儿童类型		父亲职业	
留守儿童	20%	农民与体力工人	37%
完整家庭儿童	38%	服务人员与技术工人	37%
流动儿童	16%	办事员、私营业主与个体	17%
城市儿童	26%	管理与专业技术人员	9%
		家庭0~15岁子女数（个）	1.55（0.82）

续表

变量	加权均值/比例	变量	加权均值/比例
父亲受教育程度		2011年家庭人均收入（千元）	11.27（16.85）
小学及以下	25%	子女认知水平（语文）	100.16（15.08）
初中	46%	子女认知水平（数学）	100.26（15.11）
高中及相当	21%	子女认知水平（英语）	99.99（14.95）
大学及以上	8%	子女性别（1=男）	54%

注：总样本量为3573，部分变量因剔除了缺失值样本可能不为3573；括号内为标准差；认知水平为转换后的标准分数。

三、分析方法

因家长教育期望与家长教育预期为二分变量（1=大学教育期望/预期，0=非大学教育期望/预期），本章以Logit回归模型分析其影响因素；家长教育期望与教育预期的差距为连续变量，本章以线性回归模型分析其影响因素。

第四节 结果分析

一、家长教育期望的影响因素分析

在表4-4中，模型1加入了子女性别、儿童类型、父亲受教育程度、父亲职业类别、家庭0~15岁子女数、2011年家庭人均收入和子女认知水平（语文）等变量。统计结果显示，父亲受教育程度和子女认知水平（语文）对家长教育期望具有显著影响。

具体而言，父亲受教育程度对其教育期望的影响显著，呈现出父亲受教育程度越高，对子女的大学教育期望越明显的趋势，父亲受教育程度为初中、高中及相当、大学及以上的其对子女的大学教育期望分别是父亲受教育程度为小学及以下的1.508倍、1.671倍和8.758倍。父亲受教育程度对子女教育期望有重要影响，这与已有大部分研究的结论是一致的。子女的语文认知分数对家长的教育期望也有重要影响，子女的语文认知水平每增加1分，家长对其产生大学教育期望的概率增加4.2%。

将模型1中子女的语文认知分数更换为数学认知分数，得到模型2，所得结论与模型1基本一致。对家长教育期望影响显著的变量仍然为父亲受教育程度和子女的认知水平。父亲的受教育程度越高，对子女的大学教育期望越明显，子女的数学认知分数越高，家长对子女的大学教育期望越明显。具体而言，父亲受教育程度为初中、高中及相当、大学及以上的其对子女的大学教育期望分别是父亲受教育程度为小学及以下的1.454倍、1.391倍和6.913倍，但后两者并没有达到统计上的显著性水平；子女的数学认知水平每增加1分，家长对子女产生大学教育期望的概率增加4.1%。

模型3中子女的认知水平为英语，所得结论与模型1、模型2有所不同，父亲受教育程度的影响并没有达到显著性水平，仅子女的英语认知水平对家长的教育期望有显著影响。表现为，子女的英语认知水平每增加1分，家长对子女产生大学教育期望的概率增加3.2%。

综合三个模型可以看出，家庭类型、家庭社会资本、家庭经济资本、家庭结构对家长教育期望并无显著影响，并没有像假设的那样：相比农村留守儿童家长，农村完整家庭家长、流动儿童家长，特别是城市儿童家长对子女的大学教育期望更为明显；相比职业为农民与体力工人的家长，职业为服务人员与技术工人，办事员、私营业主与个体户，特别是管理与专业技术人员的家长对子女的大学教育期望更为明显；相比人均收入低的家长，人均收入高的家长对子女的大学教育期望更为明显；相比子女数量多的家长，子女数量少的家长对子女的大学教育期望更为明显。这或许说明，家长教育期望反映的是家长对子女可以达到受教育程度的一种理想，由于各阶层普遍都能认识到教育的重要性，因此，作为一种理想的教育期望并没有在家庭类型、家庭社会资本、家庭经济资本与家庭结构上表现出阶层差异性。

控制变量子女性别的影响不显著，说明家长对子女是否具有大学教育期望，没有因子女的性别而表现出显著差异，这表明男女儿童的教育在家长期

第四章 家庭的作用：家庭资源与家长教育预期

望的层面实现了平等。

表 4-4 家长教育期望影响因素的 Logit 回归分析

变量	模型1 回归系数	模型1 发生比	模型2 回归系数	模型2 发生比	模型3 回归系数	模型3 发生比
子女性别（女性为参照）	0.187	1.205	0.116	1.123	0.157	1.170
儿童类型（留守儿童为参照）						
农村完整家庭儿童	0.107	1.113	−0.012	0.988	0.001	1.001
流动儿童	0.305	1.357	0.132	1.141	0.747	2.111
城市儿童	0.552	1.737	0.491	1.633	0.644	1.905
父亲受教育程度（小学及以下为参照）						
初中	0.411*	1.508	0.374*	1.454	0.269	1.309
高中及相当	0.513	1.671	0.330	1.391	0.079	1.082
大学及以上	2.170*	8.758	1.933	6.913	1.010	2.744
父亲职业类别（农民与体力工人为参照）						
服务人员与技术工人	0.031	1.032	0.000	1.000	0.340	1.405
办事员、私营业主与个体	−0.011	0.989	−0.046	0.955	0.180	1.198
管理与专业技术人员	−0.202	0.817	−0.018	0.982	1.770	5.871
家庭0~15岁子女数	−0.106	0.899	−0.122	0.885	−0.236	0.790
2011年家庭人均收入（千元）	0.002	1.002	0.005	1.005	−0.006	0.994
子女认知水平	0.041***	1.042	0.040***	1.041	0.031***	1.032
常数项	−1.337*	0.263	−1.079	0.340	−0.202	0.817
其他项	−2LL=1151.623, Pseudo R^2=0.082, Prob>chi2=0.000, N=2888		−2LL=1122.268, Pseudo R^2=0.071, Prob>chi2=0.000, N=2843		−2LL=727.376, Pseudo R^2=0.073, Prob>chi2=0.000, N=1744	

注：* 表示 $p<0.05$，** 表示 $p<0.01$，*** 表示 $p<0.001$。

二、家长教育预期的影响因素分析

家长教育预期是对子女可能达到受教育程度的预测估计，其与家长教育期望有相似性又有明显的差异。下面将在 Logit 模型中纳入与分析家长教育期望影响因素同样的变量，以考察家长教育预期的影响因素，同时也可以比较家长教育预期与教育期望的差异。

表 4-5 是以家长教育预期为因变量的 Logit 模型回归结果，自变量与表 4-4 中的变量相同。统计结果显示，儿童类别（即家庭类型）、父亲受教育程度、家庭子女数、家庭人均收入和子女认知水平对家长教育预期具有显著影响；子女性别对家长教育预期的影响没有达到显著性水平；父亲职业在不同模型中表现出不同的影响。

具体而言，模型 4 中，相比留守儿童的家长，农村完整家庭儿童的家长、流动儿童的家长、城市儿童的家长对子女有着更为明显的大学教育预期，其大学教育预期分别是留守儿童家长的 1.384 倍、1.441 倍、3.059 倍；模型 5 中分别为 1.344 倍、1.611 倍、2.889 倍；模型 6 中分别为 1.232 倍、1.454 倍、4.274 倍。

父亲受教育程度对家长教育预期有着显著影响，父亲受教育程度越高，家长对子女的大学教育预期越明显，模型 4 中，父亲受教育程度为初中、高中及相当的其对子女大学教育预期分别是父亲受教育程度为小学及以下的 1.638 倍、2.291 倍，父亲受教育程度为大学及以上的其对子女的大学教育预期优势竟达到了参照组的 14.253 倍。模型 5、模型 6 在父亲受教育程度影响效应上也表现出相同的特点。

家庭 0~15 岁子女的数量反映了家庭的结构，也反映了家庭资源的"稀释"情况，多一个子女就要多分摊一份有限的家庭资源，因此在理论上，家庭子女数量越多，家长越不易产生对子女的大学教育预期；反之，家庭子女数量少的家长，对子女的大学教育预期越明显。三个模型都显示出，家庭子女数越多的家长，对子女产生大学教育预期的概率越低，可见，家庭子女数是影响家长教育预期的一个重要因素。

第四章 家庭的作用：家庭资源与家长教育预期

家庭人均收入反映了家庭的经济状况，家庭经济状况是影响家长教育预期的一个重要因素。以模型4为例，家庭人均收入每增加1000元，家长对子女产生大学教育预期的概率增加3.2%。

子女的认知水平/学业成绩是影响家长教育预期的一个重要因素。具体而言，子女的语文认知水平每增加1分，家长对子女产生大学教育预期的概率增加3%（模型4）；子女的数学认知水平每增加1分，家长对子女产生大学教育预期的概率增加2.6%（模型5）；子女的英语认知水平每增加1分，家长对子女产生大学教育预期的概率增加2.2%（模型6）。

值得一提的是父亲的职业类别，在英语认知模型（模型6）中，父亲职业为管理与专业技术人员的其对子女的大学教育预期优势达到了农民与体力工人的3.651倍，这从侧面或许说明了，相比农民与体力工人，管理与专业技术人员子女的英语成绩普遍更好。但模型4中职业为办事员、私营业主与个体户的家长对子女产生大学教育预期的概率显著低于农民与体力工人，这是一个令人费解的现象。

子女性别对家长教育预期的影响不显著，在一定程度上反映了男女儿童教育在家长预期的层面实现了平等。

从对家长教育期望、家长教育预期有着重要影响的因素来看，两者差异明显，理想状况下，家长对子女的教育普遍有着较高的期待，并不受家庭经济状况、家庭子女数量、家庭类型、子女性别等因素的约束，仅与家长的受教育程度、子女的认知水平有关。然而现实情况下，家长对子女的教育预期既受到家庭经济资本、家庭社会资本、家庭文化资本、家庭结构和家庭类型等家庭因素的限制，又受到子女认知水平的影响。

表4-5 家长教育预期影响因素的Logit回归分析

变量	模型4 回归系数	模型4 发生比	模型5 回归系数	模型5 发生比	模型6 回归系数	模型6 发生比
子女性别（女性为参照）	0.130	1.139	0.001	1.001	0.179	1.196

续表

变量	模型4 回归系数	模型4 发生比	模型5 回归系数	模型5 发生比	模型6 回归系数	模型6 发生比
儿童类型（留守儿童为参照）						
农村完整家庭儿童	0.325**	1.384	0.295**	1.344	0.209	1.232
流动儿童	0.366**	1.441	0.477***	1.611	0.374*	1.454
城市儿童	1.118***	3.059	1.061***	2.889	1.453***	4.274
父亲受教育程度（小学及以下为参照）						
初中	0.494***	1.638	0.470***	1.601	0.509***	1.664
高中及相当	0.829***	2.291	0.947***	2.579	0.594***	1.811
大学及以上	2.657***	14.253	2.554***	12.856	2.145**	8.541
父亲职业类别（农民与体力工人为参照）						
服务人员与技术工人	-0.073	0.930	-0.093	0.912	0.027	1.027
办事员、私营业主与个体	-0.287*	0.751	-0.145	0.865	-0.232	0.793
管理与专业技术人员	0.197	1.218	0.237	1.268	1.295***	3.651
家庭0~15岁子女数	-0.242***	0.785	-0.226***	0.798	-0.341***	0.711
2011年家庭人均收入（千元）	0.031***	1.032	0.032***	1.033	0.026**	1.026
子女认知水平	0.029***	1.030	0.026***	1.026	0.021***	1.022
常数项	-2.669***	0.069	-2.272***	0.103	-1.748***	0.174
其他项	-2LL= 3292.314, Pseudo R^2=0.150, Prob>chi2=0.000, N=2888		-2LL= 3187.933, Pseudo R^2=0.145, Prob>chi2=0.000, N=2843		-2LL= 2063.8722, Pseudo R^2=0.155, Prob>chi2=0.000, N=1744	

注：* 表示 $p<0.05$，** 表示 $p<0.01$，*** 表示 $p<0.001$。

三、家长教育期望与教育预期之差异的影响因素分析

如果说教育期望是一种理想，那么教育预期就更为接近现实，两者的差距就反映了理想实现的程度。两者差距越大，说明理想与现实的距离越远；差距越小，说明理想越接近现实。理论上，教育期望总是高于教育预期；现实中，也存在教育预期高于教育期望的现象，为方便分析，本章将这些不正常的少量个案予以排除。为充分利用数据，本章将家长教育期望与家长教育预期如前文所述重新赋值为6~22年的数值，这样家长教育期望与家长教育预期之差便成为一个取值大于或等于0而又小于或等于16的连续变量，可以使用多元线性回归模型对其进行分析。分析结果如表4-6所示。

表4-6 家长教育期望与教育预期之差异的影响因素的多元线性回归分析

变量	模型7 回归系数	标准差	模型8 回归系数	标准差	模型9 回归系数	标准差
子女性别（女性为参照）	-0.032	0.093	0.059	0.095	-0.040	0.117
儿童类型（留守儿童为参照）						
农村完整家庭儿童	0.037	0.127	0.053	0.129	0.245	0.166
流动儿童	-0.163	0.160	-0.197	0.164	-0.050	0.200
城市儿童	-0.705***	0.153	-0.668***	0.156	-0.773***	0.199
父亲受教育程度（小学及以下为参照）						
初中	-0.250*	0.115	-0.244*	0.117	-0.225	0.146
高中及相当	-0.216	0.147	-0.199	0.151	0.033	0.183
大学及以上	-0.200	0.231	-0.169	0.235	-0.233	0.290
父亲职业类别（农民与体力工人为参照）						
服务人员与技术工人	0.204	0.113	0.191	0.115	0.220	0.143
办事员、私营业主与个体	0.049	0.148	-0.008	0.152	0.159	0.187
管理与专业技术人员	0.334	0.203	0.249	0.205	0.099	0.249

续表

变量	模型 7 回归系数	模型 7 标准差	模型 8 回归系数	模型 8 标准差	模型 9 回归系数	模型 9 标准差
家庭 0~15 岁子女数	0.150*	0.060	0.182**	0.060	0.177*	0.079
2011 年家庭人均收入（千元）	-0.011***	0.003	-0.010**	0.004	-0.007#	0.004
子女认知水平	-0.018***	0.003	-0.021***	0.003	-0.013***	0.004
常数项	3.936***	0.370	4.126***	0.369	3.203***	0.453
其他项	R^2=0.047, F=12.21***, N=3238		R^2=0.053, F=13.37***, N=3153		R^2=0.047, F=7.75***, N=2074	

注：* 表示 $p<0.05$，** 表示 $p<0.01$，*** 表示 $p<0.001$。

模型 7 为纳入子女性别、儿童类型、父亲受教育程度、父亲职业类别、家庭 0~15 岁子女数、家庭人均收入和子女认知水平（语文）变量的结果。模型 8 和模型 9 中的子女认知水平变量分别用数学认知水平、英语认知水平代替了语文认知水平。

模型 7 表明，影响家长教育期望与教育预期之差异的因素主要有子女的语文认知水平、家庭经济收入、家庭子女数和家庭类型；子女性别、父亲受教育程度、父亲职业类别的影响不显著。具体而言，在其他条件不变的前提下，子女的语文认知分数每增加 1 分，家长对子女教育期望与教育预期的差距减少 0.018 年；在其他条件不变的前提下，家庭人均收入每增加 1000 元，家长对子女教育期望与教育预期的差距减少 0.011 年；在其他条件不变的前提下，家庭子女数每增加 1 个，家长对子女教育期望与教育预期的差距增加 0.150 年；在其他条件不变的前提下，城市儿童家长对子女教育期望与教育预期差距平均比留守儿童家长少 0.705 年，流动儿童家长、农村完整家庭儿童家长与留守儿童家长的差异在统计上不显著。值得一提的是，父亲受教育程度与父亲职业类别，相比父亲受教育程度低的家长，虽然父亲受教育程度高的对子女教育期望与预期的差距较小，但仅父亲受教育程度为初中的在统计上是显著的；

第四章 家庭的作用：家庭资源与家长教育预期

而职业层次的高低对家长教育期望与教育预期之差距的影响并不显著，这说明了，家长教育期望与教育预期的差异与家长的受教育程度、职业地位的关系并不密切。

模型 8、模型 9 的回归结果与模型 7 基本一致。个体层面，子女的认知分数对家长教育期望与教育预期之差距有着重要影响，子女认知分数越高，差距越小；家庭层面，家长教育期望与教育预期之差距与家庭经济资本密切相关，而与家庭文化资本、社会资本并无显著关系，城市儿童家长的教育期望与教育预期之差距显著小于农村留守儿童家长。

第五节 本章小结

不同于已有研究通常将"基于主观理想的期望"与"基于客观现实的预期"混淆使用的方式，本章对其进行了区分，将前者称为教育期望，将后者称为教育预期。在此基础上利用全国性样本数据，分析家长教育期望、家长教育预期及家长教育期望与教育预期之间存在差异的影响因素，得出以下三个结论。

第一，"望子成龙"不存在明显的阶层差异。家长教育期望虽非完全脱离实际但更多是一种美好的想法，因此，即使人们对教育的重要作用达成了共识，但作为一种理想状态其受到的约束并不多。研究发现，家长职业类别、家庭经济收入、家庭类型、家庭结构与家长对子女的大学教育期望并无显著关系，仅父亲受教育程度与子女认知水平（学业成绩）对其有显著影响，即受教育程度高的家长更可能产生对子女的大学教育期望，子女学业成绩好的家长更可能产生对子女的大学教育期望。结合有高达 95.2% 的家长对子女有大学教育的期望，可以理解为，中国家长对子女的教育期望普遍较高，"望子成龙""望女成凤"并无明显的阶层差异。

第二，家长教育预期与阶层关系密切。相较家长教育期望，家长教育预期受到的约束明显增多，除家长受教育程度、家庭类型的影响外，还与家庭结构（子女数量）、家庭经济状况关系密切，可以说，不同于家长教育期望并无明显阶层差异，家长教育预期则明显受阶层差异的影响。子女的学业成绩/认知水平对家长的教育预期也有重要影响，看似这使教育预期突破了阶层的限制，但相比弱势群体，优势群体子女的学业表现更好、认知测试得分更高，这一现实表明其仍难以摆脱阶层的影响。

第三，家长教育期望的实现深深植根于家庭的社会经济地位。家长教育期望与教育预期的差距是理想与现实的距离，对其影响因素进行分析，就是寻找阻碍理想实现的因素。研究发现，影响家长教育期望实现的因素主要有家庭经济状况、家庭结构、家庭类型、子女认知水平。家庭经济条件起作用的逻辑不难理解，虽然对子女教育有着较高的期望，但无奈经济条件有限，可能最终导致子女无法达到期望的受教育程度。家庭子女数量影响教育期望的实现，可以从资源稀释的角度来理解，在一定资源条件下，多人均摊资源的后果就是平均受教育程度的降低。从整体上来看，相较留守儿童家庭，城市家庭有着更为丰富的经济资源、更少的子女数量，家长受教育程度更高，因此，其教育期望的实现程度要高于留守儿童家庭。子女的学业成绩/认知水平对家长期望的实现有着重要影响，是因为在择优录取的原则下，学业成绩是教育分流的关键因素，较好的学业成绩、较高的认知水平当然有利于更高受教育程度的实现。

上述研究发现，意味着在进行家长教育期望与教育预期影响因素分析时，笼统地使用家庭社会经济地位变量并不是最好的选择，应该从更为具体的维度分析家庭背景的影响。

子女的学业成绩/认知水平对家长教育期望、教育预期，特别是对家长教育期望的实现具有重要影响，这意味着一些经济状况不好而子女学业成绩又较为优异的家庭，在认识到教育对地位获得具有重要作用的前提下，可能会克服经济条件的限制，尽力供养子女接受更高水平的教育，从而打破弱势群体的代际传递，实现向上的社会流动。

第五章

学校的作用：学前教育机会与儿童认知能力发展

第一节 研究问题的提出

与心理、营养、行为一样，认知能力无疑是儿童发展中一个极为重要的方面，某种意义上，甚至可以说认知能力是儿童向上流动的基础。由于教育获得与最终地位获得间密切的关系（Blau & Duncan，1967），认知能力对地位提升的基础性作用突出表现为对教育获得的影响。威斯康星模型（Wisconsin Model）最早进行了相关研究，发现了在"家庭背景—教育获得"因果链间中，"智力"等社会心理变量的中介作用（Sewell & Hauser，1992）；邓肯等的研究则发现了童年智力水平对教育获得的重要影响（Duncan et al.，1972）。之后，随着测量技术的改进提高，数据的积累日益丰富，关于智力、认知能力的研究越来越多，认知能力对地位提升的基础性作用也逐渐成为共识——其不但被证明是预测学业成就、教育获得的有效指标（Linn & Hastings，1984；Neisser et al.，1996；Kuncel et al.，2004）；而且被证明对劳动力市场中职业获得、职场表现和经济收入作用重大（Cawley et al.，2001；Gottfredson，2002；Kuncel et al.，2004；Boudreau et al.，2001）。不仅如此，新近一项研究将认知能力与家庭背景结合起来进行分析，发现认知能力还具有弥补家庭背景劣势，并最终帮助弱势家庭子女获得更高经济地位的作用（Damian et al.，2015）。

逆风飞扬：社会再生产机制与农民工子女发展研究

鉴于人们日益认识到认知能力的重要作用，有学者甚至提出了"认知资本"的概念，意指"一种可借以发挥创造、把握时机、绵延福祉，以应对环境挑战和压力的累积资产"[①]（Richards & Deary，2010）。

上述有关认知能力重要性的实证研究将认知能力放置于自变量的位置，而认知能力也是受诸多因素影响的结果变量。这些因素可分为先天的遗传因素和后天的环境因素两大类。按照社会生态环境理论的思路，后天因素至少包括家庭、学校、同辈群体、社区、所在城市/地区、所在国家，以及文化历史传统。支持后天因素是儿童认知发展主要因素的学者特别重视家庭和学校的作用，对家庭、学校如何影响儿童的认知发展进行了非常详尽的分析，研究文献也极为丰富。毫无疑问，研究发现了家庭、学校的重要作用。关于学前教育作用的结论也非常明确，即学前教育经历对认知发展有着非常重要的影响（Almond & Currie，2011）。学前教育经历可能从教育机会（Osborn & Milbank，1987）和教育质量（Whitebook et al.，1989；Bryant et al.，1993）两个层面作用于认知发展。教育机会指有无学前教育经历，教育质量则指所接受的学前教育状况，包括班级规模、师生比例、学校管理、教师学历、教师经验、教师行为、教师与学生的互动等。简言之，学校教育质量就是学校的软件和硬件的整体状况。中国学前教育的质量存在差异，特别是城乡之间、东部发达地区与中西部欠发达地区之间，学前教育质量差异明显。然而，相较于受教育机会的差异，教育质量的差异还是其次，数据显示，2013年全国学前教育毛入园率平均水平仅为67.5%，即仍有近1/3的适龄儿童没有接受学前教育。虽然近几年中国学前儿童的毛入园率稳步提升，到2018年已达81.7%，但统计数据背后真实的城乡差距仍然存在。教育部的统计数据表明城市的儿童入园率已超过99%；一项利用中国家庭追踪调查（CFPS）数据的研究表明，2010年后出生的城市儿童有87.47%接受过学前教育，比农村儿童的入园率高约5个百分点（中国发展研究基金会，2023）；而中部、西部农村特别是贫困地区的农村儿童入园率则更低。教育机会是基础，教育质量则

---

① 也有从宏观视角强调"认知资本"具有"投资儿童早期大脑发育从而有利于促进经济增长"作用的定义表述。

第五章　学校的作用：学前教育机会与儿童认知能力发展

是在拥有机会后须探讨的问题。因此，面对中国学前教育机会不平等的状况，本章聚焦于学前教育机会的影响作用，用已有研究鲜少使用的全国性样本来分析学前教育经历对儿童认知能力发展的影响。本章试图回答：学前教育机会对儿童认知能力发展有无显著影响？如果存在影响，这种影响是否会因认知能力的不同层次或方面而存在差异？从效应时长考虑，这种影响表现为短期效应，还是长期效应？或者是否既存在短期效应又具有长期效应？

第二节　文献回顾与研究假设

虽然有关影响认知发展的理论充满着矛盾和争论（如"遗传决定论"与"环境决定论"），但在主要方面大家是有共识的，就是认知环境和刺激的变化将导致认知能力的差异，其生物学基础为发育中的大脑是可塑的，在人的成长期特别是大脑发育过程中，不同的刺激可能导致不同的认知水平。

简言之，认知能力的形成中有敏感期、关键期，敏感期指投入产出效率最高的时期，关键期指非常重要的时期（Heckman et al., 2006; Heckman & Masterov, 2007）。童年时代的早期（0~6岁）通常被视为儿童成长发展的敏感期、关键期，这不仅因为许多大脑的结构是在此阶段发展起来的，而且在此阶段大脑的发育速度比任何其他阶段都要快（Nelson, 2000; Halfon et al., 2001）；读写技能、计算能力在此时期发展迅速，支撑这些能力的神经回路在此时期发育最快（Willms, 1999; Case et al., 1999）。

其实，这一关键时期不仅对认知能力非常重要，对儿童发展的其他方面如社会行为、心理发展也同样重要。纵向的研究发现，童年早期在不健全家庭中生活且缺乏外部支持的女童，随着年龄的增长，所遭遇的行为与心理健康的风险呈现递增的趋势（Maughan & McCarthy, 1997; Rodgers et al., 1997）；童年早期在不健全家庭中生活的男童入学时反社会行为明显，而且其中1/3的男童在十几岁时就会有犯罪行为（Tremblay, 1999）。因此，从儿童发展的角度看，及早地进行营养、健康、认知发展和社会行为、社会交往方面的干预至关重要。在此关键期内实施适当的良性干预,将为儿童带来健康和福祉、教育成效、技能潜能、就业状况和生活质量等方面的改善;反之,负面刺激则会导致认知资本贬值、身心健康受损、教育成效降低以及人生机会减少(Noble et al.,2017)。

来自发展中国家巴西的研究发现,参与学前教育/早期教育对儿童的发展意义重大,如图5-1(a)、图5-1(b)所示。一个儿童多接受1年学前教育,可能使其最终受教育的年限增加半年左右,这一点对于父母为文盲的儿童而言,效果更为明显;儿童平均多接受1年学前教育,留级率可能下降3%~5%。在收入方面,参加学前教育对儿童未来的收入能力通过直接和间接两种路径

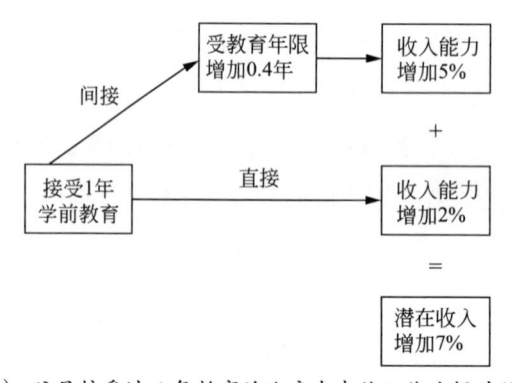

(a) 父母接受过4年教育的儿童未来收入能力提升状况

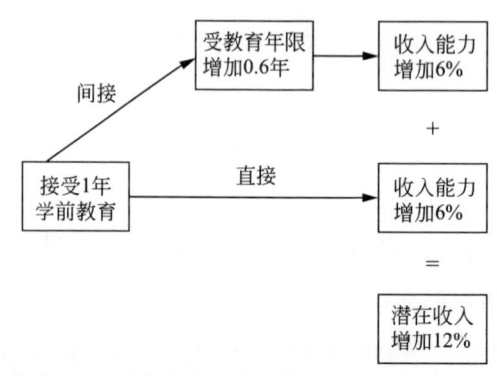

(b) 父母为文盲的儿童未来收入能力提升状况

图 5-1 父母受教育程度与儿童未来收入能力的关系

资料来源:Paes de Barros R, Mendonça R. Costs and Benefits of Preschool Education in Brazil[R].World Bank,1999.

第五章　学校的作用：学前教育机会与儿童认知能力发展

产生积极影响，而且这种积极效应在弱势儿童（如父母为文盲的儿童）身上表现得尤为明显（Paes de Barros & Mendonça，1999）。

早期教育除关涉儿童的发展外，还有更为宏大的意义——与人类的发展密切相关。加格的分析指出，儿童早期发展通过教育、健康、社会资本和平等四种路径与人类发展相关联（Gaag，2002）。图 5-2 清晰地展示了儿童早期发展与人类发展关联的路径。

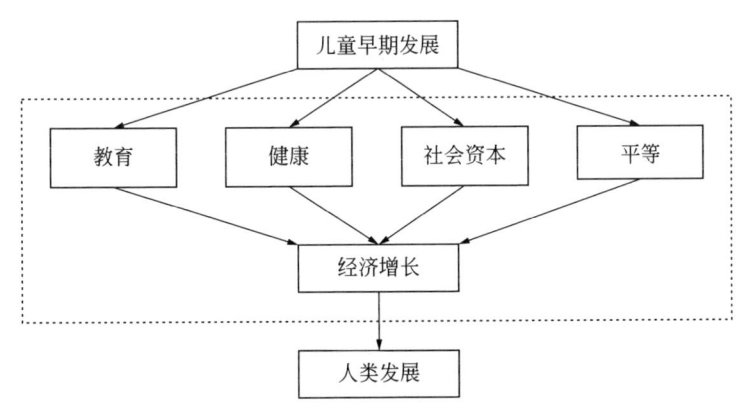

图 5-2　从儿童早期发展到人类发展：综合框架

资料来源：Gaag J V D. From Child Development to Human Development[A].World Bank, 2002.

具体而言，教育方面，通过对儿童早期发展的干预，可以使儿童的智商得到提高，实践能力、协调能力、听说阅读能力得到改善，学校表现更好，使其更可能接受高一级教育，增强其成年后成功的可能性，从而加强社会的团结，也能减少犯罪率、贫困率、死亡率，改善民主进程，促进经济的增长。

健康方面，通过对儿童早期发展的干预，可以降低儿童的患病率、死亡率，减少儿童发育迟缓、营养不良现象，改善儿童的卫生、保健护理状况，进而减少其成年/老年后发生慢性病的风险；通过加强其认知发展，还可以使其在进入劳动年龄后的生产力更高，出勤率更高，收入更高。

社会资本方面，通过对儿童早期发展的干预，使儿童具有更高的自我意识、社会适应性、合作精神，加强其适应社会的能力以及对社会规则、价值观的接受能力，减少违法犯罪行为。

平等方面，通过对儿童早期发展的干预，可以降低贫困儿童在营养、健康、认知、社会发展和收入方面的劣势，极大地促进机会的平等，最终降低贫困率、犯罪率，使社会更加健康公正，经济也能够持续发展。

幼儿的认知能力、行为等诸多方面都比成年人具有更强的可塑性，因此投资于儿童早期教育比中晚期补偿性教育具有更高的投资回报率（Carneiro & Heckman，2003；Heckman & Masterov，2007）。世界银行评估的早期教育的投资回报率为 7%~18%，远高于金融资本的回报率（世界银行东亚及太平洋地区人类发展部，2011）。

图 5-3 为依据美国数据计算的各年龄段的投资回报率分布状况，清晰显示出投资学前教育的回报率最高，明显高于以后的各个阶段。从长远看，国家投资于儿童早期教育有助于降低公共财政的支出压力。

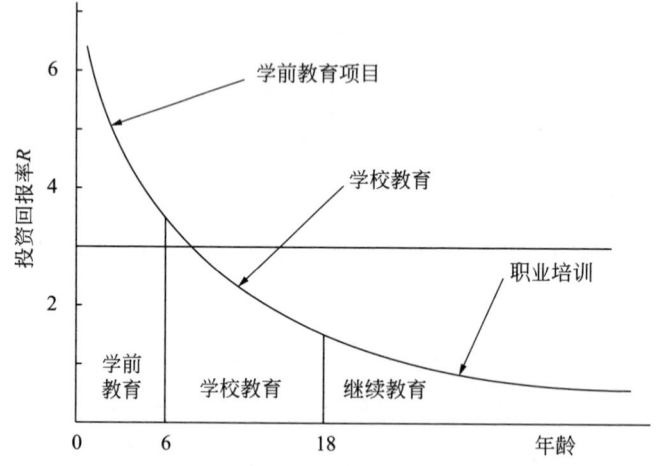

图 5-3 基于美国数据的各年龄段的教育投资回报率

资料来源：Carneiro, HeckmanJ.Human Capital Policy[Z]. NBER Working Paper, 2003.

注：R=rate，指教育投资回报率，单位为美元，具体而言，指投资 1 美元在不同年龄的回报。

中国早期教育的投资回报率也在此范围之内，为 7%~15%[①]（王蕾等，2019）。鉴于此，投资儿童早期教育被视为帮助弱势家庭/儿童打破贫困代际传递最有效的干预措施（Woodhead，2012；Heckman & Raut，2016）。这也是许多国家注重开展早期教育干预项目的原因。当然，这里的早期教育更为广

---

① 此投资回报率利用中国农村地区的数据测算得来。

第五章 学校的作用：学前教育机会与儿童认知能力发展

泛，涵盖学龄前儿童接受的学校、家庭、社会等一切教育形式。专门的学前教育机构实施的是较为正式规范的教育，即正规的学前教育是本章关注的重点。为何要实施学前教育呢？依据上述分析，大脑在"关键期""用进废退"的规律（Giedd et al., 1999）是学前教育实施的依据。是否在合适的年龄接受正式规范的学前教育以及接受的学前教育质量对儿童的成长特别是认知发展有着截然不同的意义。国外的经验数据不仅几乎一致确认了接受正规学前教育儿童的认知水平/学业成绩普遍高于没有接受学前教育的儿童（Osborn & Milbank, 1987; Barnett, 1992; Woldehanna & Gebremedhin, 2012; 唐一鹏等，2016）；而且也支持了学前教育特别是较高质量的学前教育具有减少风险（如贫困）对儿童认知发展/学业成绩影响的作用（Osborn & Milbank, 1987; Hall et al., 2009）。

来自中国的经验研究也有着类似的发现，但缺乏全国性样本。陈纯槿和柳倩（2017）利用国际学生评估项目（PISA）在上海的调查数据发现，学前教育具有"培优"和"补差"双重效应——既能够促进学生学业成就，又能够促进教育公平，但这一研究结论仅局限于中国上海。罗仁福等（2009）的研究在陕西、甘肃、河南三省的六个国家级贫困县进行，通过对505名4~5岁儿童的分析发现儿童的认知能力水平和正规学前教育经历存在显著的相关关系。

从学前教育对认知发展影响效应的时长来看，国外的文献一致表明学前教育对儿童的认知发展具有短期效应（Blau & Currie, 2006; Burger, 2010）；但学前教育对儿童的认知发展是否具有长期效应则结论不一，有些研究发现存在长期效应（Heckman, 2013），有些研究则不支持这一观点（Magnuson & Duncan, 2016; Andrew et al., 2018）。中国的研究文献同样一致确认了学前教育的短期效应，但在长期效应上结论也不统一。两项利用中国教育追踪调查（CEPS）数据进行的研究发现了学前教育对认知能力的发展存在长期效应（王慧敏等，2017；郑磊等，2019）。然而另一项利用中国家庭追踪调查（CFPS）数据的分析则发现学前教育与儿童认知能力之间没有显著关联，学前教育对认知能力不具有长期效应（Gong et al., 2016）。CEPS与CFPS均为全国性数据，但存在儿童年龄范围覆盖不广泛的问题，CEPS的基线数据仅调查了七年级和九年级学生两个同期群，龚欣等（Gong et al., 2016）的研究则仅仅利用了 CFPS 数据中 11~15 岁儿童的资料。

另外，国内外相关研究文献多将儿童的认知能力简单地看作一个"整体"进行分析，而认知能力是多层次多方面的。有些测试可能更多地测量了认知能力中的学习能力、记忆能力、理解能力、分类能力等，而有些测试侧重于测量认知能力中的推理判断能力、逻辑思维能力、抽象思维能力等（格雷戈里，2012）。这种将认知能力不加区分的整体分析方式有可能掩盖一些真实有趣的信息，从而使结论发生偏误。

基于上述分析，本章试图以覆盖更广儿童年龄范围的全国性大样本数据——中国城镇化与儿童发展调查（CUCDS）数据，将认知能力分为语文认知和数学认知，将儿童群体分为 3~10 岁与 11~15 岁两个年龄段，探究学前教育经历对中国儿童认知能力不同层次方面的影响及效应时长问题。据此，提出假设 5-1 和假设 5-2。

假设 5-1：学前教育经历对儿童的语文认知发展既存在短期效应，又存在长期效应。

假设 5-2：学前教育经历对儿童的数学认知发展既存在短期效应，又存在长期效应。

第三节 数据、变量与模型设定

一、数据

中国城镇化与儿童发展调查（CUCDS）数据中，加权后在"是否接受过学前教育"问题上的有效样本量为 4963 人。对儿童认知能力的测验是调查问卷中儿童模块的主要内容。"儿童能力测验"的 3~12 岁部分由北京师范大学张厚粲教授主持编制，13~15 岁部分由新加坡国立大学杨李唯君教授参照 PISA 测验、美国收入追踪调查中儿童模块的认知量表等设计，全部测量工具适用于

第五章　学校的作用：学前教育机会与儿童认知能力发展

3~15 岁的中国儿童。测验儿童被分为 3~6 岁、7~8 岁、9~12 岁及 13~15 岁 4 个年龄组，每个年龄组都有对应的分测验（语文、数学和英语），其中英语测试仅适用于两个较大年龄组。由于本章关注学前教育对儿童认知发展影响的效应时长问题，需要进行不同年龄段儿童的比较，因此，仅使用了不同年龄段儿童共同接受的语文认知和数学认知测验数据。

鉴于语文、数学测验均非单维度结构，α 系数并不能作为最理想的指标来衡量测试结果的稳定性，考虑到分测验基本按照由易到难的方式进行题目编排，所以采用奇偶分半的方法，通过计算分半信度来判断测验工具的稳定性。然而这种折半了测试长度的方法，会低估测试信度，为弥补误差，通常用斯皮尔曼 – 布朗公式（Spearman-Brown）对分半信度进行校正。表 5-1 中为各年龄段儿童语文、数学能力测验的分半信度与校正信度，可以看出，测验的稳定性较高，校正信度均在 0.8 以上，特别是数学测验，校正信度最低值也达到了 0.90。

表 5-1　测验的分半信度与校正信度

测验名称	年龄组	分半信度	斯皮尔曼 – 布朗公式校正信度
语文测验	3~6 岁	0.76	0.86
	7~8 岁	0.82	0.90
	9~12 岁	0.78	0.88
	13~15 岁	0.73	0.84
数学测验	3~6 岁	0.86	0.92
	7~8 岁	0.88	0.94
	9~12 岁	0.91	0.95
	13~15 岁	0.82	0.90

二、变量

（一）因变量

语文认知能力与数学认知能力为本章研究的因变量，其获得依据为对应的分测验。不同年龄组对应的分测验内容、难度、时长均不同。测验难度随儿童年龄的增大而增加。年幼的 3~6 岁儿童，评估时间需 20 分钟，而年龄大的 9~12 岁、13~15 岁儿童则需要 30 分钟。不同年龄组儿童的语文、数学测验及限定完成时间如表 5-2 所示。

表 5-2　不同年龄组儿童分测验及限时　　　　　单位：分钟

年龄组	语文测验限时	数学测验限时
3~6 岁	10	10
7~8 岁	12	13
9~12 岁	12	18
13~15 岁	15	15

语文、数学分测验的满分均为 50 分。语文和数学认知分数变量的描述性统计见表 5-3。

表 5-3　语文和数学认知变量的描述性统计

变量	样本量	最小值	最大值	均值	标准差
语文认知	4938	1.00	50.00	26.04	11.04
数学认知	4798	1.00	50.00	21.18	11.82

（二）自变量

本章研究的核心自变量为学前教育，该变量根据问题"（孩子）是否有过上幼儿园或学前班的经历"得到，将有过幼儿园或学前班经历的儿童归为接受过学前教育者。在学前教育选择模型中，学前教育则为因变量，个人、家庭和区域三层次的变量为自变量。具体而言，个人层次的变量有儿童性别、儿童年龄；家庭层次的变量有测量家庭文化资本的父亲受教育程度、母亲受教育程度，测量家庭结构的 0~15 岁子女数，测量家庭经济状况的儿童出生地；区域层次的变量则包含地区（东部、中部和西部）和城乡（城市和农村）。表 5-4 列出了主要自变量的描述性统计。

第五章 学校的作用：学前教育机会与儿童认知能力发展

表 5-4 主要变量的描述性统计

变量	加权均值/比例	变量	加权均值/比例
儿童性别（1=男）	54%	高中及相当	15%
儿童年龄（岁）	9.02（3.84）	大学及以上	7%
父亲受教育程度		儿童出生地（1=医院）	77%
小学及以下	24%	家庭0~15岁子女数（个）	1.64（0.84）
初中	46%	地区	
高中及相当	21%	西部	31%
大学及以上	8%	中部	33%
母亲受教育程度		东部	36%
小学及以下	36%	城乡（1=城市）	39%
初中	41%	是否接受过学前教育(1=是)	70%

注：括号内为标准差；由于缺失值的原因，一些变量的百分比加总不一定等于100%。

三、模型设定

本章采用倾向值匹配（Propensity Score Matching，PSM）方法分析学前教育对儿童认知发展的影响效应。已有关于学前教育对儿童认知发展影响的研究多建立在接受学前教育儿童与未接受学前教育儿童认知能力的简单比较基础上，往往缺乏对内生性问题的重视。简言之，接受学前教育的儿童与未接受学前教育的儿童可能是存在系统差异的两个群体，如果不处理内生性问题，消除可能存在的混淆性变量效应，比较结果的差异并不能证明是学前教育的影响，而可能是家庭等其他混淆变量的作用。因此，为分析学前教育的"净效应"，需要消除混淆变量选择性误差，解决内生性问题，将因果关系建立在反事实基础之上的倾向值匹配法就是这样的方法之一。本章使用此方法的步骤如下：将导致接受学前教育儿童（干预组）与未接受学前教育儿童（控制组）之间不平衡的混淆变量纳入Logit回归模型并以此为基础计算倾向值；依据倾向值的共同支持域对干预组和控制组进行匹配，寻找理想的反事实；对匹配后的样本计算干预组的平均干预效应（Average Treatment Effect on the Treated，ATT）。

第四节　学前教育对儿童认知能力发展的短期效应分析

分析学前教育对儿童认知能力发展的短期效应时，关注的对象是3~10岁的儿童，他们正在接受学前教育或刚结束学前教育的时间不长。

一、建立学前教育选择模型（3~10岁）

参考已有文献并结合本研究的特点，本章选择个人、家庭与区域三个层次的自变量建立学前教育选择模型。考虑到研究的主要任务是分析学前教育经历对儿童认知能力影响的"净效应"，因此纳入模型的自变量须满足既可能影响儿童学前教育机会的获得，又可能影响儿童的认知能力的条件。

最终纳入模型的个人层次变量为儿童性别、儿童年龄。家庭层次变量为父亲受教育程度、母亲受教育程度、家庭0~15岁子女数量、儿童出生地。由于接受学前教育前的家庭经济状况才是影响儿童是否选择接受学前教育的因素，故现在的经济状况并不适合作为自变量，参考徐宏伟和谢宇的研究（Xu & Xie, 2015），本章以儿童出生地（出生于医院还是家中）来间接测量儿童接受学前教育前家庭的经济状况。区域层次变量则选择了地区（东部、中部、西部）和城乡（城市和农村），这是因为我国学前教育的区域发展存在明显的不平衡，不仅城乡之间差异明显，而且东中西部省份之间也存在明显差异。2013年，全国学前教育毛入园率平均水平为67.5%，其中城市贡献了45.0%，农村仅贡献了22.5%，存在明显的"城高乡低"状况。从省份看，西藏自治区的学前教育毛入园率仅为52.0%，云南省为54.0%，而浙江省、江苏省、福建省、广东省都在95.0%以上，上海更达到了100.0%的水平（United Nations Children's Fund, 2015）。

以学前教育这一二分变量（接受学前教育=1；未接受学前教育=0）作为因变量，上述个人、家庭和区域层次变量作为自变量，拟合的Logit模型结果见表5-5。结果表明儿童性别、父亲受教育程度对儿童是否接受学前教育无显著影响。母亲受教育程度低、家庭子女数量多、家庭经济状况差、西部、农村的儿童更可能缺失学前教育的经历。年龄的显著影响可能表明一些低年龄段儿童只是没有在合适的年龄接受学前教育。

表 5-5　预测接受学前教育倾向值的 Logit 模型（3~10 岁）

变量	回归系数
儿童性别（男 =1）	−0.11（0.09）
儿童年龄	0.22（0.02）***
父亲受教育程度（参照组：小学及以下）	
初中	0.14（0.12）
高中及相当	0.22（0.16）
大学及以上	0.08（0.26）
母亲受教育程度（参照组：小学及以下）	
初中	0.29（0.11）*
高中及相当	0.36（0.17）*
大学及以上	0.71（0.28）*
家庭 0~15 岁子女数	−0.25（0.06）***
儿童出生地点（医院 =1）	1.24（0.13）***
地区（参照组：西部）	
中部	0.50（0.11）***
东部	0.73（0.12）***
城乡（城市 =1）	0.73（0.11）***
截距	−1.89（0.25）***
N	3008
Log likelihood	−1469.77***
虚拟 R^2	14.8%

注：* 表示 $p < 0.05$，** 表示 $p < 0.01$，*** 表示 $p < 0.001$；括号内为标准误。

二、匹配样本与平衡性检验（3~10 岁）

在建立学前教育选择模型的基础上，计算接受学前教育的倾向值，之后以此值标准差的 1/4 作为卡尺标准，并采用卡尺范围内最近邻匹配的方法进行样本匹配，在接受学前教育的儿童与未接受学前教育的儿童间寻找相对理想的"反事实"。由于倾向值匹配时共同支持域（概率密度分布图重合的部分）

逆风飞扬：社会再生产机制与农民工子女发展研究

之外的个案将被排除在外，因此，干预组与控制组的共同支持域越大对样本的利用越充分。图5-4表明两组的共同支持域较大，满足倾向值匹配的基本条件。

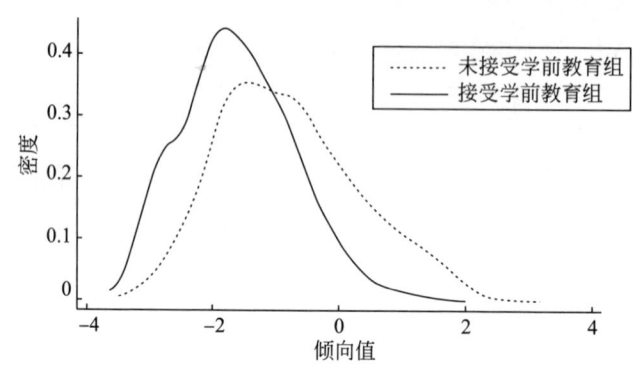

图 5-4　干预组与控制组匹配前倾向值概率密度分布（3~10岁）

那么，匹配后的效果怎样呢？需要进行平衡性检验，即检验匹配之后的干预组与控制组样本的混淆变量是否存在系统性差异。检验方法根据混淆变量的测量层次决定，一般用卡方分析法检验类别变量，方差分析法检验连续变量。表5-6为平衡性检验结果。匹配之前两组儿童在除性别外的其他混淆变量上都存在显著差异，匹配后两组儿童在除地区之外的其他变量上的系统性差异消失，说明整体上匹配后的样本较好地通过了平衡性检验，接下来可以利用匹配后样本进行影响效应分析了。

表 5-6　干预组与控制组平衡性检验（3~10岁）

变量	匹配前（F或χ^2）	匹配后（F或χ^2）
儿童性别	0.51	1.22
儿童年龄	111.25***	1.12
父亲受教育程度	67.94***	5.09
母亲受教育程度	69.26***	10.65
家庭0~15岁子女数	77.56***	1.96
儿童出生地点	144.60***	4.82
地区	64.25***	22.74***
城乡	76.62***	5.75

注：* 表示 $p<0.05$，** 表示 $p<0.01$，*** 表示 $p<0.001$。

三、短期效应分析

利用匹配后样本计算学前教育对儿童认知能力的影响效应。发现接受学前教育儿童的语文认知能力（N=1463）和数学认知能力（N=1425）均显著高于未接受学前教育的儿童，其中语文认知能力相差1.79分，数学认知能力差距为2.13分（见表5-7），这一结果表明学前教育对儿童的认知发展具有即时效应或短期效应。

表5-7 学前教育对儿童认知发展的影响效应（3~10岁）

类别	干预组（均值）	控制组（均值）	ATT
语文	26.08	24.29	1.79（0.56）**
数学	22.23	20.10	2.13（0.63）***

注：* 表示 $p<0.05$，** 表示 $p<0.01$，*** 表示 $p<0.001$；括号内为标准误。

第五节　学前教育对儿童认知能力发展的长期效应分析

采用同样的逻辑思路，分析学前教育经历对11~15岁儿童认知发展的影响效应。首先建立学前教育选择模型，计算接受学前教育的倾向值，之后以卡尺范围内最近邻的方法进行样本匹配并进行平衡性检验，最后利用匹配后的样本计算ATT。

一、建立学前教育选择模型（11~15岁样本）

纳入模型的变量与3~10岁儿童的模型相同，分析结论也基本一致（见表5-8）。对学前教育无显著影响的变量除儿童性别和父亲受教育程度外，还有儿童年龄。仍然是母亲受教育程度高、家庭子女数量少、家庭经济状况好、东中部、城市的儿童更可能接受学前教育。

表 5-8 预测接受学前教育倾向值的 Logit 模型（11~15 岁）

变量	回归系数
儿童性别（男=1）	−0.14（0.11）
儿童年龄	−0.06（0.04）
父亲受教育程度（参照组：小学及以下）	
初中	−0.19（0.13）
高中及相当	−0.00（0.19）
大学及以上	−0.25（0.38）
母亲受教育程度（参照组：小学及以下）	
初中	0.73（0.13）***
高中及相当	0.99（0.23）***
大学及以上	1.12（0.42）**
家庭 0~15 岁子女数	−0.27（0.07）***
儿童出生地点（医院=1）	0.64（0.12）***
地区（参照组：西部）	
中部	0.50（0.13）***
东部	1.24（0.14）***
城乡（城市=1）	0.70（0.13）***
截距	0.44（0.58）
N	1452
Log likelihood	−1043.74***
虚拟 R^2	16.9%

注：* 表示 $p<0.05$，** 表示 $p<0.01$，*** 表示 $p<0.001$；括号内为标准误。

二、匹配样本与平衡性检验（11~15 岁样本）

图 5-5 表明干预组与控制组的共同支持域较大，适宜进行倾向值匹配。

仍然以倾向值标准差的 1/4 作为卡尺标准进行最邻近匹配，匹配后的样本较好地通过了平衡性检验，检验结果如表 5-9 所示。

第五章 学校的作用：学前教育机会与儿童认知能力发展

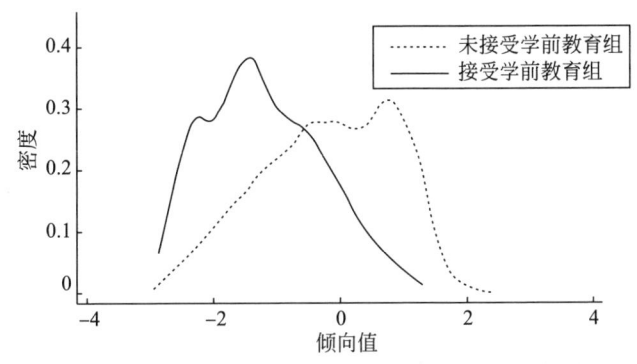

图 5-5　干预组与控制组匹配前倾向值概率密度分布（11~15 岁）

表 5-9　干预组与控制组平衡性检验（11~15 岁）

变量	匹配前（F 或 χ^2）	匹配后（F 或 χ^2）
儿童性别	0.07	0.05
儿童年龄	1.73	2.93
父亲受教育程度	76.80***	0.56
母亲受教育程度	136.24***	4.41
家庭 0~15 岁子女数	68.35***	2.00
儿童出生地点	172.53***	0.05
地区	113.07***	7.33
城乡	92.57***	1.37

注：* 表示 $p<0.05$，** 表示 $p<0.01$，*** 表示 $p<0.001$。

三、长期效应分析

表 5-10 表明，接受学前教育儿童的语文认知能力（N=729）和数学认知能力（N=705）均高于未接受学前教育的儿童，其中语文认知能力高 2.07 分，数学认知能力高 0.86 分，但两组儿童数学认知水平的差异没有达到 0.05 的显著性水平，即学前教育对儿童的语文认知发展具有长期效应，而对儿童的数学认知能力并不具有长期效应。对于这一结果，可以这样理解：个人的认知能力是多层次、多方面的，语文认知更多地反映了认知能力中的学习能力、记

忆能力、推理判断能力、理解能力及分类能力，而数学认知更多地反映了认知能力中的逻辑思维、抽象思维及推理判断能力（格雷戈里，2012），两者虽有交叉重叠，但各有侧重。作为一种干预方式的学前教育，对儿童认知能力的一些方面有显著影响，且具有长期效应，而对于认知能力的另外一些方面则力有不逮，仅具有短期效应，不具有长期效应。

表5-10 学前教育对儿童认知发展的影响效应（11~15岁）

类别	干预组（均值）	控制组（均值）	ATT
语文	27.19	25.12	2.07（0.85）*
数学	20.97	20.11	0.86（0.92）

注：* 表示 $p<0.05$，** 表示 $p<0.01$，*** 表示 $p<0.001$；括号内为标准误。

第六节 本章小结

本章利用中国城镇化与儿童发展调查（CUCDS）数据，将认知能力分为语文认知能力和数学认知能力，将儿童群体分为3~10岁与11~15岁两个年龄段，通过Logit回归分析了学前教育的选择倾向，通过PSM估计了学前教育对儿童认知能力发展的影响，得出以下三个结论。

第一，学前教育经历对儿童的认知发展存在重要影响，但这种影响因认知能力层次、方面的不同及时间长度的不一而异。具体而言，学前教育对儿童的语文认知能力发展既具有短期效应，又具有长期效应，而对儿童的数学认知能力发展只存在短期效应，不存在长期效应。已有的研究或是简单宣称学前教育对儿童的认知能力存在显著影响，没有时间维度上的区分；关于影响效应时长的研究，或是发现学前教育对儿童认知发展既存在短期效应，又存在长期效应，或是发现学前教育对儿童认知能力仅具有短期效应，不具有长期效应。本章的结论因将认知能力进行了不同方面的细分，而不同于已有的研究。

第二，家庭背景对儿童是否接受学前教育及认知发展有着重要影响。这可以从家庭文化资本、家庭结构和家庭经济资本三个方面进行说明。文化资

第五章　学校的作用：学前教育机会与儿童认知能力发展

本丰富的家庭，父母的受教育程度高，往往更重视子女教育，对子女的发展有着更高的期望，这种重视和期望会转化为子女学习的热情，从而有利于认知能力发展；不仅如此，受教育程度高的父母，愿意为子女的认知发展提供经济特别是注意力的支持；更为重要的是，他们有能力为其子女的认知、学业发展提供更为恰当有效的指导帮助，作为大多数家庭中儿童主要看护人的母亲，在这方面的作用尤为突出。家庭结构影响的内在逻辑为"资源稀释理论"（Blake，1981），即在家庭资源（除物质条件外，还有主要看护人特别是父母的注意力资源）一定的前提下，子女数量越多，每人分配的资源就越少，从而不利于认知发展。家庭经济资本以就读优质幼儿园、参加辅导班、购买学习资料等资源转化的方式对儿童的认知发展产生影响。

第三，所在区域对儿童是否接受学前教育及认知发展有着重要的影响。这主要归因于我国学前教育的区域发展存在明显的不平衡。城市与农村、东中西部省份间包括学前教育在内的各教育阶段的差异，无疑是中国教育领域不平衡、不充分发展状况的主要内容。然而造成这种差异的根本原因是中国教育制度的双重二元分割性——农村与城市的分割，从幼儿园到大学各个教育阶段内部的分割，前者引发城乡、地区间教育的差别，后者造成重点与普通学校教育的差别；双重二元分割的本质，则使有限的教育经费明显倾斜于城市学校和重点学校（张玉林，2013）。

基于以上分析，本章提出相关的政策建议。

由于弱势家庭的儿童更可能因为没有接受学前教育等而在认知水平上处于劣势，这样的家庭主要分布于农村、西部地区，又由于学前教育以及以父母受教育程度为标志的家庭文化资本对认知发展的重要影响，为阻断贫困代际传递的恶性循环，促进社会流动特别是弱势群体儿童向上流动的实现，除一些具体帮扶措施外，政府应明确重点的干预领域与恰当的干预措施。毫无疑问，教育应为干预的重点。具体而言，就是要重视农村、西部等欠发达地区的教育特别是学前教育，尽量保证适龄儿童都能够进入正规或非正规的学前教育机构接受学前教育。能够普及正规的学前教育当然是最佳选择，但是

逆风飞扬：社会再生产机制与农民工子女发展研究

存在困难，难点在于在西部农村地区特别是山区兴办正规学前教育的成本高、花费大，不仅需要大量的学前教育教师，还需要在硬件建设上投入巨大的资金，这无论对于当地居民、政府还是中央政府来说都是巨大的投入；另外，西部地区居民居住分散、交通不便也给儿童接受正规学前教育造成了障碍。鉴于此，中国发展研究基金会探索了一种非正规/半正规的学前教育——走教模式。这种模式采用志愿者方式，利用农村教育布局调整后的富余校舍资源，在村小学设立早教点，由志愿者以分组巡回走动的方式到不同的早教点施教，从而保证幼儿就近获得每周至少两个半天的学前教育。走教模式因地制宜，更适合西部农村的发展水平，更受农村家长、幼儿的欢迎，国家的财力也可以承受，更为重要的是测试报告表明，参加走教模式的幼儿，在认知能力、社会交往、习惯养成、安全常识等方面进步明显（中国发展研究基金会项目组，2013）。

大力发展各式各样的学前教育，提升义务教育的质量，起到了"直接干预"儿童认知发展的效果。除直接干预之外，还要大力发展欠发达地区的高中教育，提高大学入学率，提升该地区的人均受教育年限，从而"间接"促进儿童的认知能力发展。

当然，本章的研究仍存在诸多局限：

第一，认知发展除受到后天环境作用外，也深受生物基础的影响。如果说后天环境影响了认知开发程度的多寡，遗传因素则局限了认知发展的范围大小。由于没有进行遗传信息数据的收集，导致无法阐明认知测试结果中基因以及基因与环境的交互作用，这也影响了学前教育对儿童认知能力影响效应评估的精确度。

第二，倾向值匹配虽然是一种有效确证因果关系的方法，但也只是在缺乏追踪数据时的替代选择，存在着损失样本量及因纳入模型的混淆变量不同而改变研究结论可能的局限。

第三，认知能力是异常复杂的，人类至今对其的研究仍处于初级阶段，因此本章用语文认知能力和数学认知能力来对认知进行划分无疑无法涵盖全部甚至大部分内容，但既然认知有着不同的层次和方面，不同侧重的语文认

第五章 学校的作用：学前教育机会与儿童认知能力发展

知和数学认知测量结果应该能够部分地反映出这些不同。

第四，已有研究证实了中国少儿教育福利供应存在"东优西劣"的阶梯形下降格局（万国威，2012），教育福利是教育均衡性问题在质量方面的体现。相比学前教育机会，所接受学前教育的质量对认知发展的影响应是更为深入有趣的问题，而且随着学前教育的普及程度越来越高，学前教育机会的问题将逐步得到缓解甚至解决，人们对教育机会的争夺将转移为对优质学前教育资源的重视，因此，学前教育质量的问题将更为凸显。国内外已经有许多文献聚焦于学前教育质量对儿童发展的影响，与教育质量有关的变量主要包括教师的受教育程度（Howes et al.，1995）、教师的经验（Kontos，1994）、教师的稳定性（Whitebook et al.，1989）、教师与儿童的互动（Whitebook et al.，1989）、班级规模（Ruopp et al.，1979）等。研究发现，学前教育质量与儿童发展呈现正相关关系，即使控制住家庭背景等因素，这一结果仍然适用。具体而言，教师的受教育程度越高、稳定性越高、薪酬待遇越高、工作环境越好，则儿童的发展越好（Whitebook et al.，1989）；班级规模较小更有利于儿童的认识发展（Ruopp et al.，1979）；参与过较高质量学前教育的儿童，行为问题较少、更为快乐、社交能力更强、更为合群、攻击行为更少（Howes，1988；Howes & Hamilton，1993；Lamb et al.，1988）。关于中国学前教育质量与儿童发展的研究也有不少，总体而言，研究的系统性、深入性及样本的覆盖性不够。由于数据资料缺乏，关于学前教育质量对儿童认知发展影响的研究只能待以后完成。

第五，由于现实中存在着不同的学前教育机构，有的较为正式规范，有的则缺乏规范性而表现出灵活多样的特点，如有的为公办，有的为私立，有的为全日制，有的为半日制……参与这些不同类型的学前教育机构对儿童的发展是否存在差异？不同类型的学前教育机构的受益群体是谁？对于弱势群体儿童而言，参与哪类学前教育机构能够受益更多？这些都是有待深入研究的问题。

第六章

学校的作用：学校质量与学生科学能力发展

第一节　研究问题的提出

在教育不平等研究领域，一种观点认为，伴随着教育机会供给量的增加，教育不平等的表现形式发生了变化，对优质教育资源的争夺成为更为突出的特征。在中国社会的现阶段，由于基础教育机会的供给量持续增加，能否得到基础教育机会对各个阶层群体而言已不足为虑，家长们更为关心的是子女能否入读一所更为优质的学校，因此，竞争的焦点逐渐转移到对优质基础教育资源的争夺方面。近年来，"学区房热"现象就是优质教育资源竞争的突出表现。在很多家长看来，只有购买学区房，子女才可能获得更好的教育，购置学区房是一条"合法化"获得优质教育资源的途径，为了使子女不输在"起跑线"上，家长们花重金争相购买学区房，部分城市学区房价格很高。新闻媒体上报道的天价学区房层出不穷，一浪高过一浪，从而引发了新一轮教育机会不平等的争议（王代芬、王碧梅，2016）。很多家长认为，学校之间的差距决定了未来孩子的发展。学校之间的质量差距到底在多大程度上真正影响到子女的能力发展是本章探讨的核心问题。

第六章 学校的作用：学校质量与学生科学能力发展

第二节 文献回顾与研究假设

随着社会经济的发展，我国的基础教育质量得到了很大提升。一方面我们为当前基础教育总体水平的提高感到欣慰，另一方面日益担忧基础教育分层问题，尤其是城乡教育的资源差异。改革开放初期我国确立的重点中小学制度使得优质教育资源过于集中在城市，扩大了城乡子女接受教育机会的不平等（王香丽，2010）。随着各地义务教育均衡发展的推进，教育部已取消重点中小学的称谓，但学校层次的质量差别实质上已经形成，学校之间资源配置的不公平很难在短时间内消除。在我国，城市与农村中小学质量差异明显，即便是同一城市里的学校质量也参差不齐（褚宏启，2015）。优质学校往往有更好的学习氛围、实力雄厚的教师支持，并且有着先进的教学方法，从而使学生能力发展更为突出。大量的实证研究显示，学校是教育不公平再生产的机器（Downey & Condron，2016）。特别是对于处境不利的学生而言，学校质量能弥补家庭资源不足的劣势。研究表明，学校资源的质量、合格教师的比例、课外活动丰富性的提升能显著改善低社会经济地位学生的抗逆力（Agasisti & Longobardi，2014）；师生比和生均公用经费的增加有助于消减家庭背景对学业成绩的影响（李祥云、魏萍，2014）；教师质量是学校质量的关键指标，教师质量对学生学业成绩增值的效应，在低社会经济地位学生中表现得尤为突出（Nye & Hedges，2004）。

基于上述已有研究，我们提出研究假设：

假设6-1：学校质量对儿童的能力发展有显著性正向影响。

如果这一假设成立，那就意味着，在制度许可的情况下，家长可以将优势的社会经济资源转化为优质的学校教育，从而促进子女的发展，达到优势地位保持、延续的目的。但有一点我们应该知道，优质学校教育资源既然能够通过经济条件转化，那么学生就读学校质量的差异或许只是家庭经济实力的间接反映。在现实中，家庭社会经济地位较高的孩子主要集中在优质的学校中，家庭条件不好的孩子主要集中在质量较差的学校中（吴愈晓、黄超，

2016)。因此，我们必须控制家庭经济地位，才能看到学校质量差异对学生能力发展的净效应。

然而，学校质量的作用真的是压倒性的吗？父母应该将孩子的成长与能力的发展全部寄托于学校教育吗？

根据生态系统理论，人们的能力发展嵌套于一系列的环境系统。基础教育获得的过程涉及个体能力差异、家庭因素以及学校社会制度等诸多方面。学校仅仅是学生能力发展的一个微系统，作为原生态系统的家庭依然是不可忽视的成长因素。已有文献论证了内生性家庭资源（家庭结构与父母受教育水平）和外依性家庭资源（父母的经济与社会地位）对基础教育获得的影响是相对持久而稳定的（刘精明，2008）。在生态系统理论中，家庭和学校都是影响青少年发展的微观系统（Microsystem）部分，但是该理论并没有阐述两者孰轻孰重。学界极具影响力的科尔曼报告指出，当控制社会经济和种族因素后，学校对学生的能力发展影响十分微弱（Coleman et al., 1966）。人们通常认为学校是影响学生能力发展的最重要场所，但科尔曼报告的研究结论与人们长期以来的"常识"不同，在科尔曼看来影响孩子能力发展最重要的因素依然是家庭。尽管大众直觉地认为学校和教师一定能够促进孩子能力发展，但是后续的一些实证研究支持了科尔曼报告的结论。当控制了家庭背景和个人因素后，学校资源对青少年能力发展的作用的确有限（Hill，2017）。

基于前述的已有研究，进而提出研究假设：

假设 6-2: 家庭因素对子女能力发展的影响大于学校因素。

如果此假设成立，那么就意味着，学校教育只是有益于子女成长发展的一个重要方面，要想子女更好地成长发展，除追求学校教育质量外，还应该从家庭支持方面作出努力。

第六章 学校的作用：学校质量与学生科学能力发展

第三节 数据、变量与模型

一、研究数据来源

本章采用的数据是由经合组织（OECD）实施的国际学生评估项目（PISA）2015年的中国数据。该数据抽样地区涵盖了北京、上海、江苏和广东四个发达地区。这四个地区的经济发展水平在全国处于领先地位，教育资源相对平衡，不存在像中西部那种教育资源极度匮乏的情况。OECD将这四个地区作为一个整体抽样，以此代表中国较为发达的地区，从而反映中国15岁学生掌握的知识与技能水平（OECD，2016）。在2015年PISA测试中，中国（北京、上海、江苏、广东）科学能力测试排名第10位。PISA每次测试的重点不一样，2012年的PISA测试主要侧重于数学能力，但2015年的PISA测试主要侧重于科学知识的实际应用能力，即能像科学家一样思考（OECD，2016）。虽然PISA测试未必能十分全面地把握中国的基础教育状况，但它的确给我们提供了一份分析教育公平性的宝贵数据。

2015年PISA公布的中国（北京、上海、江苏、广东）原始数据共9841人。其中，有31人为移民，205人缺失移民信息。考虑移民样本数量太少，不具有代表性，因此删除移民类样本和缺失样本，保留了9605个本地户籍学生样本。另外，2015年的PISA数据是针对15岁青少年的测试，无法提供小学信息，但提供了初中阶段的相关信息。由于中学阶段就近入学的政策仅仅适用于初中，因此我们可以用于分析的数据是2015年PISA中国数据中的初中阶段，从而导致样本量进一步减少至5248人。

二、变量选择

测量能力发展的因变量为科学测试成绩。对该变量的选择考虑的是2015年PISA测试偏重于科学能力，并且原始数据中包含了更多有关科学能力的变量信息。虽然科学测试成绩不能全面地体现学生的能力发展，但是的确可以在一定程度上反映出学生的能力发展。

自变量包含三个部分：个人因素、家庭因素以及学校质量。个人因素中的控制变量涉及年龄、性别、学习主动性、兴趣爱好、焦虑感、融入感和转学次数。2015年PISA的数据样本均为1999年出生的人群，测量年龄的变量实则为出生月份（1—12月）。学习主动性、兴趣程度、焦虑感以及融入感是对调查样本的心理和性格因素的控制。转学次数是对个体学习经历中途连贯性的控制。家庭因素中的控制变量为家庭经济社会文化资本（Index of Economic, Social and Cultural Status）。2015年PISA的数据对家庭经济社会文化资本的测量有统一的标准化计算，涉及父母经济收入与受教育程度，是一个连续性变量。为了便于多层线性模型分析，后续将个体所在的家庭经济社会文化资本转化为差、中下、中上、优四个定序变量，以此显示学生的家庭背景信息。

如何测量学校质量呢？2015年PISA中国数据并没有给出一个明确的划分学校质量的分析变量，当前教育部也取消了重点中小学的称谓。因此我们需要通过其他变量予以间接测量。原始数据中包含了测量学校质量的三个维度：学习氛围（Disciplinary Climate in Science Classes）、教师支持（Teacher Support in Science Classes）以及教学方法（Inquiry-Based Science Teaching）。那么这三个维度是否可以很好地衡量学校质量呢？尽管学校质量的测量指标有简单化操作的嫌疑，但实际的选择并非毫无根据。一提到学校质量，通常会涉及学校硬件设施，但北京、上海、江苏和广东的教育资源相对充足，不存在学校硬件设施匮乏的情况。21世纪90年代后期大量的实证研究证明，在保证基础教学硬件设施的前提下，学校硬件设施对学生的能力发展并不起到显著性影响，这和早期科尔曼报告的研究结果一致（Hanushek，2003）。真正决定学校质量的是"软件"，学校的学习氛围、教师对学生的支持程度以及相应的教学方法（Hill，2017）。OECD对青少年能力发展的测量也充分关注学校层面，因此提供了这些学校教育"软件"层面的测量信息。由此对这三个变量进行加权计算创建了新的变量"学校质量"。加权方法为"学校质量"=

第六章　学校的作用：学校质量与学生科学能力发展

（学习氛围＋教师支持＋教学方法）/ 3。在 2015 年 PISA 的中国原始数据中，学习氛围、教师支持以及教学方法变量是连续变量，并且这些变量是学生的自评测量，因此存在一定的主观偏差。为了避免个体学生的主观性而尽量做到客观测量，我们将新创建的"学校质量"与每一个学校代码做交叉分析，计算出每个学校的测量均值，然后再将"学校质量"从低往高排序，并将 1/3、2/3、3/3 位置的值作为分界线把各个学校的均值对比转换为学校质量的三个层次，即差、中、优。

我们承认现有 OECD 的 2015 年 PISA 数据本身存在着一定的缺陷，但是采用如上变量并非毫无根据。社会科学领域的数据统计分析有别于实验室精心设计的实验测试数据，如同一个苹果被咬了几口后依然可以知道是一个苹果，我们采用的测量变量虽然有瑕疵，但有一定的研究支撑，能在一定程度上反映出客观的社会事实。关于以上变量的描述性分析如表 6-1 所示。

表 6-1　变量的描述性统计（样本量 =5248）

	测量变量	变量类型	均值	标准差	变量描述
因变量	科学成绩	连续变量	504.4	94.4	最小值 =206；最大值 =797
个人因素	出生月份	连续	8.6	3.1	最小值 =1，最大值 =12
	性别	分类	—	—	男孩（55.2%）；女孩（44.8%）
	学习主动性	连续	0.19	0.88	最小值 =-3.1；最大值 =1.86
	兴趣程度	连续	0.51	0.84	最小值 =-2.53；最大值 =2.60
	焦虑感	连续	0.28	0.92	最小值 =-2.50；最大值 =2.55
	融入感	连续	-0.28	0.80	最小值 =-3.13；最大值 =2.61
	转学次数	分类	—	—	无转学（65.7%）；一次转学（21.6%）；两次及以上转学（12.7%）
家庭因素	家庭背景	分类	—	—	差（24.7%）；中下（25.2%）；中上（25.1%）；优（25%）
学校因素	学校质量	分类	—	—	差（21.9%）；中（57.8%）；优（20.3%）

三、数据模型

本章首先采用普通最小二乘法（Ordinary Least Square, OLS）建立多元线性回归模型，其次采用多层随机截距模型进一步分析讨论。

$$Y_i = \beta_0 + \beta_1 X_{1i} + \beta_2 X_{2i} + \cdots + \beta_k X_{ki} + \mu_i \quad (i=1, 2, \cdots, n) \quad (6\text{-}1)$$

其中，k 为解释变量的数量，β 为待定参数，μ 为随机变量。

多层随机截距模型通过分解群体和个体效应而考虑不同层级的结构数据，它比传统模型具有更可靠的假定检验和参数估计，从而在社会科学研究领域中日益普及（王海珍、刘殿国，2016）。学生的科学能力发展不仅仅受到个体因素影响，还受到家庭和学校两个层面的影响。依据多层随机截距模型的步骤，需要检验不同层级个体之间的相关性，空模型检验即无条件平均模型，数学表达式如公式（6-2）至公式（6-4）所示。

$$Y_{ij} = \beta_{0j} + \varepsilon_{ij} \quad (6\text{-}2)$$

$$\beta_{0j} = \gamma_{00} + u_{0j} \quad (6\text{-}3)$$

$$Y_{ij} = \gamma_{00} + u_{0j} + \varepsilon_{ij} \quad (6\text{-}4)$$

其中，j 表示个体 i 所在的学校类型；公式（6-2）中的 β_{0j} 和 ε_{ij} 分别表示截距和随机扰动项，即 j 学校类型的科学成绩均值以及围绕该均值的个体之间差异；公式（6-3）中的 γ_{00} 表示 Y_{ij} 的总体均值，u_{0j} 表示学校类型层面的随机扰动项，即不同学校类型学生科学测试平均成绩与总平均成绩之间的差异；公式（6-4）是一个组合模型，表示学生科学成绩的度量是固定部分 γ_{00} 和随机部分 u_{0j} 与 ε_{ij} 的线性组合。基于空模型的结果，学校类型内个体相关性可以用组内相关系数（ICC）来测量。

$$ICC = \sigma^2 u_0 / (\sigma^2 + \sigma^2 u_0) \quad (6\text{-}5)$$

一般社会学研究中 ICC 值大于 0.1 时才有必要采用分层模型，否则采用传统回归分析。经过测算，学校类型空模型中 ICC 值为 0.101，家庭背景空模型中 ICC 值为 0.14，因此可以采用分层模型。另外，关于分层模型的前提，通常来说一般要求每组样本量不少于 30（Mass & Hox，2005）。经过交叉描

第六章 学校的作用：学校质量与学生科学能力发展

述分析后发现，三层模型每组的样本量都大于30的样本量标准（见表6-2），因此满足三层分层模型的要求。

表6-2 按学校类型与学校质量层次划分的样本量

家庭背景	学校质量 差	学校质量 中	学校质量 优	总计
差	485	696	115	1296
中下	295	738	291	1324
中上	228	758	331	1317
优	140	840	331	1311
总计	1148	3032	1068	5248

我们并没有充足的理论论证个体特征对科学能力表现会因家庭和学校层次不同而产生斜率的极大差异，因此多层随机截距模型基本可以满足此次研究的目的。在明确了可以采用分层模型后，加入影响学业表现的个人因素（出生月份、性别、学习主动性、兴趣程度、焦虑感、融入感和转学次数）后建立带有解释变量的三层随机截距模型，见式6-6。

$$Y_{jk} = X_{jk}\beta + Z^{(3)}_{jk} u^{(3)}_k + Z^{(2)}_{jk} u^{(2)}_{jk} + \varepsilon_{jk} \qquad (6\text{-}6)$$

本次研究使用的数据分析软件是Stata 14，采用的命令语句是Mixed，分析思路框架如图6-1所示。

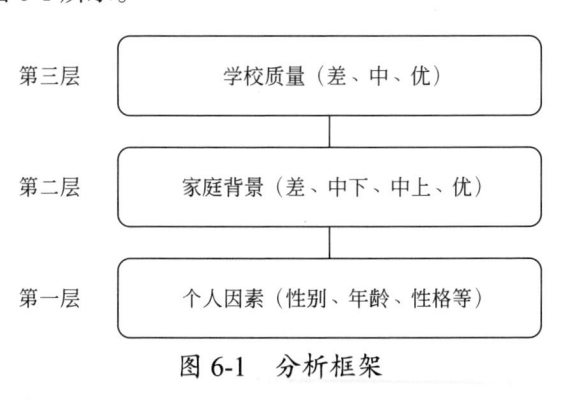

图6-1 分析框架

第四节 结果分析

表 6-3 为两个模型的回归结果，从传统多元线性回归模型统计结果即模型 M1 中可以看出学生个人情况、家庭背景和学校质量对学生能力发展都有着显著影响。当控制其他变量后，年龄每增加 1 个月，能力测试则提高 4.03 分，这点解释了学生能力发展会随着年龄的增长而得到一定程度的提高。当控制了其他变量后，男生比女生的科学能力测验成绩要高 6.07 分，这印证了男生在科学科目上相比女生有一定优势。学生的学习主动性和兴趣程度越高，他们的科学能力表现越好。个体心理健康对学生的科学能力有着显著影响：学生焦虑程度越高，那么他们的科学能力表现则越差；融入感越差，学生的科学能力表现则越差。转学经历对能力发展的影响有着一定的差异，相对于没有转学经历的青少年而言，有一次转学经历就意味着能力测试提高 7.43 分，但是频繁的转学会造成学生能力培养的衔接问题，转学次数两次及以上，能力测试则降低约 29 分，这个负向影响非常大。

表 6-3 学生科学测试成绩影响因素回归模型结果（样本量 =5248）

变量	M1（多元线性回归模型）	M2（多层随机截距模型）
第 1 层　　个人因素	系数（t 值）	系数（z 值）
出生月份	4.03*** （10.63）	3.90*** （10.34）
性别	6.07*** （2.65）	6.38** （2.80）
学习主动性	13.06*** （9.52）	12.93*** （9.48）
兴趣程度	12.89*** （9.12）	13.39*** （9.52）
焦虑感	−11.33*** （−8.95）	−11.25*** （−8.94）
融入感	4.36** （3.04）	4.13** （2.90）

第六章　学校的作用：学校质量与学生科学能力发展

续表

变量	M1（多元线性回归模型）	M2（多层随机截距模型）
转学次数（参照组：没有转学）		
转学一次	7.43** （2.64）	7.77** （2.78）
转学两次及以上	−28.81*** （−8.21）	−28.14*** （−34.98）
第2层　家庭背景（参照组：差）		
中下	27.43*** （8.46）	—
中上	34.69*** （10.50）	—
优	69.69*** （20.41）	—
第3层　学校质量（参照组：差）		
中	28.50*** （9.75）	—
优	33.19*** （9.08）	—
截距	407.73*** （92.40）	460.53*** （43.74）
随机效果		
第3层随机方差（学校质量）	—	625.53
第2层随机方差（家庭背景）	—	170.72
第1层随机方差（个人因素及其他因素）	—	6541.80
调整 R^2	0.26	—

注：* 表示 $p<0.1$，** 表示 $p<0.05$，*** 表示 $p<0.01$。

采用了多层随机截距模型即模型 M2 后，可以看出，个人因素和其他未知影响的方差为 6541.8，占到总方差的 89.1%，由此可见学生自身状况的影

逆风飞扬：社会再生产机制与农民工子女发展研究

响在能力发展层面起到至关重要的作用。利用模型M1进行能力预测，假定一男孩A来自中上家庭背景，他出生在6月，学习主动性、兴趣程度为描述统计最小值，焦虑感为描述统计最大值，融入感为描述统计最小值，并且转学2次，获得了优质学校就读机会，那么他的能力预测成绩为361分。与之形成对比的是，另一个来自中上家庭背景的学生B，同样出生在6月，但学习主动性、兴趣程度为描述统计的最大值，焦虑感为描述统计最小值，融入感为描述统计最大值，无转学经历，就读在一个差学校，他的能力预测成绩为570分。这个对比非常明确地显示出学校因素并不起到绝对的主导作用，学生自身情况影响程度较大，在差学校读书的B男孩反而比在优质学校读书的A男孩要高出200多分。所以，我们应思考的是如何提高学生的学习主动性，激发他们的学习兴趣，只有这样他们的能力发展才会更突出。与此同时，我们需关注学生的心理健康状况。研究结果表明，焦虑感对学生能力发展起到显著的负向影响。通过减少学生的焦虑情绪，可以很好地促进他们的能力发展，并且应避免频繁的转学。

父母的经济社会文化背景对子女的能力发展起到显著的积极影响。这种重要性不是指通过不合法途径为子女谋取私利，而是指拥有较好的家庭经济社会文化资本的孩子更有可能通过耳濡目染获得良好的家庭教养、更充沛的学习资源等，从而对他们的能力发展起到积极影响。从模型M1中我们看到，那些家庭背景较差的学生能力测试成绩比家庭背景中下的学生低27.43分，家庭背景中下的学生能力测试成绩比家庭背景中上的学生要低7.26分。对于那些来自优异家庭背景的学生，他们的能力测试成绩远远高于其他学生，比家庭背景差的学生高出将近70分，比家庭背景中下的高出约42分，比家庭背景中上的高出35分。家庭因素在多大程度上影响子女的发展呢？根据多层随机截距模型M2，家庭背景的方差为170.72，占到整个方差的2.3%。这一方差比例相较于个人和其他因素而言相对较低。尽管2015年PISA中国数据的研究结果不否认家庭背景的积极影响，但这种微弱影响和科尔曼报告的结论相差甚远。

学校因素对学生的能力影响具有显著性正向影响，根据多元线性模型M1

第六章 学校的作用：学校质量与学生科学能力发展

的结果，在中等质量学校学习的学生的能力测试成绩要比在差学校学习的学生高出 28.5 分。在优等学校学习的学生测试成绩要比那些在差学校学习的学生高出 33.19 分，比在中等质量学校学习的学生高出 4.69 分。优等学校和中等质量学校的差异虽然显著，但是差异较小。差学校就读的学生则处于显著的弱势状态，与中等和优质学校的学生差异明显。在多层随机截距模型 M2 中，学校质量解释了 625.53 的方差，占到总方差的 8.5%，可见学校因素比家庭因素对子女的影响力更大些。因此我们的数据分析结果支持了假设 6-1，但是不支持假设 6-2。

事实上，家庭和学校在青少年的成长过程中都起到十分关键的作用。我们在数据模型建构和解析时有意将两者分开讨论，发现家庭因素所起到的作用小于学校因素。这点和科尔曼的报告有着很大区别。科尔曼报告是基于美国社会的调查，美国学生通常一年上课 180 天，每天上课 6 小时，初中阶段 8:00—15:30 上课。中国初中生通常每天上课 8 小时以上，一般为 8:00—18:00，并且正常下课后，很多学校还会安排晚自习，因此中国学生在校时间远远多于美国学生。从生态系统理论的视角分析，一个人的发展受自身所处生态系统的影响。在美国社会的环境下，美国学生在学校度过的时间相对有限，他们很多时间是在家庭或者社区度过，因此美国学生受到家庭和社区的影响更大。与之形成对比的是，中国学生的时间主要在学校度过，在家的时间相对较少，因此学校对他们的影响力往往高于家庭。

当我们控制其他变量后，在优质学校就读的学生其能力发展的确高于中等学校，远远高于差学校。如果我们单纯从学校质量本身来讨论，学校质量越好，则学生能力发展越好，这一点与大众的"常识"没有冲突。当我们将个人因素控制为 6 月出生、没有转学经历、男孩，学习主动性、焦虑感和融入感为均值，通过模型 M1 对来自不同家庭背景和学校类型的学生的科学能力进行预测（见图 6-2），可以发现那些优异家庭背景的学生即使在较差的学校学习，他们的能力表现也高于那些在优质学校读书的中等和较差家庭背景的孩子。中下家庭背景的学生即便在优质的学校读书（503.3 分），他们的能

逆风飞扬：社会再生产机制与农民工子女发展研究

力发展还是要弱于那些中上家庭背景并在中等质量学校读书的孩子（505.8分）。来自差家庭背景的孩子在优质学校读书（475.8分），也没有超过那些来自中上家庭背景在差学校读书的孩子（477.3分）。与此同时，我们发现来自中下家庭背景的孩子通过在中等学校（498.6分）和优质学校（503.3分）读书可以超越那些在差学校就读的中上家庭背景的孩子（477.3分）。来自差家庭背景的孩子通过在中等学校（471.1分）和优质学校（475.8分）读书，能力表现优于中下家庭背景在差学校读书的学生（470.1分）。由此我们得出两点结论：第一，家庭背景对子女能力发展的积极作用，使得较差家庭背景的孩子即便在优质学校读书，也很难超过优异家庭背景的孩子。对于优异家庭背景的孩子，即便他们上了较差的学校，他们自身家庭资源可以在一定程度上弥补学校资源的不足。第二，学校资源对劣势家庭背景学生能力发展的积极影响，对于家庭背景相对较差的学生，就读优质学校是提高他们能力发展的途径。尽管他们很难超过家庭背景优异的学生，但可以通过就读优质学校，超越中上和中下家庭背景的学生。

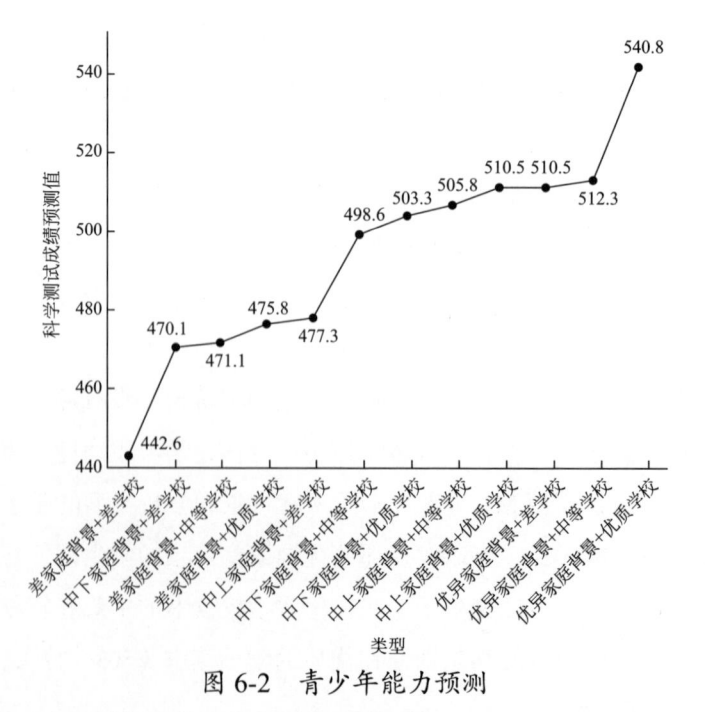

图 6-2 青少年能力预测

第六章 学校的作用：学校质量与学生科学能力发展

第五节 本章小结

本章利用 2015 年 PISA 的中国数据，从学习氛围、教师支持和教育方法三个维度对学校质量进行操作化，在此基础上采用多元线性回归模型、多层随机截距模型分析学校质量、家庭背景和个体特征对学生科学能力发展的影响。

结果发现，在控制了其他变量后，学校因素的确起到积极显著的正向影响。优质学校（良好学习氛围、雄厚的教师支持、先进的教育方法）对学生发展起到积极的正向影响。然而，在这个结论前我们有一个大前提是"控制了其他变量"。子女教育问题涉及太多方面，学校因素只是一个方面，分析结果显示了学校因素仅解释了 8.5% 的随机效果（见模型 M2）。教育社会学研究往往更强调社会结构层面的影响，但是我们不能忽视个体的主观能动性。即便子女获得了入读优质学校的机会，但如果家长没有培养孩子主动学习的积极性、孩子缺乏学习兴趣、父母忽视对孩子的关心，并一味地给孩子施加压力，造成孩子极大的焦虑感，他们的能力发展反而不如那些在一般学校学习但有着强烈学习兴趣和积极性的孩子。家庭背景（父母经济社会文化资本）对子女能力发展也起到显著性正向影响，解释了 2.3% 的随机效果。为了提高子女的能力发展，父母可以多购置一些学习资料，营造良好的家庭学习氛围。有别于西方科尔曼的报告，在能力的发展方面，中国社会中家庭因素的影响力总体上要弱于子女的自身状况和学校因素。与此同时，研究表明，对于优异家庭背景的孩子而言，即便他们上了差学校，他们出色的家庭资源也足以弥补学校资源的不足，依然能够有较好的能力发展。与此形成对比的是，中等或较差家庭背景的孩子，他们的能力发展更多地取决于学校资源。通过就读优质学校，虽然他们很难超过那些家庭背景优异的学生，但他们往往可以超过中上或中下家庭背景的学生。优质学校资源显然对那些家庭背景较差的学生非常重要，但现实中这些经济文化社会背景较差的家庭通常没有能力让子女就读优质学校。因此，父母可以从多给子女一些关心、减少他们的焦虑情绪、提高他们的学习积极性、培养他们的学习兴趣方面努力，这些行为对子女的能力发展均起到显著的积极影响。对于具备一定经济条件的家庭，在控制了其他变量后，通过资源转化，让子女就读优质学校，的确在一定程度上能使子女"赢在起跑线"上。

从教育政策角度来看，政府应该增加对教育水平较差的社区和农村的基础教育投入，改善教学条件、师资力量，增加生均教育经费，缩小其与发达地区学校教育质量的差异，从而保障这些地区的孩子可以接受相对平等的教育资源。

本章的结论基于 2015 年 PISA 的中国数据，一些测量变量通过原始数据处理而获得，在效度上还值得进一步探讨。最后需要强调的是，这一数据本身侧重于学生实际应用科学知识的能力（能够像科学家一样进行逻辑思考），而不是应试能力与技巧。因此本章的结论并不能简单推论优质学校对升学有帮助。鉴于 2015 年 PISA 数据本身的局限性，希望今后可以利用更全面的数据资料进一步探讨研究。

第七章
农民工子女的家庭状况与学校教育状况

阶层再生产理论普遍重视家庭与学校在再生产过程中重要的机制作用。第三章至第六章利用中国的数据资料对家庭、学校的作用进行了实证分析，虽然这些分析仅仅针对家庭、学校的某些方面——家庭文化资本对子女学业发展的影响、家庭资源对家长教育预期的影响、学前教育经历对儿童认知能力发展的影响、学校质量对学生科学能力发展的影响，但无疑在某种程度上确证了家庭、学校因素对个体地位获得、社会分层与流动的重要作用。因此，在阶层再生产方面，如果说家庭资源的富足特别是家庭文化资本的丰富，以及学校教育的优势是使优势群体的优势地位能够传递给子代的关键因素的话，那么弱势群体子女重复父辈命运、发生阶层再生产的原因也应该从家庭资源、学校教育中寻找。本章将利用中国城镇化与儿童发展调查（CUCDS）数据，细致描述农民工子女的家庭状况与学校教育状况。由于家庭状况的差异及学校教育的优劣需要在比较中才能说明，我们将儿童划分为农村留守儿童、农村完整家庭儿童、流动儿童及城市儿童四个类型，其中，农村留守儿童和流动儿童统称为农民工子女。需要对这种以城乡差异为重点参照因素的划分方式进行说明的是，城乡差异虽然并非阶层分化的标志，却是影响中国儿童发展、地位获得的近似"阶层性"的因素，因为实证研究早已证实，在中国以家庭资源、学校教育为标志的阶层分化发生的主要背景之一即城乡二元结构的现实。

使用中国城镇化与儿童发展调查（CUCDS）数据依据抽样过程和家庭中的儿童数量进行了加权处理，由于调查只选择了3~15岁儿童进行了能力测试，因此儿童的年龄范围就局限在3~15岁，总计样本量为4677。

第一节 农民工子女的家庭状况

家庭资源中对儿童有着重要影响的因素有家庭文化资本、社会资本、经济资本、家庭结构等。父母的受教育程度、家庭拥有书籍数量等是家庭文化资本常见的测量指标；父母职业是家庭社会资本的常见测量指标；家庭经济收入状况反映了家庭经济资本的多寡；家庭子女数量则反映了家庭结构状况。

一、家庭文化资本

（一）主要看护人

主要看护人与儿童的接触最为频繁，儿童正是在与看护人的互动中习得了基本的意识形态、行为规范，可以说看护人对儿童的智力发育、人格完善等诸多方面都有着至关重要的作用。因核心家庭逐渐成为中国家庭的主要类型，父亲与母亲常常是孩子的主要看护人，又因中国社会中母亲相夫教子的角色传统，使得母亲最可能成为子女的主要看护人。因血缘关系，除父母以外，最可能成为子女主要看护人的是其祖父母/外祖父母。我们的调查数据也支持了这一判断，母亲为主要看护人的比例接近七成，祖父母/外祖父母为主要看护人的比例大约占两成。

父母还是祖父母作为主要看护人对儿童的发展意味着什么呢？隔代抚育往往会引发有关儿童发展的一些较为不利的问题，如心理发展、健康卫生问题等；就中国人口统计所展示的现阶段的人口特征分布来看，中国人的受教育程度分布呈现出年龄越大，平均受教育水平越低的特点，因此，是父母还是祖父母为主要看护人往往意味着对儿童成长发展指导水平的高低差异。

表7-1是四类儿童的看护人分布，就四类儿童比较而言，留守儿童由于父母双方或之一外出工作，其主要看护人为祖父母/外祖父母的比例明显高于其他儿童，这一比例高达56.1%。由于中国现阶段的流动形式仍然以核心家庭的流动为主，因此对流动儿童而言，主要看护人为祖父母或外祖父母者占比不到10.0%。从这一方面来看，即使是与同为农民工子女的流动儿童相比，留守儿童的处境也明显更为不利。

表7-1 不同类型儿童的主要看护人占比

主要看护人	留守儿童	农村完整家庭儿童	流动儿童	城市儿童	合计
母亲（%）	35.7	78.1	78.5	66.0	67.0
父亲（%）	6.0	12.4	10.4	14.1	11.1
祖母/祖父（%）	49.6	8.1	7.6	15.1	17.9
外祖母/祖父（%）	6.5	1.0	1.9	3.8	2.8
其他人（%）	2.2	0.4	1.6	1.1	1.1
合计（人）	968	2053	750	981	4752

注：因四舍五入的原因，各项占比加总后可能不为100%。

（二）父亲的受教育程度

将受教育程度分为小学及以下、初中、高中及相当、大学及以上四类。图7-1显示，留守儿童的父亲受教育程度低的比例最高，其中小学及以下占比近1/3，初中及以下占比近85.0%；农村完整家庭儿童的父亲受教育程度与留守儿童的父亲受教育程度有着类似的分布。相比生活在农村的留守儿童和完整家庭儿童，流动儿童的父亲为高中及以上受教育程度者占比近1/4，状况明显较好，但相比城市儿童的父亲又明显处于劣势。

逆风飞扬：社会再生产机制与农民工子女发展研究

类型	小学及以下	初中	高中及相当	大学及以上
城市儿童	7.3	29.4	34.1	29.2
流动儿童	25.9	50.5	20	3.6
农村完整家庭儿童	29.9	52.6	14.2	3.3
留守儿童	32.2	52.4	14	1.5

图7-1 不同类型儿童其父亲受教育程度分布

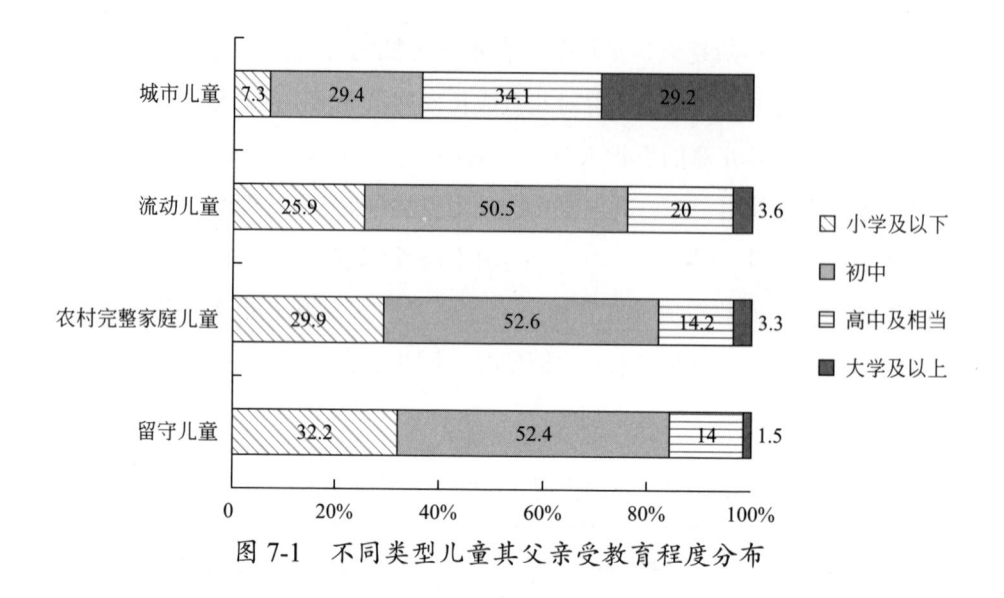

（三）母亲的受教育程度

不同类型儿童的母亲的受教育程度分布与其父亲的受教育程度分布基本一致。仍然是生活在农村的儿童（留守儿童与农村完整家庭儿童）的母亲受教育程度低的比例最高，其中留守儿童的母亲受教育程度为小学及以下的比例高达43.1%，农村完整家庭儿童的母亲受教育程度为小学及以下的比例为46.6%；生活在城市的儿童（流动儿童与城市儿童）的母亲受教育程度高者比例明显高于农村家庭，其中流动儿童的母亲受教育程度为高中及以上的比例为17.1%，城市儿童的母亲受教育程度为高中及以上的比例高达55.6%（见图7-2）。

儿童父母亲的受教育程度分布表明：①文化资本存在城乡差异，城市家庭的文化资本更为丰富，农村家庭的文化资本较为贫乏；②农民工家庭在文化资本上存在明显分化，留守家庭的文化资本较为贫乏，而流动家庭的文化资本则相对富足；③城市家庭的文化资本也存在明显差异，从乡到城流动家庭的文化资本明显不如城市家庭丰富。

流动儿童父母的受教育程度高于生活在农村儿童的父母这一事实可能说明，迁移倾向与受教育程度的高低有关，受教育程度高者更倾向于迁移，而且更倾向于将子女带在身边；受教育程度低者更倾向于不迁移，而且即使迁移

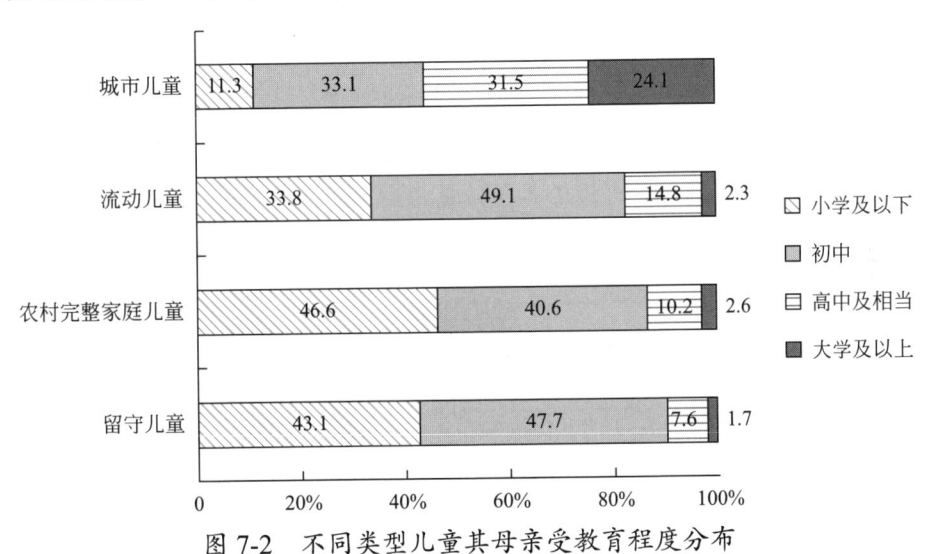

发生也更倾向于将子女留在农村。

图 7-2 不同类型儿童其母亲受教育程度分布

城市儿童：小学及以下 11.3，初中 33.1，高中及相当 31.5，大学及以上 24.1
流动儿童：小学及以下 33.8，初中 49.1，高中及相当 14.8，大学及以上 2.3
农村完整家庭儿童：小学及以下 46.6，初中 40.6，高中及相当 10.2，大学及以上 2.6
留守儿童：小学及以下 43.1，初中 47.7，高中及相当 7.6，大学及以上 1.7

（四）拥有书籍数量与参加特长班

除父母受教育程度以外，拥有书籍数量也是衡量家庭文化资本的一个常见变量。调查中使用家庭拥有的书本数量及儿童拥有的书本数量两个指标。在家庭拥有的书本数量方面，将拥有 20 本及以上算作书量多者，则书量多的家庭占比由高到低依次为城市家庭（74.3%）、农村完整家庭（56.5%）、流动家庭（51.8%）和留守儿童家庭（49.6%），即留守家庭与流动家庭差异不大，农村完整家庭拥有书量多的占比稍高，城市家庭最高（见表 7-2）。

表 7-2 不同类型的家庭拥有书籍状况分布

书籍数量	留守家庭	农村完整家庭	流动家庭	城市家庭	合计
0~9 本（%）	31.6	22.3	26.2	10.6	22.4
10~19 本（%）	18.8	21.3	21.9	15.1	19.6
20~49 本（%）	19.5	23.3	26.9	24.5	23.3
50 本及以上（%）	30.1	33.2	24.9	49.8	34.7
家庭数（个）	957	2042	743	965	4707

通过儿童拥有的书本数量（见表7-3）发现，拥有书本数量多（20本及以上）的儿童占比由高到低依次为城市儿童（54.4%）、农村完整家庭儿童（38.0%）、流动儿童（37.4%）和留守儿童（33.3%）。仍呈现出城市儿童拥有书本数量多者比例最高，农村完整家庭儿童与流动儿童的差异不大，留守儿童拥有书本数量多者比例最低的分布特点。

表 7-3　不同类型的儿童拥有书籍状况分布

书籍数量	留守儿童	农村完整家庭儿童	流动儿童	城市儿童	合计
0~9本（%）	43.5	33.3	37.6	21.7	33.7
10~19本（%）	23.2	28.7	25.0	24.0	26.0
20~49本（%）	20.2	20.8	23.1	27.3	22.4
50本及以上（%）	13.1	17.2	14.3	27.1	17.9
儿童数（个）	952	2027	736	960	4675

另外，调查还以"是否参加了课外辅导或才艺特长班"变量测量了学龄阶段儿童的家庭文化资本。结果表明（见图7-3），留守儿童、农村完整家庭儿童、流动儿童与城市儿童间存在阶梯式差异，留守儿童参加课外辅导或才艺特长班的比例最低（仅10%），农村完整家庭儿童次之（19%），流动儿童参加课外辅导或才艺特长班的比例较高（27%），城市儿童参加的比例最高（44%）。

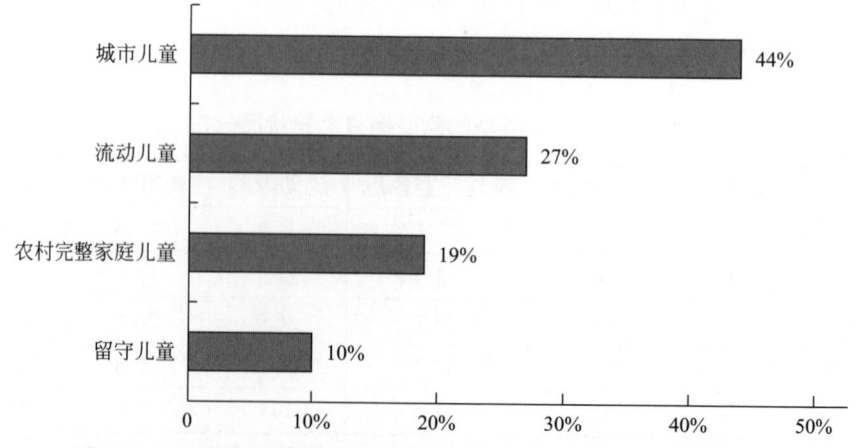

图 7-3　不同类型学龄儿童参加课外辅导/才艺特长班的比例

第七章　农民工子女的家庭状况与学校教育状况

从上述测量家庭文化资本的指标可以看出,家庭文化资本有着明显的城乡差异,相较城市儿童,生活在农村或户籍为农村的儿童其家庭文化资本更为贫乏;生活在农村的儿童与流动儿童的家庭文化资本也存在明显差异,发生从乡到城迁移的流动儿童有着相对丰富的文化资本;生活在农村的儿童特别是留守儿童的家庭文化资本最为贫乏。由于家庭文化资本对儿童的成长发展非常重要,因此可以判断,贫乏的家庭文化资本加上亲子分离给留守儿童这一群体的向上流动带来了严峻的挑战。

二、家庭社会资本

父母的职业常用来测量家庭的社会资本。我们将父母的职业粗略地划分为农民、工人、个体经营者、管理/技术人员四大类,如果某类儿童的父亲为个体经营者或管理/技术人员的比例高,说明其家庭社会资本丰富;反之,如果某类儿童的父亲为农民或工人的比例高,则说明其家庭社会资本贫乏。图7-4表明,城市儿童的家庭社会资本最为丰富,其父亲职业为个体经营者或管理/技术人员的比例高达61.6%;流动儿童次之,其父亲职业为个体经营者或管理/

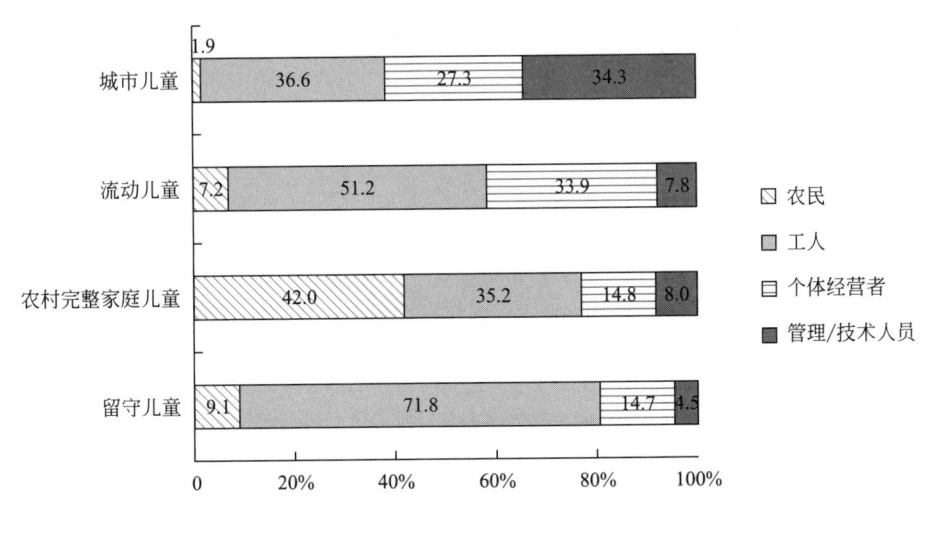

类型	农民	工人	个体经营者	管理/技术人员
城市儿童	1.9	36.6	27.3	34.3
流动儿童	7.2	51.2	33.9	7.8
农村完整家庭儿童	42.0	35.2	14.8	8.0
留守儿童	9.1	71.8	14.7	4.5

图 7-4　不同类型儿童其父亲的职业分布

技术人员的比例为41.7%;生活在农村的儿童的社会资本贫乏,特别是留守儿童,其父亲职业为个体经营者或管理/技术人员的比例仅为19.2%。

不同类型儿童的母亲在职业上也有类似的发现(见图7-5)。就农民工(留守儿童父母、流动儿童父母)来看,其更多从事等级较低的工人、农民等职业或进行低成本的个体经营,管理/技术人员比例较低;事实上,农民工还需要面对一个问题,即使同为工人,却可能与城市工人有着不同的工作内容、回报与制度遭遇,这些都意味着农民工子女家庭的社会资本不可能丰富。当然,同为农民工子女,留守儿童家庭与流动儿童家庭的社会资本也表现出明显的差异——流动儿童家庭的社会资本明显较为丰富。对于儿童而言,不同的家庭社会资本意味着成长路径的差异。

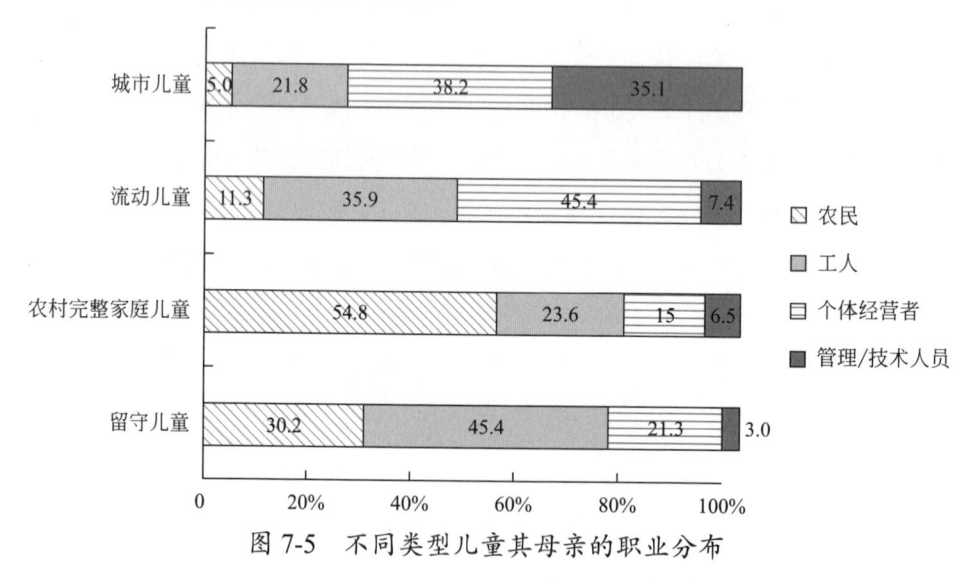

图7-5 不同类型儿童其母亲的职业分布

类型	农民	工人	个体经营者	管理/技术人员
城市儿童	5.0	21.8	38.2	35.1
流动儿童	11.3	35.9	45.4	7.4
农村完整家庭儿童	54.8	23.6	15	6.5
留守儿童	30.2	45.4	21.3	3.0

三、家庭经济资本

家庭收入状况是衡量家庭经济资本的常见指标。我们将家庭收入状况区分为现阶段家庭收入状况和儿童出生时的家庭经济状况。对儿童发展而言,两者都很重要,前者对儿童未来的发展有影响,后者对儿童过去的成长经历有影响。调查中可以用对"每个月月底,您通常会有钱剩余下来、刚好收支平衡还是入不敷出"这一问题的回答来区分现阶段家庭收入状况的"好、一般、差";用对"孩子的出生地,是医院还是家里等其他地方"这一问题的回答来区分过去家庭经济状况的"好、差"。

数据结果显示(见表7-4和表7-5),整体来说,无论是过去的家庭经济状况还是现阶段的家庭收入状况,都存在明显的城乡差异,生活在城市的城市家庭、流动家庭经济状况更好,生活在农村的留守家庭、完整家庭经济状况较差,特别是留守家庭,经济状况最差。

表7-4 现阶段家庭收入状况

状况	留守家庭	农村完整家庭	流动家庭	城市家庭	合计
差(%)	22.0	15.6	7.1	8.0	13.9
一般(%)	43.0	35.4	36.2	33.5	36.7
好(%)	35.0	49.0	56.8	58.5	49.4
家庭数(个)	927	2019	733	964	4643

表7-5 儿童出生时家庭经济状况

状况	留守家庭	农村完整家庭	流动家庭	城市家庭	合计
差(%)	26.7	22.5	16.7	5.5	18.9
好(%)	73.3	77.5	83.3	94.5	81.1
家庭数(个)	948	2035	741	971	4695

四、家庭结构

家庭结构对儿童成长发展有着重要的意义,在实证分析中,家庭规模、子女数量(及出生次序)是测量家庭结构的常见变量。我们用"家庭中0~15岁子女数量"对家庭结构进行测量(见图7-6),结果显示,留守家庭中0~15岁子女数量最多,平均为1.93个;农村完整家庭的子女数平均为1.76个;流动家庭的子女数平均为1.64个;城市家庭最少,平均为1.36个。

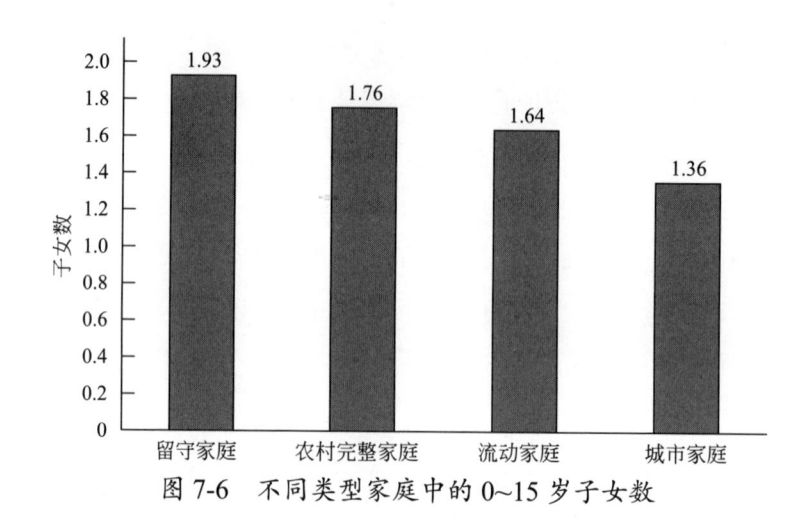

图 7-6　不同类型家庭中的 0~15 岁子女数

对于子女能力发展而言，资源的分配总是在一定的家庭结构下进行的。资源稀释理论认为，在一定的家庭资源约束下，子女数量越多，每个子女分配到的资源及父母的关注越少，从而不利于其能力发展。因此，留守家庭的多子女结构可能会对子女的成长发展造成不利的影响。

第二节　农民工子女的学校教育

除家庭教育以外，学校也对儿童的成长发展有着重要影响。是否接受学前教育、上不上学、就读学校的质量对儿童发展都有着不同的意义。下面我们分学前与学龄两阶段描述儿童的学校教育状况，学前教育的差异用是否接受学前教育（适龄学前儿童是否入读幼儿园）进行测量，学龄阶段则注重学校质量（学校设施与教学管理状况）的差异。

一、学前教育

适龄学前儿童入读幼儿园的状况如图 7-7 所示，有 67% 的适龄留守儿童接受了或正在接受学前教育，这一比例与农村完整家庭儿童基本一致，流动儿童的比例稍高些，为 72%，而城市适龄儿童的入园比例则高达 80%。

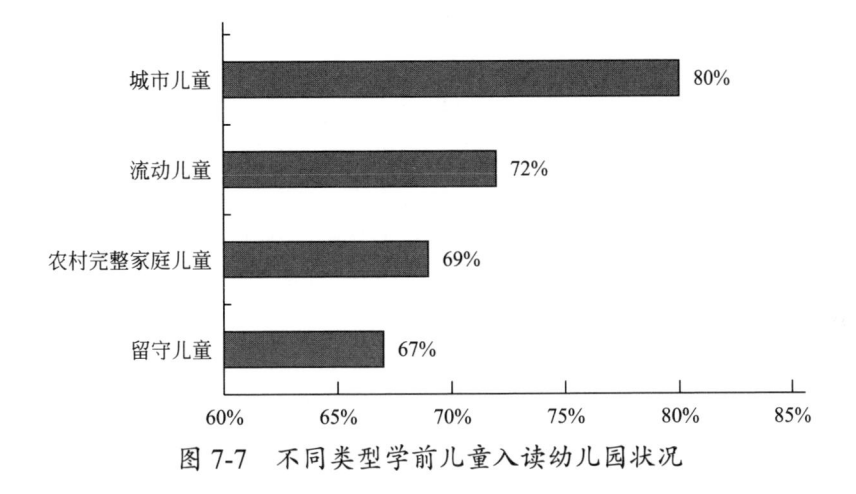

第七章 农民工子女的家庭状况与学校教育状况

图 7-7 不同类型学前儿童入读幼儿园状况

- 城市儿童 80%
- 流动儿童 72%
- 农村完整家庭儿童 69%
- 留守儿童 67%

二、学校质量

学校的硬件、软件状况反映了学校质量的优劣。学校的设施就是学校的硬件，教学管理、师资力量就是学校的软件。我们通过就读的学校是否有"操场""图书馆""体育馆""计算机房""科学实验室"等来判断学校的硬件设施状况，配有四种及以上上述设施的学校归为"好"，配有两到三种上述设施的学校归为"一般"，没有或仅有一种上述设施的学校归为"差"。对教学管理的测量则采用李克特量表的方式要求被访者对"教学质量""学校纪律""教师责任心"等十项指标进行评价打分，之后对被访者在每项指标上的得分进行加总并根据分数的高低将教学管理质量分为"好""一般""差"三类。

结果发现（见表 7-6），一方面，无论在学校设施还是在教学管理方面，四类儿童群体均表现出阶梯式差异，留守儿童最为弱势。另一方面，从学校在城市还是在农村的角度看，城乡之间的差异大于城市内部或农村内部的差异。学校设施方面，53% 的流动儿童就读的学校硬件设施较好，低于城市儿童 4 个百分点；农村内部的差异稍大，差距为 7 个百分点。但这一差异也远小于城市最低与农村最高比例的差异，即 22 个百分点。教学管理方面，虽然生活在农村的儿童教学管理评价为"好"的比例相比学校设施评价为"好"的比例有明显提高，但四类儿童的评价分布仍表现出阶梯式差异，仍然是留守儿童的比例最低。这表明生活在农村的儿童特别是留守儿童在学校教育方面有明显劣势。

表 7-6 不同类型学龄儿童的学校教育状况　　　　　单位：%

学校质量类别	留守儿童	农村完整家庭儿童	流动儿童	城市儿童
学校设施好的比例	24	31	53	57
教学管理好的比例	42	45	51	56

三、家校互动

家庭与学校的互动状况也会影响儿童的发展。我们用"出席孩子参与的学校活动（如文艺演出或体育活动）次数"与"单独找班主任、任课教师或者校长谈孩子情况的次数"来对家庭与学校是否有深度互动来进行判断，只要这两种情况之一大于0，就视为"有深度互动"，否则为"无深度互动"。

结果显示（见图7-8），在与学校互动方面，留守家庭与学校有深度互动的比例最低，仅为28.1%，农村完整家庭次之，流动家庭与城市家庭与学校有深度互动的比例较高，特别是城市家庭与学校有深度互动的比例高达59.3%。就流动家庭与留守家庭而言，留守家庭较低的家校互动可能与儿童的父母在外工作有关，也可能与家庭的文化资本贫乏相关，但不管原因怎样，这终究会对儿童的学业发展产生不利的影响。

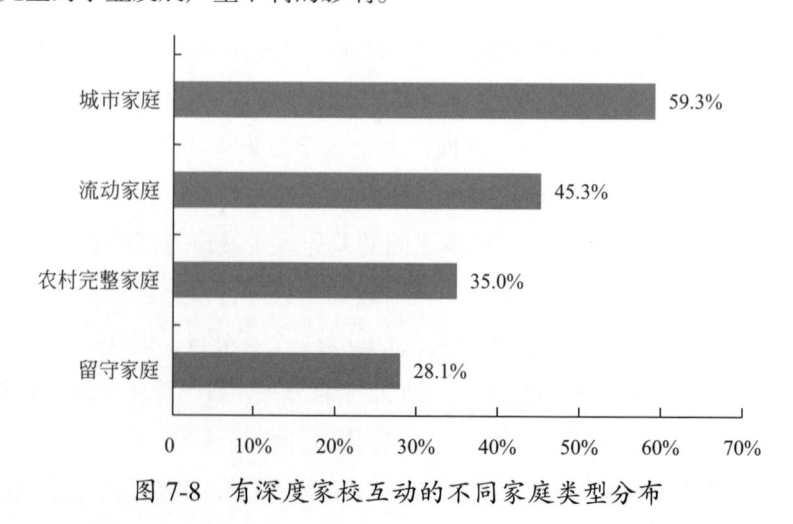

- 城市家庭：59.3%
- 流动家庭：45.3%
- 农村完整家庭：35.0%
- 留守家庭：28.1%

图 7-8 有深度家校互动的不同家庭类型分布

第七章 农民工子女的家庭状况与学校教育状况

第三节 农民工子女的其他社会生态系统

家庭与学校是儿童生活其中的最重要的社会生态系统,除家庭与学校外,还有一些社会生态系统对儿童的成长发展也很重要,比如儿童出生的区域、生活的社区状况等。

一、出生区域

留守儿童、农村完整家庭儿童、流动儿童与城市儿童类型的划分,大致反映了儿童的所在地是农村还是城市,但所在地并非一定为出生地,出生地往往是儿童长时间生活成长之地,在宏观结构如教育资源、风气方面影响着儿童的发展。为了更为细致地分析农民工子女的出生地分布状况,我们将儿童的出生区域细分为"以农业为主的农村""以工商业为主的农村""城镇/城市"。

结果发现(见表7-7),有高达30.9%的流动儿童出生在城镇,这说明大约1/3的农民工流动已趋于稳定化,这些流动儿童从出生就生活在城市,其与城市儿童的唯一区别就是户籍的差异;另外,有9.4%的流动儿童出生于以工商业为主的农村,留守儿童中这一比例仅为1.9%。城乡差异、不同类型农村的差异对儿童的成长发展非常重要。显然,相较以农业为主的农村,城市、以工商业为主的农村有着更为发达的经济状况、更为完善的公共设施、更为优质的学校教育,因此,也更有利于子女的成长发展。从此意义上来讲,留守儿童的发展环境更为不利,更值得社会、政府给予更多的关注。

表 7-7 不同类型儿童的出生区域分布

出生区域	留守儿童	农村完整家庭儿童	流动儿童	城市儿童	合计
以农业为主的农村(%)	90.8	87.9	59.7	18.0	70.0
以工商业为主的农村(%)	1.9	4.6	9.4	3.8	4.6
城镇/城市(%)	7.3	7.5	30.9	78.2	25.4
儿童数(个)	917	1930	693	893	4433

二、生活社区

与出生区域这一大环境相比,所生活社区的环境更为直接地影响着儿童的成长发展。我们通过被访者对"您居住的社区/村是不是一个养育孩子的好地方"这一问题的回答将社区整体状况区分为"好、一般、差"三类。由表7-8可知,留守儿童认为其居住环境为"好"的比例最低(22.1%),"差"的比例最高(12.3%)。一个有趣的数据是,流动儿童认为其居住社区的状况为"差"的比例为5.0%,是四类儿童中最低的,"好"的比例为23.8%,仅稍好于留守儿童,而"一般"的比例最高,为71.3%。对此分布可能的解释是,农民工往往居住在环境状况相对较差的城市社区,但在相对满足感的作用下,相较于老家的状况,他们往往并不认为现在居住的环境"差",而居住环境显然没有达到"好"的标准,因此评价为"一般"的比例较高。

表7-8 不同类别儿童对其所居住社区环境的评价

评价	留守儿童	农村完整家庭儿童	流动儿童	城市儿童	合计
差(%)	12.3	7.8	5.0	5.2	7.7
一般(%)	65.5	62.8	71.3	57.5	63.6
好(%)	22.1	29.4	23.8	37.3	28.7
儿童数(个)	940	2025	741	973	4679

第四节 本章小结

本章以比较的视角对四类儿童生活其中并对其成长发展产生重要影响的社会生态系统——家庭、学校、生活社区、出生区域进行了细致的描述,并得出结论。

第一,从整体上来看,农民工子女的家庭状况、学校教育与城市儿童存在明显的差距。具体而言,相较于城市儿童,农民工子女的家庭文化资本、家庭社会资本与家庭经济资本更为贫乏,家庭子女数更多;农民工子女适龄入

第七章　农民工子女的家庭状况与学校教育状况

读幼儿园的比例更低;农民工子女所接受的学校教育的质量也不如城市儿童。这种差距,实质上是我国城乡二元结构特征的体现。

有学者认为,现阶段我国的城乡二元结构实际上是原生性城乡二元结构、行政主导型城乡二元结构、市场主导型城乡二元结构的叠加。原生性城乡二元结构强调因传统农业部门与现代工业、服务业部门之间的原生特点导致的城乡之间的差异;市场主导型城乡二元结构强调因市场经济的发展导致的城乡之间的割裂;行政主导型城乡二元结构则强调由于行政力量的干预(如城乡户籍制度的实施)而导致的城乡差异及城市中社会保障、公共服务在城市居民、农村居民之间的区别对待(孙立平,2003)。三种城乡二元结构的同时存在,造成的后果是:一方是发达的城市经济、优质的学校教育,另一方则是相对落后的农村经济、相对劣质的农村教育;在城市内部,区别对待城市居民与农村居民,没有城市户籍的流动人口不能无差异地享受社会保障、公共服务,其子女入学难,入优质学校更难。这种差异,对儿童的成长发展而言,意味着生于农村还是城市、农村户籍还是城市户籍,其成长过程、发展路径,甚至最终成就都可能有着较大的不同。

第二,农民工子女的家庭状况、学校教育存在明显的分化。具体而言,相较留守家庭,流动家庭有着更为丰富的家庭文化资本、家庭社会资本与家庭经济资本,有着更少的子女数量,相对丰富的家庭资源,较小的家庭规模,为子女的发展提供了更为充足的保障。学前教育方面,流动儿童有着更高的入读幼儿园的比例。义务教育阶段,流动儿童接受的学校教育往往更为优质。这意味着,遑论那些出生于城市、从小在城市生活、一直接受城市学校教育的流动儿童,就是那些出生于农村,之后跟随农民工父母迁移到城市的流动儿童,从乡到城的流动引发的生活学习环境的变化特别是学校教育的变化也极可能对其成长发展产生重要的积极影响。

接下来的第八章、第九章,将具体分析乡城流动可能对教育获得、健康状况的影响。由于教育成就、健康状况是个体地位获得、阶层分化的重要标志,因此如果证实乡城流动有利于受教育程度的提高,有助于健康状况的改善,那么自然就说明,从乡到城的迁移是一条促进农民工子女向上流动的路径。

第八章
乡城流动与儿童教育获得

第一节 研究问题的提出

中国当前的城镇化进程呈现多元趋势,既有城镇内部重组,又有基于现有城市的连续发展模式,以及农村地区的跳跃式或渐进式发展(李强等,2012)。新型城镇化对社会的影响体现在方方面面,其中之一就是人口的大规模流动。一定程度上来说,自改革开放后,流动成为中国社会一种不可逆转的趋势,特别是农村地区的父母因外出务工,或将其子女留在农村接受教育,或将他们带在身边一起流动到城镇学习生活,由此产生了规模庞大的留守儿童和流动儿童。父母的外出、子女的留守造成的亲子分离给留守儿童的发展带来了诸多困难;与父母一起迁移也深刻地影响流动儿童的成长发展。这种从乡到城的流动带来的居住、生活、学习环境的变化对流动者的教育获得到底产生了多大影响呢?本章将利用中国城镇化与儿童发展调查(CUCDS)数据,分析乡城流动经历对教育获得的影响,考察乡城流动对农民工子女向上流动的促进作用。

具体的研究策略是摒弃给儿童贴上"流动"与"留守"标签的研究思路,将流动经历本身作为研究焦点,分析乡城流动对教育获得的影响效应,并以此为基础,讨论流动行为发生的家庭背景原因,乡城流动对教育获得具有积极效应的原因,以及这一结论对于农民工子女社会流动的意义。

第八章 乡城流动与儿童教育获得

第二节 乡城流动对教育获得影响的文献回顾

生命历程理论指出人的发展受到自身生命历程的影响（Elder，1994）。流动经历对个体的生命历程有一定的影响，这种影响很有可能涉及教育层面。生态系统理论与生命历程理论有着异曲同工之妙，意在指出外在环境的变化对人类发展的影响（Bronfenbrenner，1979）。流动就必然意味着与原有的生活轨迹脱离，很有可能对教育结果产生影响。目前国内外关于流动经历对教育获得的影响研究已有一定的成果，但始终没有形成定论。查阅实证研究，国内文献多集中在对农民工子女教育获得的讨论上，而国外研究对"流动"的概念界定更为宽泛，是指居住变动（Residential Mobility）。通过对国内外文献的梳理，结论大体分为两种：流动对教育获得产生积极影响；流动对教育获得产生负面影响。

支持流动对教育获得产生积极影响的研究表明，人们选择流动往往是出于追求更好的经济效益和居住环境。美国政府早期扶贫项目（Gautreaux）论证了流动对贫困地区孩子的重要性（Rosenbaum，1995），如果在较差的社区环境中生活的孩子可以流动到经济发达的社区生活，他们的学业能力会有所提高（Long，1992），并且可以降低他们的犯罪率（Ludwig et al.，2001）。随后美国政府在20世纪90年代又实施了政府搬迁项目，力图促进低收入家庭获得更好的发展机会。经过将近25年的追踪调查，2016年发布的研究结果表明，如果青少年在13岁之前能够从贫困社区流动到经济条件较好的社区，那么他们获得高等教育的机会会有显著提高（Chetty et al.，2016）。近些年中国探讨流动与儿童发展的研究呈现增长趋势。从社会化层面来看，流动儿童在身心发展、知识面广度等方面都好于留守儿童（王水珍、刘成斌，2007）。流动对提高农村儿童的各种资本都具有一定的正向作用（申继亮，2008）。中国农村青少年和父母一起流动实际上更有利于打工家庭子女获得更好的教育，是一种更好的人力资本配置方式（郑磊、吴映雄，2014）。利用中国2010年CFPS的数据，徐宏伟和谢宇通过倾向值匹配分析发现，流动对农村青少年的学业发展、语言技能和身体健康状况均起到了显著积极作用（Xu & Xie, 2015）。通过分析 2012 年中国城镇化与儿童发展调查（CUCDS）的数据发现，流动儿童的认知发展水平显著高于留守儿童（闫伯汉，2017）。当孩子因流动而造成与原有同辈群体、学校、社区分离时，家长如果能提供足够的关爱和支持，流动就不会对教育获得造成负面影响（Fauth et al., 2007）。从长远的角度看，流动往往可以获得更好的经济收益以及住房条件的改善，这些会对子女的教育获得起到积极的影响（Hango, 2006）。流动经历往往可以让孩子学会独立并且增长见闻，提高孩子们处理新环境的能力，这对孩子的学习和智力发展是有益的（Scanlon & Devine, 2001）。

学界也有大量的文献指出流动对教育获得产生负面影响。流动往往会导致社会资本的流失（Pribesh & Douglas, 1999），当流动发生后，父母短时间内很难与新教师、新家长以及新社区形成社会关系，这导致父母很难对孩子的教育发展进行有效监督。流动后孩子自身需要面对一个陌生的环境，会产生一些心理压力和紧张情绪，从而对学业产生负作用。对于青春期阶段的孩子而言，流动对他们的教育获得会造成更糟糕的影响，显著增加辍学率（Rumberger & Larson, 1998）。这一阶段的孩子往往处在叛逆期，更依赖同辈群体的社会关系（Anderson et al., 2014），流动往往割裂了原有的同辈关系网络，使他们在新的环境下很难迅速结交到新朋友，很容易加入不良学生团伙，从而导致较差的学业表现（Tønnessen et al., 2016）。早期国内研究也有相似的结论，如农村流动儿童总体上接受教育的情况要差于留守儿童（段成荣、杨舸，2008a，2008b）；中国流动儿童脱离原有的家乡社会，在新的环境下缺少同辈朋友，身心发展往往受到阻碍（吴志明，2012）；中国各地区使用的教材、教学方法以及教学进度等有所不同，对流动儿童十分不利（赵娟，2005）；流动儿童往往因户籍和入学制度等限制被集体性排斥在城市优质教育资源之外（杨菊华、谢永飞，2015）。

中国社会情景下关于流动对教育获得的探讨实际上主要集中在三个方面。第一个方面侧重于比较农村的留守儿童与农村完整家庭儿童的差异。农村留

第八章 乡城流动与儿童教育获得

守儿童通常比农村完整家庭儿童的表现要差,这种差异主要是由留守儿童缺乏父母陪伴造成的(Wu & Zhang,2015)。这一研究取向实际上关注的是因农村父母流动而产生的家庭结构差异,而不是农村儿童流动本身。第二个方面侧重于比较流动儿童的能力发展与城市户籍儿童的差异,其研究结论通常是流动儿童的学业表现因制度性排斥处于劣势(伏干,2017)。由于城乡教育资源的分配不均,城乡学生之间存在显著性认知差异(江求川,2017)。流动儿童作为城市外来弱势群体在制度性排斥的情况下更难超越城市户籍儿童。第三个方面侧重于比较流动儿童与留守儿童的能力发展差异,即那些跟随父母一起流动随迁后选择就地入学的流动儿童与那些被父母留在农村让爷爷奶奶或其他亲戚照料的留守儿童进行对比。最近有研究表明新生代农村父母[①]安排子女在流入地就学的趋势十分明显(杨雪、马肖曼,2016)。这一方面的研究结论颇具争议,既有支持流动儿童能力发展优于留守儿童的论证,又有支持流动儿童发展劣于留守儿童的说法,有较大的讨论空间。

虽然已有大量的文献在讨论流动对儿童教育获得影响,但这些讨论存在理论和方法两个方面的问题。从理论上说,以往对流动儿童的探讨多局限在教育制度排斥和社会资本流失理论框架下。根据流动发展理论,不同的地理位置有着不同的社会资源,流动并不必然意味着流失,相反可以获得新的资源,创造新的发展机遇(Galster & Seanp,1995),从而通过流动达到更好的发展效果。从方法论角度看,留守儿童并不是静止不动的,流动儿童也并非一直处于流动过程中,在特定的时间段他们可能是留守儿童。有些农村儿童可能经历过多次城乡流动,频繁地往返于父母打工地与老家的动态关系中(谭深,2011)。以往的分析数据主要是基于"留守—流动"儿童的二分法,是在特定调查时间节点的一个片段截取,我们需要新的数据来打破这种二元分割。我们不能简单地用二分法去对立地看待儿童的流动与留守状态,给他们贴上

---

① 新生代农村父母指出生于1980年及以后的农村父母。这里借用了对农民工的区分,一般而言,出生于1980年以前的被称为第一代农民工,出生于1980年及以后的被称为新生代农民工。

"流动儿童"与"留守儿童"的标签,而是应该将流动经历本身作为研究焦点。这一研究视角有利于破除当前学界关于流动儿童与留守儿童的二元分割体系,切实地去剖析流动经历对他们教育获得的影响。此外以往研究忽视了对家庭结构的控制。农村儿童在流动的过程中,可能跟随父母一方或者是父母双方,也可能是寄托在其他人家中。农村非流动儿童实际上包括了农村留守儿童与农村完整家庭儿童两个群体。留守儿童可能父母一方在家,另一方去城里打工,或者是父母双方均离开孩子去城里打工。农村完整家庭儿童也可能是单亲家庭(仅父母一方),或者是无父母家庭。我们只有控制了这类家庭结构的差异后,才有可能看到流动经历本身对农村儿童的净效应。

本章将关注流动经历本身,通过数据处理区别出那些有乡城流动经历者和无乡城流动经历者,并控制他们的家庭结构,以此来探讨流动经历对教育获得的影响。对流动经历的定义是指农村户籍儿童从农村迁移到城镇居住生活时间累计超过6个月以上。我们之所以采用累计时间,而不是单次停留时间,是因为这样可以纳入那些短暂但又经常反复往返城乡的儿童。事实上,农民工子女通常有多次往返不同城市的经历,以往文献中将单次流动作为流动儿童的标签欠妥。那些寒暑假时间段从农村到城镇探望务工父母或走亲访友的经历不应被定义为流动经历。由于本章对流动经历的定义采用累计多次方法,作为一个二分变量"是否具备流动经历"则无法区分省内或省外流动,也无法区分流动距离长短问题。这是因为儿童跟随父母进行多次往返城乡的过程中,通常既有省内流动,又有省外流动,既有短距离流动,又有长距离流动。

第三节 研究假设、数据与模型

一、研究假设

当前中国农村人口流动已并非缘于单一的经济动机,往往也涉及子女教育的考量(褚宏启,2015)。城乡明显的教育资源分配差异是我们不得不正视

第八章 乡城流动与儿童教育获得

的问题。对于农村儿童而言，如果留在乡村，他们将继续面对落后的教育环境和周边相对落后的社会环境。虽然流动到城镇，他们可能会面对一些问题，诸如心理焦虑、社会歧视与排斥等，但儿童往往具备适应新环境的能力。如果他们能够和父母一起生活，受到父母的关心与监督，在拥有城镇优质的教育资源前提下，他们很有可能获得更好的教育。有定性研究表明，在城市上学的一些流动儿童学习成绩很好（卢晖临等，2015）。根据流动发展理论，本章的核心假设是对于农村儿童而言，流动经历能够对他们的教育获得起到积极显著的影响。

二、数据信息

本章的数据来源于 2012 年的中国城镇化与儿童发展调查（CUCDS）。经过数据整理，该数据中含有 2964 个出生于 1980 年（含）以后的农村人口样本量。他们成长所经历的恰好是中国改革开放后农村人口开始大规模流动的时代。截至调查时，他们均结束了接受教育的人生阶段。成人问卷调查的设计采用回溯性问题，询问了被访者的相关求学、流动经历以及其他相关变量。在进行缺失值处理后，得到了 2259 个有效样本，其中，儿童时期有乡城流动经历者占 29.35%。在分析流动经历对农村儿童教育获得的影响情况时，我们需要控制一些已经被大量实证研究论证过的因素（性别、民族、年龄、家庭社会经济地位、家庭结构、家庭文化资本）。家庭社会经济地位的操作变量为 14 岁时其父母的职业状态。对家庭结构的控制，实际上可分为两类：一类为家庭兄弟姐妹数；另一类为是否有父母陪伴。操作变量为 14 岁时家庭兄弟姐妹数及流动过程中父母是否在身边。家庭文化资本的操作变量是父母受教育程度。家庭结构和父母经济社会文化资本在个体的发展中可能是变化的，但 14 岁是一个比较特殊的年龄，青春期的阶段会对个体更有影响力，学界通常将其作为青少年时期的一个控制时间节点。作为因变量的"教育获得"可以通过接受的教育年限测量。受访者中受教育年限低于 5 年的占到了 2%。中国于 1986 年颁布《中华人民共和国义务教育法》，1994 年实行分税制改革，

2006年正式确定义务教育阶段学杂费全免。本章样本量截取的时间是1980年后出生的农村户籍者，由于一些农村地区位置偏僻，加上农村父母因经济困难对子女义务教育忽视，早期农村地区义务教育执行也不完善，因此样本中有2%未完成小学阶段教育就并不奇怪了。本章分析中所涉及的变量描述性信息见表8-1。

表8-1 数据基本信息表（样本量=2259）

变量	平均值	标准差	变量选项及分布
性别	—	—	48.25%男性，51.75%女性
民族	—	—	90.9%汉族，9.1%少数民族
年龄（截至调查时）	25.9	3.92	最小年龄为17岁，最大年龄为32岁
14岁时兄弟姐妹数	—	—	独生子女（15.58%）；1个兄弟姐妹（39.44%）；2个兄弟姐妹（26.29%）；3个及以上兄弟姐妹（18.68%）
14岁时父母在身边情况	—	—	父母都不在（7.35%）；父母一方在（6.06%）；父母都在（86.59%）
14岁时父亲社会经济地位	21.69	12.64	最小值为11.74，最大值为88.31
14岁时母亲社会经济地位	19.33	9.45	最小值为11.74，最大值为82.41
父亲受教育年限	6.12	3.49	最小值为1，最大值为16
母亲受教育年限	4.65	3.23	最小值为1，最大值为12
是否有流动经历	—	—	没有流动经历（70.65%），有流动经历（29.35%）
接受教育年限	10.48	3.13	最小值为1，最大值为19（相当于研究生）

三、模型建构

本章分别采用三种分析方法去探讨流动经历对教育获得的影响，回归结果具体见表8-2。首先采用了传统的线性回归，将上述因变量（受教育年限）和自变量进行了Box-Cox回归分析（模型1），以此去判断是否需要对相关变量进行转换以满足线性回归分析的基本要求之一。经过检测发现，p值大

第八章 乡城流动与儿童教育获得

于 0.1，说明没有理由拒绝原假设，因此对因变量（受教育年限）无须进行相关转换。模型 1 的调整 R-square 为 0.38，回归结果显示，流动经历对教育获得产生显著积极影响。当我们控制住其他自变量时，有流动经历者接受教育的年限增加 3.25 年。随着统计技术的发展，反事实分解技术（Counterfactual Decomposition Technique）在这一方面具有一定的优势（Jann，2008）。因此，本章进而采用 Blinder-Oaxaca Decomposition 方法，在 stata14 中使用 Oaxaca 命令，区分了有流动经历者和无流动经历者两个群体，并分别进行回归分析得到模型 2。"是否有流动经历"对两组自变量的系数产生了较大的影响，参照组和控制组之间的回归系数有着明显区别。Blinder-Oaxaca 分解得出以下结果：有乡城流动经历者比没有流动经历者多接受 3.5 年的教育。性别、民族、年龄、父母社会经济地位、父母受教育水平、兄弟姐妹数、父母是否在身边这些变量仅仅解释了 0.49 的均值差异，3.25 的均值差异由流动经历和其他因素解释。模型 2 的回归结果表明，有流动经历和没有流动经历的两组群体在回归分析时存在较大系数差异，交互效应显著，因此我们有理由认为"是否有流动经历"这一自变量与其他自变量之间存在一定的影响，有必要进一步分析。

表 8-2 模型汇总表

变量	模型 1	模型 2		模型 3	模型 4	模型 5	模型 6
因变量	受教育年限	受教育年限（未流动组）	受教育年限（流动组）	流动经历	受流动经历	受教育年限	受教育年限
自变量	系数（t 值）	系数（t 值）	系数（t 值）	Odds Ratio（z 值）	Odds Ratio（z 值）	系数（t 值）	系数（z 值）
流动经历	3.25***（27.20）	—	—	—	—	3.42***（24.10）	3.37***（21.10）
民族	0.80***（4.32）	0.92***（4.38）	0.43（1.19）	0.82（-1.17）	1.02（0.13）	—	—
性别	0.30**（2.77）	0.41**（3.39）	-0.01（-0.06）	1.59***（4.67）	0.99（-0.06）	—	—
父亲社会经济地位	0.01*（2.24）	0.02***（3.53）	0.00（0.04）	1.01**（2.91）	1.00（0.92）	—	—

续表

变量	模型1	模型2	模型3	模型4	模型5	模型6
母亲社会经济地位	0.02* (2.27)	0.02* (2.28)	0.01 (1.23)	1.01** (2.36)	1.00 (0.98)	—	—
年龄	0.01 (0.41)	−0.04** (−2.65)	0.14*** (5.00)	0.95*** (−4.12)	0.99 (−0.46)	—	—
兄弟姐妹数	−0.48*** (−8.22)	−0.49*** (−7.44)	−0.39*** (−3.34)	0.83*** (−3.38)	0.99 (−0.18)	—	—
父亲受教育水平	0.08*** (4.66)	0.08*** (4.05)	0.07* (1.97)	1.08*** (4.43)	1.00 (0.18)	—	—
母亲受教育水平	0.11*** (5.50)	0.13*** (5.55)	0.07* (1.84)	1.04** (2.27)	1.00 (−0.02)	—	—
父母都不在身边（参照组）							
父母一方不在身边	0.47 (1.62)	0.38 (1.07)	0.60 (1.21)	1.17 (0.63)	0.96 (−0.15)	—	—
父母都在身边	0.66** (3.16)	0.75 (2.83)**	0.56 (1.64)	0.86 (−0.84)	0.99 (−0.05)	—	—
常数项	7.06*** (14.90)	7.69*** (13.47)	8.19*** (9.68)	0.67 (−0.94)	1.15 (0.33)	9.58*** (140.2)	—

注：* 表示 $p<0.05$，** 表示 $p<0.01$，*** 表示 $p<0.001$；括号内为标准误。

无论是模型1还是模型2，采用的分析思路都是基于线性回归分析方法。这种方法将混淆变量作为控制变量放到模型中，但回归模型实际上只是取了平均水平，而且不能充分考虑自变量之间的关系（胡安宁，2012）。通过图像检查（Graph Matrix），本章中的因变量和自变量之间也并不是一个严谨的线性分布关系。自变量（是否有流动经历）受一些其他变量的影响，因此更为理想的分析方法是倾向值匹配分析。通过倾向值匹配方式可以更好地进行因果分析。将"是否有流动经历"作为因变量进行 Logistic 回归分析（模型3），结果显示父母经济社会地位、父母受教育水平、性别、兄弟姐妹数以及年龄对其有着显著影响。

关于倾向值分析的方法，采用了倾向值加权的分析思路。通过模型3获得相关的倾向值（Propensity Score），公式表达为（8-1）。

$$\text{logit}(treatment) = X_1B_1 + X_2B_2 + \cdots + e \tag{8-1}$$

其中，B_1，$B_2\cdots$为自变量，X_1，$X_2\cdots$为自变量系数。加权方式如式（8-2）所示。

$$Weight = T/P + (1-T)/(1-P) \tag{8-2}$$

式中，T指是否有流动经历，1代表有乡城流动经历，0代表控制变量（无乡城流动）；P指倾向值，$1/P$是流动组的权重，$1/(1-P)$是控制组（无流动）的权重（Guo & Fraser, 2015）。对模型3按照倾向值进行加权后得到模型4，结果显示自变量均得到了平衡。在此基础上对"是否流动"与"教育获得"进行加权回归分析得到模型5。回归结果表明，"流动经历"的回归系数为3.42，模型R-Square值为0.29，由此可见流动经历对教育获得的影响十分重要，流动经历显著地改善了流动者的教育获得。在stata14中采用了贪婪匹配方式（Teffects psmatch）得到模型6。结果显示，有流动经历者的受教育年限比那些没有流动经历的群体高3.37年。模型6通过了倾向值匹配平衡性检验（Tebalance）以及罗森鲍姆（Rosenbaum）敏感型检验。

通过上述不同的统计分析我们发现，无论是简单的回归模型（模型1），还是分解模型（模型2），抑或是倾向值加权分析（模型5）或贪婪匹配分析（模型6），均表明乡城流动经历对流动者的教育获得具有显著性的积极影响。尽管研究方法有所差异，但以上模型数据的分析结论一致：有流动经历者比那些没有流动经历者多接受大约3年的教育。与此同时，我们还发现童年时期是否具有乡城流动经历受到家庭背景（父母受教育年限和经济收入）和个人特征的影响。

第四节 结果分析

本章的数据分析结果表明，童年时期的乡城流动经历对教育获得是有益的。如何从理论层面解释流动的积极影响是我们所要探讨的核心内容。科尔

逆风飞扬：社会再生产机制与农民工子女发展研究 ● ● ●

曼的社会资本理论在本实证研究中的解释力似乎非常微弱，因流动而导致的学校和社会外在环境的变化并未对这些流动儿童的学业起到负面作用。当我们把研究视野聚焦到整个中国农村社会时，不难发现中国的城乡教育资源存在显著性差异。

虽然改革开放后，随着九年义务教育的普及，农村基础教育得到了很大程度的改善，但无法否认农村与城镇存在较大的教育资源分配差异问题（杨东平，2000）。中国改革开放后的经济成果最直接地体现在城镇，改革开放后制度因素对教育获得的影响力逐渐上升（李春玲，2003）。中国当前的政策虽然十分关注农村问题，但经济改革的核心依然是城镇地区。由于相对落后的经济条件，农村地区很难吸引优质的教师。农村学校往往没有足够的资金进行教学设备的更新改善，更谈不上建设图书馆等文化场所。在这种情况下，对于农村儿童而言，流动恰好促使他们从教育资源相对匮乏的农村社会来到教育资源丰富的城镇社会，打开他们生命历程里的另一扇窗户。通过流动他们可以见识城镇现代化的教学设备，接触教学经验丰富的优秀教师，进入藏书丰富的图书馆，而这些都是那些没有流动经历的农村户籍儿童获取不到的教育资源。与此同时，流动经历可以培养孩子的独立精神，拓宽他们的世界观以及培养他们适应新环境的能力。这些积极影响会间接地提升孩子的学习能力，从而使得他们接受更好的教育，进入更高的教育层次。虽然他们在城市接受优质教育制度仍面临困难，但是他们可以获得比留在农村的儿童更多的社会资源。这种外部社会资源的迅速提升对他们的影响较为积极。流动儿童因流动而导致的与原有的农村社会的分离并不会造成他们社会资本的流失，毕竟原有的农村社区不具备丰厚的教育资源。而那些没有机会流动的农村儿童（留守儿童、农村完整家庭儿童）无法进一步获得优质教育资源。因此，本章的研究结论倾向于支持流动发展理论。

从社会公平角度看，国家应该大力发展农村教育，使农村儿童可以获得与城镇同龄孩子相同的教育资源分配。在中国城镇化发展总体目标优先考虑城镇的现实下，这些农村儿童也可以通过流动来改变自身所处的劣势教育环

第八章 乡城流动与儿童教育获得

境。因此，很大程度上来说，流动本身使处于教育资源匮乏环境下的流动儿童间接获得了更好的城镇社会资源。城镇化过程中的流动是他们摆脱落后的教育环境，从而获得优质教育资源的机会。尽管流动会伴随一定的心理压力和焦虑，但这些负面影响可以在一定程度上被城镇相对高质量的教育资源弥补。

然而，值得注意的是，并非所有的农村儿童都具有同等的流动机会。流动本身与儿童的性别、父母社会经济地位、父母受教育水平、年龄、兄弟姐妹数显著相关。农村人口的流动已经从最初单纯追求经济收入回报扩展到寻求更好的生存发展机会，其中子女教育是一些农村人口向城镇迁移的动机之一。本章的数据分析表明，父母社会经济地位以及受教育程度相对较高的农村儿童更容易发生流动。当父母具备一定的社会文化经济资本后，他们往往倾向于改善原有的生活条件。农村经济条件相对较好的家庭通常会选择在城镇购房，通过这种流动方式改善孩子接受教育的机会。父母社会经济地位以及受教育水平处于劣势的儿童往往更不易发生流动行为，在相对落后的农村教育环境中生活。流动本身对于一些家庭而言就是一种教育投资，因流动而带来积极的教育影响也就不足为奇了。男童比女童更易发生流动行为，兄弟姐妹数越少越易发生流动，年龄越小越易发生流动。有趣的是，这些对教育获得产生影响的因素对流动经历本身也起到了显著影响。换句话说，流动行为作为改变生存环境的方式很大程度上也受到上述因素的影响进而形成一个循环，即农村劣势群体因为无法流动而更加处于劣势，农村优势群体因为流动而更加具有优势。

本章基于数据分析结果衍生出流动与儿童教育获得的理论分析框架（见图 8-1），该理论框架受到生态系统理论的启发。对于农村儿童而言，流动行为是他们经历生活环境变化的途径，他们中具备优势家庭背景（较好的父母社会经济地位、较高的父母受教育水平、较少的兄弟姐妹数）和个体特征（男童、年龄较小）者更有机会脱离农村的教育环境进入城镇，从而间接地获得优质的教育资源，进而顺利地获得更高的教育水平。对于那些家庭背景和个体特征处于相对劣势的农村儿童而言，他们则待在农村生活（无流动经历），无法改变自身所处相对落后的教育条件，流动机会对于农村儿童而言尤为重要。

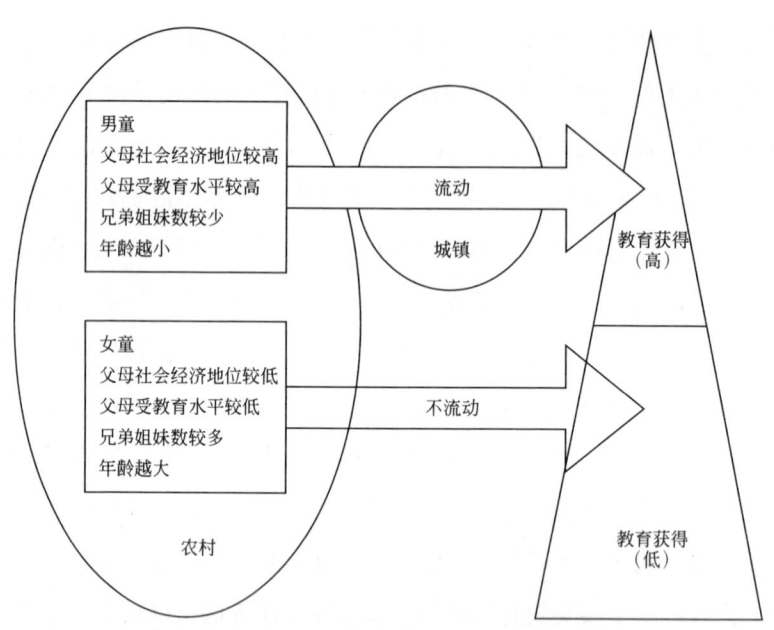

图 8-1 流动与儿童教育获得理论分析框架

第五节 本章小结

本章通过三种统计模型（回归模型、Blinder-Oaxaca 分解模型、倾向值匹配模型）的分析发现，具有乡城流动经历对儿童教育获得起到显著的积极影响。与此同时，流动本身也受到家庭背景和个人特征的影响。拥有优势家庭背景和个人特征的农村儿童更易通过流动方式改变生活环境，进入到城镇获得较好的教育资源，从而最终获得更高水平的教育。该研究结论对当前中国改善农村儿童的教育水平有三点启示。

第一，从家庭决策上考虑，由于从乡到城的流动有助于教育的获得，而教育获得直接关乎个体的地位获得，因此，为了子女长远发展，父母应尽量克服困难将未成年子女带在身边，使他们接受城市的优质学校教育。

第二，当前的教育政策不能因户籍制度阻碍农村儿童在城镇寻求受教育的机会。由于长期的城乡二元体制隔离，城乡教育资源分配失衡已成为不争的事实。对于农村儿童个体而言，如果他们的家庭经济条件许可，父母视野

第八章 乡城流动与儿童教育获得

宽阔,从农村流动到城镇的确是提高子女受教育水平的有效途径。城镇学校应相应地提供给这些来自农村的流动人口子女公平的入校就学机会,使得他们有机会和那些出生在城镇的儿童一起接受城镇的教育。当前,中国的教育制度往往与户籍制度捆绑,但这一教育制度安排与未来社会的发展趋势极不适应。人类社会的发展趋势之一就是人口不断地迁移流动,只有这样社会才能创造更多的发展机会与动力。随着我国新型城镇化进一步推进,流动会日益成为社会生活的常态。一个开放的社会应该为这些人群创造公平接受教育的机会,如果教育制度本身的设计依然是从静态人口角度出发,那必然会阻碍人们的流动意愿,减弱社会活力。

第三,我们必须有十分清醒的意识,虽然随着城镇化的发展,很多农村人口在城镇打工谋生,但是他们的经济社会地位依旧处于弱势,受教育水平相对较低,加上城镇教育制度的安排,多数农民工并不具备将其子女带到城镇生活学习的能力。除此之外,仍有一些人口长期生活在农村,他们的子女也没有向城镇流动的机会。这种现实情况在本章的数据分析中有所体现:童年时期有乡城流动经历者仅占到了30%,留在农村不具备流动机会的占到了70%。尽管城镇学校教育资源相对丰富,但他们吸纳农村儿童的能力终归是十分有限的。通过从农村流动到城镇来改善教育的方式实质上是"治标不治本"。本章已阐明,这种流动机会更利于家庭背景较好的农村儿童,对家庭背景较差的农村儿童起不到改善作用,反而加剧了他们的弱势地位。因此,从长远社会公平的角度来思考,致力于改善农村自身的教育质量才是可以从本质上提升农村儿童教育水平的方式。

当然,需要指出的是,本章分析的数据是回溯型数据,并不是严格意义上的纵贯数据。回溯型数据的问题之一就是被调查者可能因记忆模糊而导致信息记录不准确。另外,流动经历本身未排除受教育动机,对家庭经济资本和家庭结构的控制均是静态的。除此之外,我们也未对流动发生的时间段进行区分,而是笼统地将之归为发生于访问对象的童年时期(0~18岁),但应该承认的是,流动发生于童年时代的早期,还是发生于青春期,对个体成长发展的意义是有很大不同的,这些都值得进一步探讨研究。

第九章
乡城流动与儿童健康

在第八章中,我们分析了乡城流动经历对儿童教育获得的影响,发现了乡城流动的积极作用。为进一步探讨乡城流动的影响效应,本章将聚焦于儿童的健康状况,利用中国城镇化与儿童发展调查(CUCDS)数据分析因农民工流动引发的留守/随迁对儿童健康的影响。

本章将采用儿童健康综合指标界定的方法,构建中国儿童健康测量指标体系,该体系涵盖了健康状况、健康功能、健康行为与健康潜能4个基本维度和23项具体指标。以此为基础,利用能够有效排除混淆变量影响效应的倾向值匹配方法,比较留守儿童、流动儿童、农村完整家庭儿童不同维度的健康水平状况,确定留守或流动的净效应。

第一节 研究问题的提出

已有大量研究讨论了人口流动对留守儿童与流动儿童的心理、社会适应和学业成绩所产生的影响(Hagan et al.,1996;Zhao et al.,2014;Portes & Rivas,2011;Xie & Greenman,2011;叶敬忠等,2005),取得了丰硕的成果,也留下了诸多值得进一步探讨的问题。乡城流动对儿童健康状况的影响问题就是其中之一。由于流动是个人生活安排的变化和重要的人生经历,因此对儿童成长发展的影响也是方方面面的,其中自然包括儿童的健康状况。健康

第九章 乡城流动与儿童健康

是儿童最基本、最核心的权利之一,它关系着每一个儿童的根本福祉,也是未来生产力的决定因素。促进儿童的健康成长是实现人的全面发展,把我国从人口大国建设为人力资源强国的基础,事关中国经济社会长期发展和民族未来。同时,制定促进这两类儿童发展的相关政策,也需要全面了解乡城流动对儿童健康状况的影响。

然而,城镇化大潮对中国农村儿童的身体发育、营养状况和体质健康究竟产生了什么样的影响?就目前国内外的学术研究状况而言,存在两种截然不同的观点。一种观点认为,城镇化过程给儿童的成长发展带来了新机遇,提供了更好的条件,因而对流动儿童、留守儿童的健康状况起到了一定的促进作用。如一些学者认为,儿童跟随父母迁徙到城市改变了他们成长和发展的场景,城市丰富的医疗资源和食品环境更有利于儿童的健康(Xu & Xie, 2015);对于留守儿童而言,因为父母外出务工,带来了高于非外出务工家庭的汇款收入,改善了家庭的生活条件,有能力提供更多的人力资本投资,从而有利于子女的健康状况与受教育机会(Case et al., 2002; Antón, 2010)。另一种观点则认为,无论是随父母流动到城市还是留守在农村,有此经历的儿童身心发育都受到了负面影响,因为他们会面临制度和文化的阻碍,以及父母照顾质量的下降(Greenman & Xie, 2008; Lee, 2011; 陈玥、赵忠,2012)。可见城镇化对农村儿童的影响,在不同的学术研究中并不一致。为此,本章的主要目标之一就是通过对全国性的中国城镇化与儿童发展调查(CUCDS)数据的分析来推进相关研究。

另外,虽然现有儿童健康方面的文献已大量存在,但大多针对的是儿童健康的某一个或几个方面的状态及其影响因素所进行的分析讨论,对儿童健康的总体状况较少给出细致的测量,对儿童健康的影响因素也没能从个体发展的角度加以阐述分析,特别是未能深入分析留守儿童、流动儿童在不同维度上的健康状况。鉴于此,本研究的另一个目标是利用中国城镇化与儿童发展调查数据,参考借鉴国内外已有的儿童健康测量指标,构建一个较为完善的中国儿童健康测量体系,以反映中国儿童健康的总体状况,并以此为基础,深入分析留守或流动对儿童健康各维度的影响。这对于相关研究的推动及针对性政策的制定,具有较大意义。

第二节 留守与流动对儿童健康的影响:已有研究回顾

一、留守对儿童健康的影响研究

已有研究文献表明,留守对儿童健康的影响主要体现在营养摄入、体格发育和疾病三个方面。在营养摄入方面,主要结论为父母外出会使留守儿童的营养状况恶化(田旭等,2018),农村完整家庭儿童日均摄入的奶制品、豆制品、水果、食用蛋类和鱼肉禽类均优于留守儿童(陈丽等,2010;韩嘉玲等,2014)。在体格发育方面,研究结论并不一致。有学者发现了留守儿童超重情况减少的现象(丁继红、徐宁吟,2018),但也有学者发现了留守导致儿童的BMI值升高(李钟帅、苏群,2014)、体重超标、身高不足、发育迟缓现象(赵晓航,2017;叶敬忠、潘璐,2008;邬志辉、李静美,2015)。还有些学者发现,仅父亲外出但有母亲陪伴的留守儿童,其身高和BMI指标都没有受到显著影响(陈在余,2009)。从儿童疾患角度进行的相关研究发现,留守儿童的患病风险更大(李强、臧文斌,2011),具有"高患病率、高就诊率"的特征。不过也有研究发现父母外出务工对儿童"患病率"并无显著影响(丁继红、徐宁吟,2018)。

从父母流动对留守儿童健康状况的作用机制来看,一方面,父母外出务工增加了家庭收入,并通过"改善生活与消费"的方式作用于儿童的健康。国际上对人口流动的研究表明,父母流动可以通过汇款提高留守儿童的出生质量、降低婴儿死亡率、减少慢性病的积累(Frank & Hummer,2002)。另一方面,因父母外出务工,产生家庭分离,照顾儿童的主要责任转移至留守的家庭成员,留守家庭成员可能还需要承担外出务工家庭成员流动前的工作,如农业生产活动,因此在照顾儿童的时间分配和质量上都会有所下降,导致儿童照顾质量的下降，儿童健康状况也因此变差（Guo et al.，2017；Lee，2011；陈玥、赵忠，2012）。

二、流动对儿童健康的影响研究

针对流动对儿童健康影响的研究依然主要集中在营养摄入、体格发育和疾病这三个方面。在营养摄入方面，流动至城市的儿童优于农村完整家庭儿童（韩嘉玲等，2014），但流动儿童摄入过多非健康食物（如高糖含量饮食）的风险也显著增加。在体格发育方面，流动儿童显著优于农村完整家庭儿童，发育迟缓率和低出生体重率更低、身高和体重发展更好（赵如婧、周皓，2018；Xu & Xie，2015；陈丽等，2010）。在儿童疾患方面，有学者发现流动可以降低儿童患病风险（Xu & Xie，2015）。这主要是由于优质医疗资源往往集中在城市地区，农村地区的诊所数量、医生质量、医院护理水平等各方面均有待提高（Lei & Lin，2009；Xu & Xie，2015）。这种城乡医疗资源和服务的结构性差异，使流动儿童在基本医疗可及性及服务质量上，也远远超过农村儿童。虽然居住在城市的儿童和居住在农村的儿童患病率相差无几，但后者去医院看病的比例更低（Chen et al.，2015）。这意味着，城乡儿童健康结果相似的背后很可能隐含着地区医疗卫生服务和其他健康性资源的差异。

流动对儿童健康影响的解释逻辑可能不同于留守对儿童健康的影响。流动并未造成父母与子女间的居住分离，父母收入增加和父母健康照料的正向效应可以直接作用于流动儿童，同时，这两个效应还与城市发展效应叠加。其中正向的影响效应表现为父母和孩子在城市获取的卫生信息（包括卫生的重要性、饮食和锻炼知识等），有助于流动儿童积极健康行为的产生，提高健康产出（Glewwe，1999；Menjívar，2010；Hildebrandt et al.，2005）；城市优质的教育资源、丰富的食品环境以及健全的医疗设施，均有利于儿童健康发展。基于同化理论视角，这种垂直式流动可以促进流动儿童适应迁入地环境，在一定程度上弥补城乡差异。同时，也可能存在负面效应，表现为流动儿童在同化过程中可能会遭遇制度和文化障碍，可能面临发生疾病时没有卫生制度保障的风险，同时还可能产生低自尊、抑郁等心理问题，甚至可能卷入犯罪等风险行为（Greenman & Xie，2008）。

三、研究述评

以上分析表明，人口流动对儿童健康状况的影响并没有统一的结论。这在某种程度上反映出此研究领域的一些局限性。

第一，至少是在较早时期的研究中并没有建立恰当的比较策略。传统同化理论视角下，学者往往将流动儿童与城市儿童进行比较。然而，这种比较方法并不能体现流动的真实效应。因为城市儿童并没有流动的风险，流动儿童流动至城市也并不是为了与城市儿童竞争，而是想获得比迁出地更好的生活机会。因此，在分析流动对儿童健康的影响时，应该比较的是流动儿童现在的健康和假设他们未流动的健康（Zuccotti et al.，2017；Stillman et al.，2012）。比较群体的不当也是造成相关文献结论不一致的原因之一。

第二，缺少对儿童生理健康的系统性分析。大部分关于儿童健康的研究集中于心理健康和教育结果方面（Sun et al.，2015；周国华，2010）。即便涉及儿童的生理健康，也仅包含有限的几个指标，如目前体格（身高、体重、BMI指数）、两周/四周患病率等（Li et al.，2015；Tong et al.，2015）。更进一步来说，利用系统性、全国性样本数据测量儿童健康和流动经历的研究仍然有限，就流动对儿童健康发展多维影响的讨论仍然不够，调查设计和测量指标的不统一也在一定程度上干扰了对研究结果稳定性的判断。

第三节　儿童健康的界定与研究假设

一、健康界定

要深入研究儿童健康，需要对其做较为系统、完善的界定。目前，从医学角度来看，健康仍主要被界定在受伤、疾病或残疾方面，忽略了健康的其他方面；从人口健康角度来看，健康主要通过发病率和死亡率来测量，忽略了整合健康的影响机制，也没有反映出儿童时期的动态发展本质（Rigby et al.,2003）。我国涉及儿童健康的医学、卫生学、社会学调查虽然屡见不鲜，涵盖了医学体检、实验室观测、膳食调查等相关信息，但尚未建立较完善的儿童健康测量指标体系。反观欧美国家的儿童健康测量体系则较为完善，下面将对此进行简要总结。

（一）国内外经验

以美国经验来看，最具代表性的儿童健康测量有两类：一类是美国儿童与家庭统计协会（Forum on Child and Family Statistics）2016年公布的全国儿童福祉关键指标（Key National Indicators of Well-Being），它将15岁及以下儿童的健康指标分为基本健康（包括婴儿死亡率、青少年抑郁、肥胖和哮喘）、健康行为（包括非法药物使用、吸烟和喝酒）、卫生保障（包括健康保险覆盖率、疫苗接种率和日常口腔检查），以及物理环境和安全（包括室外空气质量、二手烟、儿童血铅、青少年严重暴力犯罪率、因机动车交通事故死亡和食品不安全）四个部分（Potok，2018）。另一类是美国儿童健康评估委员会（Committee on Evaluation of Children's Health）资助下的国家研究理事会（National Research Council，NRC）和医学研究所（Institute of Medicine）提出的健康测量标准，它包括健康状况、健康功能和健康潜能三个方面（Kramers，2003）。其中，健康状况主要指儿童患病情况，采取国际疾病分类（International Classification of Diseases，ICD）方式；健康功能指儿童是否因健康问题出现功能性障碍，包括生理功能、心理功能和社会功能的测度；健康潜能强调儿童健康状况的良性发展，包括生理良好、心理良好、社会交往良好和适应力。

在欧洲，包含17个欧洲国家参与的欧洲健康监测项目（European Union Health Monitoring Programme）下的欧洲共同体健康指标（European Community Health Indicators，ECHI）计划影响最为深远。该计划提出了健康指标的四种总体分类：人口的社会经济状况、健康状态、健康决定因素和健康系统。在此基础上，儿童生命与发展健康指标（Child Health Indicators of Life and Development, CHILD）计划提出测量儿童健康的相应指标。其中，人口的社会经济状况依据家庭社会经济地位、是否贫困、父母受教育程度、是否单亲以及是否寻求庇护将儿童分为不同类型；健康状况则包括儿童死亡率、患病率（癌症、糖尿病、哮喘、传染性疾病和牙科疾病）、儿童伤害，以及心理健康（通过是否企图自杀来判断）；健康决定因素包含父母影响因素（如母乳喂养、与父母交流情况）、儿童生活方式和其他因素，比如3~5岁儿童是否接受学前教育或入读幼儿园、居住地是否存在空气污染；健康系统包括卫生系统政策（包括父母对住院儿童的陪伴和边缘儿童的卫生保健）、卫生系统质量（包括疫苗覆盖和白血病五年生存率）、社会政策（包括体罚保护和校园反欺凌政策实施情况），以及生理保护政策（包括儿童交通安全、限制有害噪声的政策、限制铅材料使用的条例规定、限制公共场合吸烟的法律规定）。

我国现行的儿童健康测量则主要依据《中国儿童发展纲要（2021—2030）》中"儿童与健康"板块提出的目标。本章根据国务院于2021年发布的《中国儿童发展纲要（2021—2030）》的12项主要目标，将儿童健康测量分为三类：出生素质、发育质量和卫生保障情况。具体而言，出生素质指标包括婴儿死亡率、出生缺陷发生率、低出生体重发生率、新生儿破伤风发病率和母乳喂养率；发育质量指标包括5岁以下儿童死亡率、生长迟缓率、低体重率、贫血患病率、常见疾病和重大传染性疾病情况、因伤害所致死亡率和残疾率、中小学生《国家学生体质健康标准》达标率、视力不良和龋齿情况、超重/肥胖和营养不良发生率、心理行为问题发生率和精神疾病患病率；卫生保障包含疫苗接种率、适龄儿童性与生殖健康知识普及率，以及环境污染伤害情况。

（二）小结

从健康测量来看，中国与欧美国家都强调环境对处于发展阶段儿童健康的影响，但在健康范畴和指标操作化上，欧美国家的经验仍有许多值得借鉴之处。一是欧美国家更强调"积极健康"（Positive health）的概念，不仅强调外界提高儿童卫生保障，也赋予健康以个体主观能动性，如健康自我评估良

第九章 乡城流动与儿童健康

好在一定程度上可以发挥"自我实现"的功能,健康行为的作用更是贯穿整个儿童成长期。二是欧美国家对健康指标的操作化不仅涉及个体和家庭层面,还涉及宏观政策层面。如对"环境污染伤害"的测量,欧洲操作化为相关政策法规的实施情况。三是欧美国家更注重儿童与其周围环境的互动,在测量指标上纳入诸多家庭相关因素,如家庭社会经济状况和教育背景等。

毫无疑问,各国处于不同的发展阶段,其要实现的儿童健康水平也有所不同,因此在具体的健康测量上自然会有一些差异。但是,各国促进儿童健康水平提升的目标应该是一致的。基于此,本章提出儿童健康应包含的三个要素:儿童可以实现自身生理发展需求,能够与社会环境良好互动,并且具备良好的健康潜能。以此为依据,我们试图通过社会调查对儿童健康操作化,并在结合我国现实的基础上增强国际可比性。

具体而言,本章借鉴国内外健康研究的经验,选取儿童健康的23个指标,将他们分为四组:健康状况、健康功能、健康行为和健康潜能。健康状况反映疾病和身体机能,是一种较为准确的医学判断;健康功能反映儿童健康状况对其生活、学习的直接和非直接影响;健康行为指儿童所从事的保持和促进健康结果的活动;健康潜能指儿童正向发展的资本和能力,在一定程度上类似于健康功能的积极方面(见表9-1)。

表9-1 儿童健康指标体系

健康状况	健康功能	健康行为	健康潜能
目前体格	**生理功能**	**饮食习惯**	**评估良好**
发育迟缓	活动受限	健康食品摄入	健康良好
体重不足	视力障碍	非健康食品摄入	体力充沛
消瘦	语言发展迟缓	**时间利用**	**卫生保障**
肥胖	**心理功能**	日均睡眠充足	定期体检
分类疾病	泛自闭症障碍	日均锻炼充分	疫苗接种
发烧/感冒	因心理疾病就医		医疗保险
腹泻	**社会功能**		正确处理生病
	因受伤住院		
	因病住院		

该指标体系较好地参考和发展了国内外已有的儿童健康水平测量经验，不仅涵盖了儿童自身健康状况，还强调"积极健康"的内涵，注重儿童的主观能动性，纳入健康功能、健康行为和健康潜能这三个维度。虽然该指标体系并未纳入影响儿童健康的社会环境因素和出生素质两个维度的健康指标，但这并不是数据的缺失，而是因为在社会学视角下，儿童健康的社会环境因素（如父母吸烟、居住环境等）和出生素质（如剖宫产、母乳喂养、早产、出生体重等）往往是儿童当前健康结果的诱因，因此这里暂不考虑。而在后面的分析中，社会环境因素将作为解释变量纳入考虑。此外，本章主要关注儿童的生理健康发展，因此在指标选取上更偏重生理健康相关因素。

二、研究假设

从儿童健康研究的综述中可以看出，关于人口流动对留守儿童、流动儿童健康影响的讨论主要集中在营养摄入、体格发育和疾病上，即健康状况和健康行为这两方面。虽然单个因素受影响的方向略有不同，但总体而言，相较于农村完整家庭儿童，留守儿童的健康水平更低，流动儿童的更高。这一结论背后的主要解释逻辑是父母流动后，留守儿童健康照顾质量的不确定性增加，由于缺少正确监护，他们很容易产生不良健康结果。随父母流动的流动儿童，他们虽然会面临制度的一定限制，但同时也与城市儿童共享了一部分城市文明发展的成果，因此，他们的健康结果更好。

基于此，针对儿童健康总体水平提出总体性的假设 9-1 和假设 9-2。

假设 9-1：留守儿童的总体健康水平劣于农村完整家庭儿童。

假设 9-2：流动儿童的总体健康水平优于农村完整家庭儿童。

留守儿童、流动儿童与农村完整家庭儿童最大的区别在于父母是否缺位、家庭收入和城乡发展水平的差异，这些效应混杂在一起，对儿童健康的不同维度也会产生不同影响。

对于留守儿童而言，在相同的农村环境下，父母照顾缺失的负面作用不容忽视。正如科尔曼（Coleman）的社会资本理论和埃尔德（Elder）的生命历程理论所示，家庭流动对儿童的负面影响主要来自参与不足的父亲和不提供支持的母亲（Hagan et al.，1996）。从长期来看，这一负面作用可能反映在健康状况上，如体格发育；但从短期来看，最直接的体现是健康行为，如饮食摄入和时间利用。在我国，父母外出务工往往将子女交由祖辈抚养，一方面监护人大多采取溺爱的管教方式，造成儿童行为和习惯上的放纵（叶敬忠等，2005），另一方面隔代抚养的祖辈健康状况往往不容乐观，留守儿童可能还需承担照顾祖辈生活起居的重担（段成荣等，2017）。

对于流动儿童来说，虽然无法获取与城市儿童一样多的资源，但父母照顾、收入增加和城市文明也会对他们产生积极的影响。具体而言，一方面，除收入增加外，流动至城市的父母和儿童在迁入地更易对健康实践的相关信息耳濡目染，营养摄入来源更丰富，从而在健康状况和健康行为上优于农村完整家庭儿童。另一方面，制度的固有限制，导致流动儿童在卫生保健上依然受到掣肘，并不能充分享受优良的医疗保障。虽然在医疗资源的可及性方面高于农村儿童，但他们在健康潜能，尤其是卫生保障上可能处于劣势。因此，从总体上看，与农村完整家庭儿童相比，随父母流动至城市的儿童，在健康状况和健康行为上将优于农村完整家庭儿童，但同时也存在健康潜能上的劣势。

基于此，针对健康指标的四个维度提出假设 9-3 和假设 9-4。

假设 9-3：相较于农村完整家庭儿童，留守儿童的健康劣势主要体现为不良健康状况和健康行为。

假设 9-4：相较于农村完整家庭儿童，流动儿童的健康优势主要体现为健康状况和健康行为，劣势在于健康潜能。

第四节 数据、测量和变量

一、数据来源

本章同样使用中国城镇化与儿童发展调查（CUCDS）数据。关于该数据的抽样方法和数据收集过程前文已有详细介绍，这里不再赘述。在本章分析中，考虑健康测量的适用范围，我们选取1~15岁的儿童样本纳入分析，样本量为5015。本章的分析样本根据抽样设计进行了加权处理。

二、变量测量

（一）因变量：儿童健康水平

儿童健康水平的测量主要包括4个维度23个指标。

（1）健康状况，包括目前体格和分类疾病。其中，发育迟缓指身高相对年龄来说不足，体重不足指体重相对年龄过低，消瘦指体重相对身高过低，肥胖指体重相对身高过高，这四项指标的测量均依据WHO 2006年的标准（1=不达标，0=达标）。分类疾病指儿童在调查前一个月前是否发烧/感冒、腹泻（1=否，0=是）。

（2）健康功能，包括生理功能、心理功能和社会功能。生理功能包含活动受限、视力障碍和语言发展迟缓。活动受限指是否因身体或精神问题而无法进行正常的活动（1=否，0=是），视力障碍指佩戴眼镜情况（1=否，0=是），调查中还询问了儿童的主要看护人"孩子是否有语言发展迟缓症状"（1=否，0=是）。心理功能测量指标包含因心理疾病就医和存在泛自闭症障碍症状（1=否，0=是）。社会功能测量指标包含上一年儿童是否因受伤或患病住过医院（1=否，0=是）。

（3）健康行为，包括饮食习惯和时间利用。其中，健康食品和非健康食品摄入分别包含五个条目，每个条目的选项分值0、2、5、7代表饮食频率分别为0次、1~2次、3~5次、6次以上。分别将五个条目的分值汇总后得到最终得分。得分越高，代表摄入量越大。随后，健康食品摄入得分15分以上的界定为摄入充足，编码为1，不充足编码为0。非健康食物摄入得分15分以上的界定为摄入过量，编码为0，摄入未过量编码为1。在时间利用上，我们根据2008年美国体育活动指南（2008 US Physical Activity Guidelines for

Americans）的建议，以一小时为分界线将日均锻炼时间处理成虚拟变量；根据美国睡眠基金会（National Sleep Foundation, NSF）对不同年龄段儿童睡眠时间的建议，将儿童睡眠时间处理为是否适宜的虚拟变量，1=适宜，0=不适宜。

（4）健康潜能，包括评估良好和卫生保障。其中，基于标准李克特量表，将看护人评价总体健康状况为"极好/很好/好"的定义为"良好"，并编码为1，"一般/差"编码为0；看护人评价与同龄孩子相比体力"非常充沛/较为充沛"定义为"充沛"，编码为1，"平均水平/较为虚弱/非常虚弱"编码为0。另外，将孩子生病严重时"请当地卫生工作者出诊"和"到诊所或医院看医生"定义为"正确"，编码为1，否则编码为0。定期健康检查、按照医院规定按时接种疫苗、享有医疗保险的均编码为1，否则为0。

上述所有变量均为二分类变量，且所有健康变量方向一致。健康良好的均赋值为1，健康不良的均赋值为0。四个维度的健康指标得分越高，表示健康水平越好。

据此得到表9-2的结果：三类儿童在不同维度的健康水平上存在差异，但与我们最初的研究假设略有出入。从总体上来看，留守儿童（18.093）和流动儿童（18.302）的健康水平均劣于农村完整家庭儿童（18.360）。分维度来看，留守儿童的健康劣势反映在健康状况、健康行为和健康潜能上，流动儿童的健康优势体现在健康行为上。

表9-2 不同类型儿童的健康水平

类型	健康状况	健康功能	健康行为	健康潜能	总体健康水平
农村完整家庭儿童	4.838	6.574	2.589	4.359	18.360
留守儿童	4.690	6.625	2.501	4.277	18.093
流动儿童	4.818	6.534	2.618	4.332	18.302
全体	4.791	6.580	2.570	4.329	18.270

（二）其他分析变量

在后文的留守选择模型中，参考已有文献，选取微观层面的个体、家庭，以及宏观地区层面的变量纳入分析，具体包括儿童性别（0=女，1=男）、年龄分组（0=1~2岁，1=3~6岁，2=7~8岁，3=9~12岁，4=13~15岁）、父/母受教育程度（0=初中以下，1=初中及以上）、（外）祖父母是否住在家里（0=否，1=是）、儿童是否有兄弟姐妹（0=否，1=是）、是否属于贫困县/村（0=否，1=是）、所属地域（1=东部，2=中部，3=西部）。

在流动选择模型中，因调查实施时农村儿童和流动儿童已处于不同的地区，因此纳入分析的变量与留守选择模型略有差异。其中包括儿童性别（0=女，1=男）、年龄分组（0=1~2岁，1=3~6岁，2=7~8岁，3=9~12岁，4=13~15岁）、父/母受教育程度（0=初中以下，1=初中及以上）、儿童是否有兄弟姐妹（0=否，1=是）、出生时的城乡属性（1=以农业为主的农村，2=以工商业为主的农村，3=城镇，4=城市），以及是否出生在医院（0=否,1=是）。

本章纳入分析变量的描述性统计如表9-3所示。

表9-3 相关变量的描述性统计

变量	类别	百分比（%）
儿童类型	农村完整家庭儿童	49.06
	农村留守儿童	29.06
	流动儿童	21.88
年龄分组	1~2岁	12.51
	3~6岁	29.21
	7~8岁	12.91
	9~12岁	24.27
	13~15岁	21.10
母亲初中及以上受教育程度	否	87.36
	是	12.64
父亲初中及以上受教育程度	否	80.75
	是	19.25
（外）祖父母住在家中	否	50.49
	是	49.51
有兄弟姐妹	否	38.72
	是	61.28

续表

变量	变量	百分比（%）
贫困县/村	否	60.99
	是	39.01
地域	东部	35.93
	中部	30.31
	西部	33.76
出生时的城乡属性	以农业为主的农村	84.35
	以工商业为主的农村	4.65
	城镇	4.02
	城市	6.98
出生在医院	否	25.40
	是	74.60

第五节 研究方法和模型设置

一、研究方法

儿童健康存在的差异，到底是源于流动的作用，还是由于外在环境对流动和健康的共同作用，抑或是简单的家庭内观测特征和非观测特征的差异反映？这一直是学界致力解决的问题。为了正确估计流动的健康回报，学者们尝试了不同的研究方法。本章采用倾向值匹配这一方法来分析人口流动对儿童健康的净效应。

具体而言，分为三个步骤：一是预测倾向值，利用已知的混淆变量使用Logit模型来预测儿童发生留守或流动的概率，从而每个研究对象都获得一个倾向值。二是基于倾向值将干预组和控制组的样本进行匹配以平衡大量的混淆变量。我们采取贪婪匹配中的卡尺最近邻居匹配方法，即根据事先设定好的卡尺（Caliper）范围进行最近邻匹配。三是对通过平衡性检验的匹配样本进行差异比较，以分析流动作用的净效应（郭申阳、弗雷泽，2012）。

二、倾向值匹配模型设置和检验

（一）留守选择模型设置与检验

如表9-4所示，个体和家庭层面的变量为儿童年龄、父母受教育程度、（外）祖父母是否居住在家里，地区层面的变量为贫困县和东中西地域。小于3岁、母亲是初中以下受教育程度、来自贫困县或者来自中部和西部地区的儿童留守的可能性更高。

表 9-4 预测留守倾向值的 Logit 模型

变量		系数
性别（参照组：女童）	男童	−0.065（0.099）
年龄分组（参照组：1~2岁）	3~6岁	−0.298*（0.137）
	7~8岁	−0.371*（0.164）
	9~12岁	−0.320*（0.145）
	13~15岁	−0.650***（0.188）
母亲初中及以上受教育程度		−0.401*（0.168）
父亲初中及以上受教育程度		0.151（0.142）
（外）祖父母是否住在家里		1.304***（0.105）
是否有兄弟姐妹		0.045（0.103）
是否为贫困县		0.352**（0.116）
区域（参照组：东部地区）	中部地区	0.871***（0.139）
	西部地区	0.624***（0.122）
截距		−1.547***（0.228）
N		2986
Log likelihood		−70058.432
R^2		0.109

注：* 表示 $p<0.05$，** 表示 $p<0.01$，*** 表示 $p<0.001$；括号内为标准误。

通过二分类 Logit 回归估计出留守倾向值后，我们选取卡尺范围内的最近邻居匹配方法进行匹配，并采用样本估计的倾向值标准差的 1/4 作为卡尺大小。匹配干预组和控制组后，检验样本在观察的协变量上是否平衡。通过匹配前后的对比，协变量存在的显著差异消失，说明匹配样本通过了平衡性检验（见表 9-5）。

表 9-5 留守特征匹配前后的卡方检验

变量	匹配前 χ^2	匹配后 χ^2
性别	1.237	3.395
年龄分组	34.506***	5.480
母亲初中及以上受教育程度	5.811**	0.949
父亲初中及以上受教育程度	0.530	0.137
祖父母是否住在家里	300.258***	0.010
是否有兄弟姐妹	5.842*	4.351
是否为贫困县	45.291***	0.315
东中西地区	82.986***	0.659

注：* 表示 $p<0.05$，** 表示 $p<0.01$，*** 表示 $p<0.001$。

（二）流动选择模型设置与检验

采用与留守选择模型一样的方式设置流动选择模型，发现父亲受教育程度为初中及以上、无兄弟姐妹、出生时的城乡属性越好，儿童流动的可能性越高（见表 9-6）。

表 9-6 预测流动倾向值的 Logit 模型

变量		系数
性别（参照组：女童）	男童	−0.038（0.105）
年龄分组（参照组：1~2 岁）	3~6 岁	−0.168（0.139）
	7~8 岁	−0.249（0.176）
	9~12 岁	−0.182（0.153）
	13~15 岁	−0.353⁺（0.194）
母亲初中及以上受教育程度		0.101（0.156）
父亲初中及以上受教育程度		0.302*（0.148）
是否有兄弟姐妹		−0.338**（0.108）

续表

变量	系数
出生时的城乡属性	1.283***（0.078）
是否出生在医院	−0.034（0.145）
截距	−2.249***（0.246）
N	3812
Log likelihood	−52370.217
R^2	0.216

注：+表示 $p<0.10$，*表示 $p<0.05$，**表示 $p<0.01$，***表示 $p<0.001$；括号内为标准误。

进一步的平衡性检验显示，混淆变量对儿童流动的显著性影响消失（见表9-7）。之后，将匹配好的流动儿童和农村完整家庭儿童样本进行差异比较。

表9-7 流动特征匹配前后的卡方检验

变量	匹配前 χ^2	匹配后 χ^2
性别	0.279	2.844
年龄分组	97.641***	5.404
母亲初中及以上受教育程度	112.241***	1.053
父亲初中及以上受教育程度	148.507***	0.130
是否有兄弟姐妹	96.451***	0.151
出生时的城乡属性	917.396***	0.000
是否出生在医院	56.289***	0.003

注：*表示 $p<0.05$，**表示 $p<0.01$，***表示 $p<0.001$。

第六节　结果分析

一、留守对儿童健康的影响

匹配后，由于较好地控制了混淆变量，留守儿童与农村非留守儿童在健康上的差异就可以归因于流动的净效应。结果表明（见表9-8），留守儿童的总体健康水平显著低于农村非留守儿童（$p<0.05$），假设 9-1 得到验证。

分不同维度看，留守儿童的健康行为和健康潜能均显著低于农村完整家庭儿童（$p<0.05$），两类儿童在健康状况和健康功能上略有差异，但并未达到统计上的显著水平，假设 9-3 得到了部分验证。进一步将有显著差异的健康行为和健康潜能分解后，可以看出，留守儿童在健康行为上的劣势主要体现在饮食习惯上，而在健康潜能上的劣势则体现在评估良好上（$p<0.05$）。

表 9-8　留守对儿童健康的平均效应（样本量 =1882）

类别	留守儿童（均值）	农村完整家庭儿童（均值）	ATT
总体健康水平	18.080	18.386	−0.306（0.128）*
健康状况	4.717	4.801	0.084（0.079）
健康功能	6.631	6.568	0.063（0.042）
健康行为	2.489	2.619	−0.130（0.053）*
饮食习惯	1.265	1.395	−0.131（0.030）***
时间利用	1.225	1.224	0.001（0.045）
健康潜能	4.243	4.397	−0.154（0.065）*
评估良好	1.382	1.485	−0.103（0.049）*
卫生保健	2.862	2.913	−0.051（0.045）

注：* 表示 $p<0.05$，** 表示 $p<0.01$，*** 表示 $p<0.001$；括号内为标准误。

二、流动对儿童健康的影响

对匹配后的样本进行差异比较（见表 9-9），发现在总体健康水平上，流动儿童的得分高于农村完整家庭儿童，但并没有达到统计意义上的显著水平，假设 9-2 没有得到验证。然而，这并不能说明流动对儿童健康没有影响，更有可能的是，随父母流动对儿童的健康影响是双面的，既有积极的影响，又有消极的影响，这两种正反效应相互抵消，从而表现出总体健康水平差异的不显著。

从健康的四个维度来看，流动儿童在健康状况、健康功能和健康行为上均优于农村完整家庭儿童,但在健康潜能上差于农村完整家庭儿童。在健康状况、健康行为和健康潜能上的差异达到显著性水平($p<0.05$),假设9-4得到验证。这也在一定程度上证实了之前的推测,即流动对儿童总体健康效应的不显著主要是因为流动对儿童不同维度健康作用的相互抵消。

进一步将有显著差异的健康状况、健康行为和健康潜能分解后,流动儿童的健康优势主要体现在分类疾病($p<0.05$)和饮食习惯($p<0.01$)上,健康劣势体现在卫生保健上($p<0.001$)。

表9-9 流动对儿童健康的平均效应(样本量=2154)

类别	流动儿童均值（均值）	农村完整家庭儿童（均值）	ATT
总体健康水平	18.672	18.468	0.204（0.163）
健康状况	5.115	4.910	0.204（0.091）*
目前体格	3.599	3.529	0.070（0.067）
分类疾病	1.516	1.382	0.134（0.055）*
健康功能	6.625	6.573	0.052（0.052）
健康行为	2.729	2.585	0.145（0.072）*
饮食习惯	1.516	1.396	0.120（0.042）**
时间利用	1.214	1.189	0.025（0.060）
健康潜能	4.203	4.400	−0.197（0.092）*
评估良好	1.505	1.459	0.046（0.059）
卫生保健	2.698	2.941	−0.243（0.072）***

注:* 表示 $p<0.05$,** 表示 $p<0.01$,*** 表示 $p<0.001$;括号内为标准误。

上述研究表明,以农村完整家庭儿童为参照群体,留守儿童的总体健康水平更差,尤其是在健康行为和健康潜能上,明显劣于农村完整家庭儿童。流动儿童则与农村完整家庭儿童在总体健康水平上并无显著差异,这主要在于流动一方面可以提高儿童自身的健康状况和健康行为,另一方面又降低了儿童健康潜能,这两个相反方向的作用力导致流动对儿童健康的总体效应不显著。

第九章 乡城流动与儿童健康

第七节 本章小结

本章在借鉴欧美国家对儿童健康水平测度的基础上，利用中国城镇化与儿童发展调查（CUCDS）数据，构建了我国儿童健康测量指标体系，并运用倾向值匹配方法，分别讨论了留守和流动对儿童健康总体水平及不同维度健康的影响，有以下发现：①留守儿童的总体健康水平低于农村完整家庭儿童，主要体现在健康行为（饮食习惯）和健康潜能（评估良好）上，这表明留守对儿童的健康影响整体上是负面的；②流动儿童与农村完整家庭儿童的总体健康水平的差异不显著，但前者的健康状况（分类疾病）和健康行为（饮食习惯）显著好于后者，后者的健康潜能（卫生保障）显著好于前者，由于卫生保障与制度接纳密切相关，因此，可以预见，随着所流入城市的医疗保障更广范围的覆盖，乡城流动对儿童健康状况的正向影响将更为明显。这些发现在理论与政策上都具有一定积极意义。

研究发现，留守儿童最大的健康隐患在于健康行为和健康潜能，而流动儿童最大的健康隐患则来自健康潜能；流动儿童的健康优势主要在于健康状况和健康行为。背后的逻辑有两点：一是留守儿童与农村完整家庭儿童相比，最大的差异在于健康照料，最直观的体现就是健康行为，即他们在饮食习惯上更缺乏监护，同时，他们的健康潜能也并未得到充分发展，看护人对留守儿童的体力和总体健康评价低于农村完整家庭儿童；虽然这是看护人的主观感受，但在一定程度上也反映出看护人对农村留守儿童健康的担忧。二是流动儿童与农村完整家庭儿童相比，假定父母的健康照顾同等，那么健康行为这一维度最大的差异来自饮食摄入，因为流动儿童更易接触丰富的膳食；健康状况维度最大的差异来自分类疾病，因为流动儿童对医疗资源的可及性更高，但健康潜能的卫生保障劣势也意味着虽然可以获得及时医治，但城市卫生福利系统并未完全覆盖他们。

儿童健康发展是多维性的，需要我们的全面关注。对于留守儿童而言，最主要的问题在于良好健康行为的塑造，因此我们需大力倡导健康行为观念，进一步推广"营养餐",加强农村食品安全,提升他们的饮食摄入健康。同时,也需注重留守儿童的卫生保障,强化健康干预,降低因父母缺失导致的潜在危害。对于流动儿童来说,则主要需解决他们的卫生保障问题。不过,我们的研究也证明,流动对儿童健康状况和健康行为的提升有一定正向作用。这就意味着,在城市制度阻碍的前提下,流动依然能提升部分儿童的健康水平。倘若,在制度上为流动儿童提供更多的便利,他们的健康水平可能得到进一步提升。因此,应继续发挥城市发展对流动儿童的积极影响,同时应在制度上接纳他们,将其纳入城市医保体系。

总体来说,儿童健康水平的提升是一项功在当代、利在千秋的长期系统工程,除倡导积极、正确的家庭照顾外,国家层面的卫生保障干预也是必不可少的。本章较为完整地构建了中国儿童健康测量指标体系,并利用该体系深入分析了留守和流动对儿童健康不同维度的影响,这是本章的主要贡献与创新之处。当然,也存在两个局限:一是留守或流动对儿童健康的影响是深远的,我们仍需要历时性、追踪性的数据进行分析;二是留守或流动对儿童心理健康的影响是不容忽视的,但考虑儿童年龄问题,本章在健康测量指标体系的构建上,并未纳入更多心理健康的测评。

第十章

逆风飞扬的农民工子女：一项质性研究

农民工子女这一典型弱势群体一直广受关注。已有的无论是大样本调查研究还是选取典型样本的个案分析都倾向于以结构性视角探析其阶层再生产命运的发生机制，仿佛这是一个固化的、没有向上流动机会的群体。然而，一些高学业成就、事业有成的农民工子女挑战了这一结论，他们逆流而上、逆风飞扬，这表明弱势群体的向上流动并非全无机会。

本章以自我民族志与深度访谈相结合的方法收集资料，聚焦一些曾身处困境的留守儿童、流动儿童实现阶层跨越、逆风飞扬的案例，注重这一群体克服留守或流动过程中遭遇的重重困难，获得良性发展，最终摆脱再生产命运实现向上流动的原因与机制分析。希望能够在对主体的能动性进行分析的同时，在机制分析中以逆向的角度验证已有阶层再生产研究中得出的结构制度性因素的重要作用。

第一节 研究背景与研究问题

20世纪八九十年代，伴随中国社会经济的大转型，发生了劳动力从农村到城市的大规模流动，这些农业户籍的工人，被称为"农民工"。生长于农村进城务工的"第一代农民工"有着非常单纯的想法：在城市挣钱，回农村老家盖房娶妻生子颐养天年。对他们而言，所谓美好生活不过是在解决温饱的基

逆风飞扬：社会再生产机制与农民工子女发展研究

础上相较过往自家、同村村民经济状况的改善。由参照群体选择而引发的心理结构使得现实与感觉相背离，即第一代农民工虽身处缺乏权益保护的城市，从事收入低、环境差、劳动时间长和强度大的工作，面临住房条件差、子女入学困难等诸多现实问题，却没有产生强烈的剥夺感，对社会治理也并没有构成大的挑战。这是理解近三四十年中国经济持续高速增长，社会整体保持稳定和谐的重要切入点。

中国经济持续高速增长有着多方面的原因，但以农民工为主体的劳动力源源不断的供应无疑是一个关键因素。农民工一部分源于农村这个不断为城市输入劳动力的储备器、储水池；另一部分源于农民工的再生产，即第一代农民工子女在一系列制度条件下再生产为新一代农民工。在再生产机制作用下，后者成为农民工的主力军。新一代农民工虽然社会地位与其父辈相同，都处在城市社会的底层（次级劳动力市场），但他们的心理结构已然发生改变：他们有着比父辈更为强烈的"城市梦"，农村成了"回不去的故乡"；他们对美好生活有着超出经济范畴的憧憬和向往，参照群体也悄然从村民转变为市民；在制度环境并无重大改变的前提下，新生代农民工的相对剥夺感更加强烈。

两代农民工生存状态的变化，对社会治理提出了更大的挑战，应对这一挑战，需要重视对农民工再生产问题的研究，分析农民工阶层再生产发生的原因、机制过程，寻找可能改变农民工子女成长路径的方法，因此需要将农民工研究与农民工子女研究结合起来，在关注农民工自身劳动力再生产的同时重视劳动力再生产的延续，这种研究方式属于农民工／农民工子女研究的再生产视角。这一视角下的研究策略，既重视宏观、中观的结构性力量、制度性因素分析，又注重微观具体的过程机制分析；既强调结构性力量、制度性因素的形塑规制作用，又突出主体的创造性与能动性（闫伯汉，2014）。作为对这一研究策略的回应，在实践上，理应既要有对作为整体的农民工子女发生阶层再生产的分析研究，又要有对部分农民工子女逆风飞扬、实现向上流动的原因研究；既要有对留守、流动经历消极影响的分析，又要有对留守、流动经历积极效应的研究。然而现实是，已有的无论是大样本调查研究还是选取

第十章　逆风飞扬的农民工子女：一项质性研究

典型样本的个案分析，几乎全部集中于前一个方面，即注重留守儿童、流动儿童，发生阶层再生产的结构制度性原因分析或机制分析，注重留守、流动经历的负向效应分析，而缺乏对农民工及子女抗争努力的重视，忽视了部分农民工及子女克服留守或流动过程中重重困难，最终实现向上流动的事实。

鉴于此，本章试图以逆向分析的策略，聚焦一些农民工子女成功实现阶层跨越的案例，分析这一群体克服重重困难，获得良性发展，最终摆脱再生产命运实现向上流动的原因与机制。分析时既注重结构性视角下限制农民工子女发展的结构性因素，又注意主体能动性对克服困难的作用分析。

研究对象为上述研究目的的实现提供了保证。按第一批留守儿童、流动儿童出现于20世纪90年代初算起，如今他们/她们中的大部分人已成家立业。那么，他们/她们的现状如何？社会地位怎样？这是显而易见并且是可测量的。即使如再生产理论所预言的那样，他们/她们中的大多数人重蹈了父辈的命运，也必然有部分能够摆脱再生产命运实现向上流动。生命历程理论认为，个人的生命历程嵌入其所经历的事件之中，同时也被这些事件所塑造，而且这些经历事件的影响状况取决于其何时发生于这个人的生活中（埃尔德，2002）。那么，发生于这部分"成功者"童年时期的流动或留守经历对其今天的生活有着怎样的影响？他们/她们是如何通过自身的选择与行动，利用所拥有的机会，克服环境的制约，从而建构自身的生命历程的？这是本章关注的核心问题。

第二节　文献回顾

中国社会贫困阶层子弟的向上流动研究、留守流动经历的正向影响研究与抗逆力研究等相关文献为本章提供了借鉴。

《中国青年研究》曾刊发了多篇贫困阶层子弟向上流动的研究文章，这些文献将获得优质高等教育视为成功的标志，以自我民族志或深度访谈的方法收集进入优质大学的"寒门"子弟的成长叙事，聚焦其求学、阶层跨越过程中的情感体验，认为"寒门"子弟向上流动虽然困苦艰辛，但并非毫无出路。这些文献及相关主题的研究将原生家庭对底层子女"阶层旅行"的影响机制总结为"寒门"家境以其特有的文化资本形塑着子女的目标，磨砺和激发了他们的抱负水平、成就动机与向上流动的欲望（程猛、康永久，2016；余秀兰、韩燕，2018；林晓珊，2019；董海军，2019）；"寒门"背后对知识改变命运的渴望，充满爱的家庭氛围、重要他人的身教方式潜移默化地影响了子女对学业的追求（曾东霞，2019）；寒门生活的底层劳作锤炼了心志，培养了耐受力、毅力、移情理解力等成长品质（董海军，2019）；家庭资源的匮乏、遭遇的苦难是"寒门"子弟不竭学习动力的源泉，也塑造了其顽强的学习意志力、高度的学习自主性和强烈的共同体意识（李飞、杜云素，2019）。总之，个人的成功嵌入在多重结构因素与个人努力之中，因物质条件的限制，"寒门"子弟的向上流动困难重重，但"寒门"家境也会激发出他们努力奋斗、顽强坚毅的品质，最终使一些底层子弟突破了物质的局限，实现了阶层的跨越。

由于农民工子女是一个公认的弱势群体，因此已有的相关研究多侧重探讨留守、流动经历与这一群体弱势地位的关联，强调留守、流动经历的负面影响效应。事实上，父母外出务工经商、子女留守在家的亲子分离固然会对未成年留守子女的成长发展造成负面影响（胡枫、李善同，2009），但也应看到，父母外出工作提高了家庭的收入，收入的提高可增加教育投资，改善教育资源，减少子女参与劳动的时间，改善营养状况等，这些正向效应可能抵消亲子分离的负面效应（陈欣欣等，2009）。跟随父母的乡城迁徙固然可能导致流动儿童原有的社会关系断裂、传统支持资源减少、学业连续性中断、入读公办学校不易、新环境适应困难、遭受歧视等诸多不利影响，但也应看到，在城乡二元结构中发生的从乡到城的迁移，其实就是从贫乏到富足环境的迁移，从劣质教育资源到优质教育资源的迁移，这无疑对流动儿童的发展有着极为积极的意义。已有研究也证实了乡城流动对于儿童发展的正向效应（申继亮、王兴华，2007；Xu & Xie，2015；闫伯汉，2017）。

抗逆力（Resilience）指个体克服困境、积极适应的品质和能力（Werner，

第十章 逆风飞扬的农民工子女：一项质性研究

1992）。抗逆力理论认为，在个体发展的不同阶段，常常会面临一些对成长发展产生消极影响的风险因素，但能够缓解、降低风险因素负面影响的保护因素的存在，能够使个体在遭遇逆境后，重新建立平衡，进行理性的选择（Atkinson，2009）。因此，保护因素的构建是抗逆力理论的核心（Luthar，1991）。就留守儿童与流动儿童而言，正是由于成长过程中某些保护性因素的缺失，导致遭遇的风险因素无法得到有效控制，才对其发展产生了负面影响。流动儿童主要面临社会排斥与歧视的风险，留守儿童遭遇风险则是难以从家庭内部获取保护性因素，因此，为促进流动儿童、留守儿童的健康发展，应从儿童自身、学校、家庭、社会及宏观的社会环境政策体系方面构建保护性因素，具体方式包括制度支持、心理辅导、构建良性亲子关系、改善沟通方式、完善沟通渠道等（吴帆、杨伟伟，2011）。

从上述综述可知，与保护因素构建、留守流动正向效应的研究对结构性因素的强调相比，贫困阶层子弟的向上流动研究更为重视个体努力对于向上流动实现的意义。本章的研究则发现，底层向上流动的实现不仅需要个体的加倍努力，还需要家长、个人契合一致的有利于成功的结构性因素，善于利用有助于成长发展的客观机会条件。

第三节 调查对象与研究方法

一、调查对象

本章的调查对象首先为童年时期有着留守或流动经历的成人，即其曾经为留守儿童或流动儿童。已有研究表明，留守/流动经历对儿童成长发展的影响与留守/流动时长有着密切的关系，只有那些在童年时期有过较长留守/流动的经历才会对其成长发展产生实质性影响（胡枫、李善同，2009）。因此，我们选取的调查对象都具有一年以上的留守/流动经历。

在符合上述条件的基础上，可以认为他们是避免了"重蹈覆辙"、摆脱了再生产命运、实现向上社会流动或为向上社会流动的实现奠定了坚实基础的人。那么，依据什么标准判断曾经的农民工子女摆脱了再生产命运，获得了地位的提升呢？如何定义"成功"呢？人生赢家？身心健康？良性发展？学业成功？事业有成？家庭幸福？显然，关于何为"成功"从来众说纷纭，很难统一。由于在社会分层与流动研究领域，教育一直被视为获取社会经济地位的关键因素，因此，本章将优质高等教育的获得作为衡量成功与否、判断社会地位高低的关键指标，而优质高等教育指在"985""211"类院校以及公认的排名靠前的二本院校的教育经历。

二、研究方法

从 2018 年 4 月到 2020 年 1 月，围绕"如何克服重重困难才达到今天的成就"这一主题，笔者对有着 1 年以上留守或流动经历，年龄为 19~23 岁，就读于"985""211"或优质二本院校的 37 名本科学生进行了调查（编码方式为"L+性别+序号"或"M+性别+序号"，其中 L 为留守儿童，M 为流动儿童，男性编码为 M，女性编码为 F）。深度访谈法与自我民族志相结合为资料的收集方法，当然，本章所使用经验资料并非一次调查所得，而是突破原来提纲多次调查逐步收集的，而且为了使资料更为翔实细致，也深入访谈了一些留守儿童和流动儿童的家长。

第四节 逆境下的情感体验：坚韧不屈、独立自主

亲子分离是留守儿童面临的主要困难，制度性排斥与阻碍则是流动儿童面临的主要问题。虽然两者面临的具体困难有异，但成长环境的变化、破坏是他们共同的问题，而且作为公认的弱势群体，留守儿童与流动儿童的家庭经济收入一般较低，父母的受教育程度不高，可以利用的社会网络资源有限。这些艰难困苦的普遍存在就是大样本调查研究得出农民工子女发生阶层命运

第十章 逆风飞扬的农民工子女：一项质性研究

再生产结论的主要依据。然而，任何事物都有两面性，艰难困苦也是如此，它可能给很多人的生活发展带来重重障碍，甚至摧毁其努力的意志，但一些人却在逆境之下迸发出坚韧不屈的意志，锻造出独立自主的品质。我们调查的这些阶层跨越者普遍都有着这样的情感体验。

因为当时家里很穷，爸妈才迫不得已外出打工，他们打工是很辛苦的，而且刚开始挣的钱也不多，每年他们会给我爷爷奶奶400元作为我和姐姐的生活费，吃穿用度都挺省的，我穿的衣服基本都是我姐穿过的，而且每年过年也很少买衣服，身边有些大人经常会开玩笑说我穿得跟要饭的一样，报补习班、兴趣班什么的就更别说了，写字用的本子也很少买，而且买的都是那种便宜劣质的。我爷爷奶奶年龄都大了，一般我自己能干的都会自己做，像叠被子、洗衣服、扫地什么的都是我做，我姐在家里上学的那几年，我姐也会做。在我爷爷家，我爷爷种田，到农忙的时候（我）也会帮忙干活，平常也会放牛。我是一个不怕苦不怕累的人，而且特别独立，自己能解决的（事）就会自己解决不会去依赖别人或是怎样，这可能与我的经历有关吧。(L-F-12)

爸妈在外面工作很辛苦，爸爸干建筑工，妈妈做清洁工还有其他零工，我知道他们能带我来城市上学已经很不容易了，我们租住在非常小的一间房子里，爸爸的衣服经常脏脏的，经常看着很疲惫，就是那种倒头就能睡着的样子，我知道他们都很累很忙，（所以）有什么烦心事，受人欺负什么的也从不跟他们说，也不和同学攀比要这要那，我知道自己能做的就是努力学习，考上好的大学留在城市，找个好的工作才能回报他们，让他们享福。(M-M-34)

有时候看着城里孩子爸妈光鲜休闲的样子，再看自己老爸老妈衣着土土的样子，确实有自卑的感觉，但除自卑之外还有不服输的劲头，我就想，我爸妈现在不如你爸妈，但将来我一定比你强，（所以）我就特别努力刻苦，我相信努力能够克服一切困难，这是当时的想法，现在不是这样想的，但正是当时这种想法让我学习一直优异。(M-M-20)

所谓"穷人的孩子早当家",对留守儿童而言,面对亲子分离、家境贫困的冲击,必然带来亲情缺失、学习条件匮乏等挑战,但同时也可能淬炼出对其以后的学习、就业创业都有帮助的坚强独立的性格;对于流动儿童来说,面对城乡差异、环境适应、物质条件贫乏的冲击,可能会对其心理发展、学业持续构成很大的挑战,但同时也能够培养其坚韧不屈、发愤图强的意志。总之,这些留守儿童、流动儿童在艰难的环境中,以坚韧不屈的意志、独立自主的品质进行了行之有效的回应。

第五节　重要他人的影响:品质塑造、教育期望、教养方式

"重要他人"指对儿童的成长发展有着重要影响的人,父母为最常见的重要他人,除此之外,祖父母、老师、同辈群体等也可能是儿童发展的重要他人。重要他人对儿童的影响既包括言语的鼓励引导、行为的垂范榜样,又包括物质资源的支持帮助。重要他人的影响是本章部分调查对象总结的实现阶层跨越的重要因素之一。具体而言,重要他人的言行、教养方式对儿童的品质塑造、融洽亲子关系的建立作用重大,重要他人的教育期望会影响儿童的教育期望、进而影响其学习主动性、学业成绩。

相对于我爸,我妈对我的影响特别大,她是个很坚韧的人,我和我哥全靠我妈拉扯长大,我爸当时属于特别不负责任的状态,我们离开(返乡)的前段时间,我妈的手被砸断了,骨头碎了的那种,干不了活。我爸天天不回家,我们放学回家,我妈用一只手把米都淘好,菜也洗好等我们回来,我(们)帮着她炒菜。后来我才知道,有一天晚上,她在天桥上想自杀,但是想着我们会没人照料,所以忍下去了。一个人能想到死又回来面对生活,到底是有多勇敢。(M-M-21)

◆◆◆◆ 第十章　逆风飞扬的农民工子女：一项质性研究

M-M-21 还讲述了更多关于母亲的故事，可以看出，流动中的苦难经历，带给他挫败感的同时，也磨炼了其意志，特别是母亲坚韧的性格，深深地影响他以后的学习和生活。

对于父母双方外出务工的留守儿童而言，成长过程中父母长时间不在场，监护任务常常由祖父母或其他亲戚代替，这时监护人的言行、教育方式就相当重要了。

我父母虽然常年不在家，但我爷爷奶奶对我的教育没有落下，作业指导时他们帮不上忙，但我爷爷总是严格要求我，劝说我不要着急，字要写工整，凡事要耐心，他说学习就如种庄稼一样，认真料理才能高产。有时候天气炎热，奶奶就一直在旁边给我扇扇子，驱赶蚊子飞虫。（L-F-7）

除父母以外，老师也常常会对儿童的成长发展产生重要影响。

在新疆学习时期我遇到了人生中最重要的老师——王波（化名）老师。如果没有她也许我就不会考上大学，不会有正确的价值观。她接手我们班的时候是（小学）二年级，那时的我是一个不爱写作业、成绩不好的学生，但老师并没有放弃我，她了解到我的父母因为工作繁忙而无法照看我后，为我找了一个离我家近、学习好的学生监督我的学习。王老师还亲自指导我的学习，寒暑假都会让我去她家里补习，也交给我一些能够胜任的任务锻炼我的自信心。王老师不仅在学习上指导我，也在生活上为我引路。父母忙于工作对我的思想等方面关注不多，（他们认为）只要成绩好一切都好，王老师却教我为人处事的道理，甚至女生最隐私的生理问题都是王老师教我处理的。能遇到王老师这样的班主任是我一辈子的幸运！（M-F-35）

可以看出，对于流动儿童 M-F-35 来说，王老师的出现弥补了家长教育指导的不足，是对其成长发展有着巨大影响的重要他人。

一、教育期望——读书有用论

关于农村青少年辍学现象的研究发现，因农民迁移流动而被强化的市场力量使得功利主义价值观泛滥是农村青少年辍学现象严重的重要原因（周潇，2011a，2011b）。"读书无用论"就是功利价值观的一个典型表现。但在我们调查对象这里却是另一番景象，他们的家长普遍坚信"读书有用论"。

我妈在我很小的时候就告诉我，"你管放心（方言），家里就是再穷，无论你上学上到哪，我砸锅卖铁也供你"，这种话她说过很多次。（M-M-21）

我爸经常说的是，你只管学好习，钱的事交给我们（爸妈），割麦劳动的事你也不用操心，把学上好了，考个好大学，将来也就不会像我这样干出力的活了。（L-M-3）

父母的谆谆教诲是殷切的期望，期望孩子考上好的大学，期望孩子功成名就，这份期望能够转化为孩子对自身的高期望，最终转化为孩子学习的热情与动力，从而有利于促进学业成绩。当然，有时过高的期望也会产生压力，不利于子女的心理健康、学业发展，L-M-3说："有时候没有学习（而是）正常玩耍，就会有负罪的感觉，老感觉对不起辛苦劳动的爸妈！"另外，有些家长的期望带有明显的"功利"色彩，流动儿童M-F-22谈道："记得大人经常逗我和弟弟，长大了打工挣大钱好不好，我妈就会在旁边教我们说要好好学习，将来考大学，挣得钱比打工多得多。"从M-F-22母亲的话里能够感知"功利"的色彩，即学习的目的是将来能够挣更多的钱，但不可否认的是，对教育以外的其他途径的否定，无疑迎合了当前应试教育的要求，同时降低了子女辍学的风险。除了言语上对孩子的鼓励打气，这些父母们也会从行动上支持孩子的学业，具体可归纳为三点。

第十章 逆风飞扬的农民工子女：一项质性研究

（一）"全力的"支持

在经济方面，虽然经济收入有限，但有些家长还是会竭尽全力支持子女的学业。

爸妈打工几年后，经济状况好一点儿了，家里也有了电视，吃的穿的用的比之前好了很多，特别是学习方面，买本子、买书籍的钱随要随给，只要我需要的学习用品他们（爸妈）都会买给我，每年开学之际还给我买件像样的衣服。（L-F-12）

一些家长在有限的经济条件下，拿出很大一部分收入给子女报辅导班。

我家收入不高，爸妈虽然很俭省，但毕竟城市生活开销大，特别是我又在城里上学，生活过得紧紧张张，经常听到爸妈谈论又没钱了，当时我上五年级，数学不好，爸爸很着急，看好多城里的孩子上辅导班，也给我报上了，一节课七八十块钱，一次交了很多钱，交钱时能看出我妈很心疼，但还是交了。（M-M-28）

甚至有些流动家长了解城乡学校教育的巨大差异之后，想方设法让子女在城市接受学校教育，在经过反复打听盘算后，认为家庭收入无力支撑子女在大城市的教育生活费用，于是采取了折中的策略，让子女在距离老家较近的县城上学。

我从老家转到县城上学是（小学）四年级时，我爸在福州打工（收废品），我在老家县城上学，我妈在县城租了房子陪读做饭，我妈说我家的钱几乎都用在我和我弟上学上了。（L-F-14）

这既表明了家长对子女教育的重视，又反映了家长在经济上对子女教育的全力支持。

（二）"有限的"帮助

调查发现，不少家长由于自身受教育程度及工作繁忙，很难也很少参与孩子的学习过程，比如孩子的学业辅导等。因此当孩子在学习上遇到困难时，只能通过鼓励、陪伴、上辅导班等方式进行有限的帮助。

当我刚上学时，开窍特别慢，尤其是对于数学。那时我晚上写数学作业都是哭着写的，我母亲看我哭得那么厉害，就在旁边给我扇扇子陪我，跟我说话让我别着急。（M-M-21）

这种真切却"有限"的鼓励是 M-M-21 坚持不懈的动力，也是弱势家庭作出的力所能及的回应。但客观而言，这种方式存在着明显的不足，因为其作用的发挥主要取决于帮助对象的自身特质，如对于懂事、坚韧的 M-M-21 是有效的，而对于他调皮的哥哥则只是"学习差"的借口。

（三）"坚决的"拒斥

一些农民工家庭笃信"学习有用论"，除在经济上全力支持、学业上有限的帮助之外，还通过坚决拒斥影响学习的负面因素来强化。

M-F-22 一家居住的城中村有来自全国各地的打工者，人们工作之余的娱乐活动最常见的就是打牌、打麻将，谈论话题最多的就是挣钱、发财。M-F-22 谈道："那个时候，我妈坚决不让我俩（我和哥哥）看大人打牌，并且还吓我们说谁学打牌就把谁赶出家去。"

二、"理解型"教养方式／亲子关系

拉鲁在《不平等的童年》一书中指出，家庭教养方式存在明显的阶级差

第十章 逆风飞扬的农民工子女：一项质性研究

异，相较底层家庭"自然成长"的教养方式，优势群体"协作培养"的教养方式更有利于儿童的成长发展。"协作培养"的显著特点之一是语言运用中的协商，也就是说，相比简单地对孩子发号施令，家长更倾向于和孩子进行协商讨论，孩子也可以反驳成年人的话语，表达自己的观点。然而，在我们调查对象的家庭中，教养模式既不同于"自然成长"，又有别于"协作培养"，而是类似于"协作培养"的一种"理解型"教养方式或亲子关系。之所以说是"类似"，是因为除协商的成分外，子女很少有类似"反驳家长"的行为，而是很"懂事"地表达观点，家长也因为有"亏欠"的意识，通常也会选择倾听孩子的想法，"理解型"的亲子关系得以建立。

当谈及"与父母关系"的话题时，M-F-22 说："我的父母是属于那种脾气比较好的，从小到大基本没有打过我，弟弟作为比较皮的男生也是很少（挨打）。"

M-M-21 说："我和父母的关系还好，他们没怎么怪过我，因为我比较听话。我哥哥就比较皮，每次他闯祸惹我妈生气，我妈就絮叨我们不听话，说她拉扯我们多不容易，甚至还哭了好多次，所以我不敢闯祸⋯⋯"

可以看出，两位流动儿童与父母"冲突"较少的原因除了与父母对待孩子的"好脾气"有关外，更重要的一点是父母通过日常的"诉苦""叮嘱"等方式向他们传达了生活的辛苦、抚养的不易，这种经常重复的规训行为，使得子女内化了这样一种情感，即"要听话"。

关于亲子关系这一主题，我们也深入访问了家长一方。M-F-22 的母亲说："我和雪丽（M-F-22 的小名）她爸没什么本事，也没文化，人家父母给的我们会尽量做到，雪丽本身就比较懂事，带她上街她从来不主动要东西，我教她不准随便接受别人的东西，她记得可清了，每次非得我同意了她才会伸手⋯⋯"M-M-21 也提及自己的父母也时常有意无意中流露出"亏欠"子女的情感，另外，因为父母受教育程度不高，所以在接触新生事物尤其是电子产品时会主动向他和哥哥询问操作方法，他们也会因此感到开心。

我们看到，在这些农民工家庭内部，一方面，子女在内心建立起了对父

· 191 ·

母辛苦操劳的认同；另一方面，父母也会基于"亏欠"心理而体谅孩子，一种"理解型"教养方式/亲子关系得以建立。无疑，这种教养方式、亲子关系不同于"自然成长"模式，也与"协作培养"模式有别，但确实是现实条件下有利于子女成长发展的一种模式。

第六节 外在结构性因素：趋利、避害

客观而言，弱势家庭子女无法仅仅凭靠坚韧的毅力、独立的个性实现命运的改变；重要他人的精神感召、言语鼓励与行为榜样对于子女发展确实有帮助，但也仅仅起到辅助引导作用。在择优录取的绩效主义原则下，要实现阶层的跨越，就要有好的学业成绩，而好的学业成绩的获得并不能与努力刻苦画上等号。说到底，"成功"要契合"成功"的条件。就儿童的学业成绩、成长发展而言，它受到儿童生活其中的整个社会生态系统的影响，这个系统的一部分，是儿童直接面对的家庭、学校等近端环境；另一部分，则是距离儿童较远的文化、制度等远端环境。

上述分析主要集中于阶层跨越者的个人品质、家庭条件，显然，还有诸多重要的结构性因素没有涉及。当我们聚焦于外在的结构性因素时，会发现一些实现了向上流动的农民工子女或在家长的有意设计下把握住了提升学业成绩的关键因素，或幸运地避开了一些风险因素的干扰。

一、趋利：对优质学校的追求

前文提及的 L-F-14 有着长时间的留守经历，在她刚上小学一年级时爸妈就外出务工，留下她和 5 岁的弟弟由爷爷奶奶照看。四年级时，L-F-14 转学到县城一所公办学校就读。我们就转学的原因问了她的母亲。

刚开始我和她爸都出去（打工），什么都干，清洁工、工地拉沙子石子、

第十章 逆风飞扬的农民工子女：一项质性研究

收破烂（废品），净出力了，也没挣上钱。有一天晚上和她爸闲聊，她爸说：咱俩到处跑（打工）是为什么？不就是为了 JC、JH（两个孩子的名字）将来过得比咱俩好吗！要想过好不出死力，这世道一定要读书，有学问，上大学。咱俩没文化，不能帮他俩（学业辅导），老家的学校那破烂样也不行，你看咱旁边的 CL 小学（一所城市公办学校）多好！这样吧，咱挣的这点钱也不够把他俩接来上学，HX（L-F-14 母亲堂弟的名字）不是在县城实验小学吗，让他想想办法，让 JC、JH 进去上学，你就在县城租个房子给他俩做饭好了，我一个人挣钱就行了。

于是，经过一番努力，L-F-14 和弟弟入读了县城实验小学。虽然家庭勉力维持，但两个孩子的成绩相比在老家时提升明显。

关于城乡学校的差异，具有两地就读经验的儿童有着切身的体会。令人印象深刻的是，他们对城市和农村学校差异的描述，几个有着两地就读经验的被访者同时用到了"碾压"一词，即城市的学校无论在教学设施、师资力量上都完胜农村的学校。家长对于这种差异也心知肚明，对一些流动家长的深入访问后发现，改善子女的教育条件就是其流动的主要动机。

我刚开始来城里是为了挣钱什么都干，后来我捡起了老手艺（木工），干这活不一定在城里，老家（农村）也一样挣钱。但在老家孩子怎么上学呢！老家的学校与城里的学校没法比，一个天上，一个地下，就是城里的最差的（学校），也比老家最好的（学校）好！（所以）为了孩子也要（在城里）待下去。（M-M-29 的父亲）

M-M-29 的父亲还详细讲述了其在城里为孩子寻找就读学校的曲折经历，言语之间，尽是艰难，但好在最终如愿，以前所有的心酸，都随着孩子的入学而烟消云散。

二、避害：对排斥行为的应对

制度性排斥及引发的其他排斥行为是流动儿童面临的一个风险因素。调查中，当被访者在流动城市曾经遭遇过排斥行为时，对排斥行为的应对是一个必谈的话题。M-M-21 和 M-F-22 及其父母的应对策略具有一定的代表性。M-M-21 所上的是一所教学质量很好的公办学校，班级里只有少数几个流动儿童。他描述道：

我真正感受歧视的情况有是有，但比较少。在我们家住的那个地方，几乎都是外来人口，我跟他们接触的时候最起码是不会有歧视的。在学校里面，偶尔会有当地同学说我们"乡巴佬"，我会很生气跟他们斗嘴，但也总会有跟我一样的同学（流动儿童）帮我说话，大人一般也会告诫我别跟那些看不起人的同学交往。

M-F-22 所上学校的教学质量处于同区学校的中下游，班级中流动儿童与本地儿童数量相当。流动儿童与本地儿童经常发生口角，甚至肢体冲突的现象也时有发生。

最严重时，班里分为两派，互不来往，作业也分开交。最后闹到老师那里去，老师出面调解，组织大家一起做活动，才有所缓解。

M-F-22 还谈到，由于担心孩子受欺负，大人们会让大的孩子带着小的孩子一起上下学，让他们多交一些同为流动儿童的朋友。并且教会了孩子一些与城里孩子讲道理的话，如"你们城里人有什么了不起的，没有农民你们吃什么，再说了我们来到这个地方也是为你们搞建设"（M-F-22 的母亲）。

可以看出，面对排斥性行为，流动儿童与家长的应对方法主要有语言上的反驳、交友上的回避以及行动上的抱团。面对不公平的对待，口头上的反

第十章 逆风飞扬的农民工子女：一项质性研究

对是最为直接的回应方式，M-F-22母亲的话语就属于这类，同时，母亲的意见也为孩子提供了支持和反驳类似举动的"权威"依据，这不仅弥补了孩子心中的失落，还有利于维护其自身的权益。交友上的回避与行动上的抱团之间实际上是相通的，按照家长"不要和看不起人的孩子交往"的盼咐，流动儿童尽量避免和当地孩子交往；为了确保不受伤害，还会尽量一起行动。这些行为实质上是一种被迫建立起来的自我保护，目的是降低受到伤害的风险，而不是真正意义上的"反抗"。虽然如此，其对于流动儿童的成长依然弥足珍贵。

第七节 本章小结

已有的大样本调查研究往往以留守儿童与农村完整家庭儿童、流动儿童与城市儿童比较的方式分析农民工子女再生产命运的发生机制，本章反其道而行，聚焦一些有留守或流动经历的高学业成就的农民工子女，以质性研究的方式分析这些曾经身处困境者最终成功实现阶层跨越的原因。

研究发现，这些曾经身处困境的留守儿童或流动儿童之所以能够逆风飞扬，成功实现阶层跨越（或者为阶层跨越奠定了坚实的基础），既有阶层能动性的作用，又有家庭、家长的支持作用，同时也离不开对外在结构性因素的"趋利避害"。

王宁和马莲尼（2019）强调了阶层能动性对于低阶层子女向上流动的重要性，他们认为，低阶层子女可以通过确立积极的人生态度，充分利用外生资源，克服阶层背景的资源劣势，从而实现向上流动。本章发现，在亲子分离、物质匮乏、城乡差异等不利环境下，一些农民工子女并没有向命运低头，反而淬炼出坚强独立的性格，培养出坚韧不屈、发愤图强的意志，这些"积极的人生态度"是有助于学业成功的个人条件。家长的言语激励、行为垂范对子女个体能动性的发挥及学业成绩的提升有帮助；家庭的经济支持、较高的教育期望、理解型亲子关系是有益于学业成功的家庭条件。在个体条件一定、

逆风飞扬：社会再生产机制与农民工子女发展研究

家庭资源比较贫乏的情境下，对外在结构性因素的"趋利避害"对学业的影响显得更加重要。一些农民工家庭努力追求对子女学业成绩有着重要影响的优质教育资源（对有些流动儿童家庭而言，子女能够享受优质教育甚至是其发生从乡到城流动的最主要原因），一些家庭帮助子女避开可能不利于子女学业发展的风险因素，这都是有助于学业成功的外在结构性条件。

这一结论在对已有阶层再生产研究中得出的影响再生产的重要因素如家庭状况、学校教育进行验证支持的同时，也强调了阶层能动性的发挥对于改变命运的重要性。对阶层能动性的强调，让我们看到，虽然弱势群体整体上再生产的发生较难避免，但其实现向上流动也并非全无机会。

但现实的情形是，我们看到了许多意志坚强、不向命运屈服的留守儿童、流动儿童，虽然他们万分努力，家庭也较为支持，最终却由于学校、制度排斥等因素的阻碍没有成为学业、事业上的"成功者"。这一现实告诉我们，农民工子女发生"逆袭"是诸多因素——能动性、家庭家长支持、优质教育的获得及对其他外在结构性因素的"趋利避害"共同发挥作用的结果，不能只强调一个因素而忽视其他因素。能动性的发挥要以家庭状况、客观结构性条件为基础；同样，外在条件作用的体现也需要能动性的发挥，要知道，即使充盈丰富的外在保障，也难以支撑起一个意志脆弱、斗志全无的人取得成功。

另外，本章仅仅选取了已经"成功"的有留守或流动经历者，这些"成功者"都有着坚韧不屈、发愤图强的品质，这些优良品质正是他们实现"逆袭"的重要因素。但现实中也存在和这些"成功者"拥有相同品质的"失败者"，其虽然顽强拼搏，最终却在学业、事业上铩羽而归。有哪些外在结构性因素阻碍了他们的教育获得、事业成功与向上流动？如何对这些"努力者"进行适当的干预，从而帮助其成功？这些都是值得进一步研究的问题。

第十一章

结论与讨论

本书的研究重点在于弱势群体再生产主导机制的确定和有效的"反再生产"途径的确定。围绕这一研究重点，需要回答如下问题：弱势群体再生产的主导机制是什么？如何确证所认定的机制在弱势群体再生产过程中是重要的？如何确证所认定的"反再生产"途径的有效性？由于弱势群体类型多样，不同群体间存在明显的差异——其生存情境、向上流动的阻碍因素往往有别，地位改变的方式途径也存在较大不同。因此，作为一项以探寻弱势群体向上流动路径为学术志向的研究，在希望研究结论具有普适性，即某种程度上能够适用于所有或大多弱势群体的同时，面对一项如此宏大的任务，应有所选择、有所舍弃，追求面面俱到很可能会适得其反，落入画猫类虎的境地。基于上述考虑，我们在社会再生产机制的分析中，试图涵盖更为广泛的弱势群体，但在具体探寻弱势群体向上流动的实证分析中，则选择了一个规模庞大、公认的弱势群体——农民工子女作为研究对象，试图通过对这一群体再生产模式的细致分析，探寻其可能的、易于实现的向上流动路径，以期为其他弱势群体的相关研究提供参考。

为实现研究目标，在研究过程中，我们将社会情境分析与再生产机制分析纳入中国场景，在对已有再生产理论梳理总结及考察在中国的适用性时，特别注意对中国社会制度变迁的考虑以辨识阻滞或促进弱势群体向上流动因素的恰当性，特别重视中国社会建设过程中形成的富有自身特色的特征。在

逆风飞扬：社会再生产机制与农民工子女发展研究 ● ● ● ●

向上流动路径的探讨中，我们相信对弱势群体生活其中的近端、远端情境的细致考察、准确把握，才是确定该群体再生产主导机制和寻找促进这一群体向上流动有效途径的正确方式。

在研究方法上，我们充分借鉴量化研究与质性研究的优势，既利用全国范围内有代表性的样本进行量化分析，又以深度访谈、自我民族志的方法收集资料进行质性分析。在分析策略上，由于本书以社会再生产理论分析儿童的成长发展状况，把成长发展状况的群体间差异纳入更广阔的社会阶层背景之中，因此采用了群体比较的分析策略，不仅考察了家庭背景、学校教育，同时也关注了农民工子女生活其中的更广泛的社会空间、生态环境（如制度背景、社区等）对成长发展的影响差异。在量化分析时，重视内生性问题的解决，引入能够消除混淆变量选择性误差的方法（如倾向值匹配法），同时也重视对参照群体的选择与处理。

基于上述思路与分析策略，本书得出主要结论：弱势群体的再生产或向上流动的主导机制存在于生活其中的社会生态系统之中，这个生态系统既包括远端的制度文化情境，又包括近端的物质条件、互动人群情境；就当前中国社会而言，家庭与学校是最重要的近端情境，富有中国特色的强大的国家力量是最重要的远端情境。简言之，弱势群体社会再生产或社会流动的主导机制为家庭、学校与权力。由于生态系统中的一些情境是易于改变或者深受社会中控制性权力关系操控的，这为干预社会再生产特别是促进弱势群体的向上流动提供了机会。对农民工子女这一弱势群体地位的改变而言，除可以通过国家的力量干预其生存情境实现外，乡城流动也是一个重要的实现路径。

一、家庭：社会再生产/社会流动的重要机制

社会再生产机制理论强调了家庭在阶层再生产过程中的重要作用。诸多实证研究也表明家庭在个体地位获得中的关键作用，特别重视家庭文化资本的不平等及家庭养育方式差异对儿童发展路径的影响。在已有研究的基础上，本书集中考察家庭文化资本对子女学业成就的效应与家庭资源对家长教育期

望、教育预期的影响。

不同于已有研究注重对不同阶层文化资本存量与子女学业成就/教育获得关系的分析，本书将文化资本划分为身体化文化资本、制度化文化资本与客体化文化资本三种类型，分析每一类型的文化资本对不同阶层子女学业成就的影响。研究发现，不同类型的文化资本对学业成就的作用各异，其中以父母受教育程度为代表的制度化文化资本对子女学业成就的作用最为重要；在文化资本的利用上，不同社会经济地位的家庭存在着明显的差异，中上社会经济地位的家庭可以扬长避短，更好地发挥文化资本的作用，社会经济地位的家庭则不能够充分利用不同类型文化资本的长处，也不能够有效克服一些消极的影响，最终导致子女学业成就受损。

已有研究表明家长的教育期望与子女学业成就的关系较为紧密，甚至有研究将教育期望视为预测教育获得的最有效变量。但已有文献不太注重对"基于主观理想的期望"与"基于客观现实的预期"的区分，而是将两者概括在"教育期望"的名义下，进而考察其影响因素及作用发挥。本书对两者进行了区分，将前者称为教育期望，将后者称为教育预期，并以此为基础，利用全国性调查数据，分析家长教育期望、家长教育预期及两者之间存在差异的家庭背景因素。分析发现，处于不同社会经济地位的家长对子女的教育期望普遍较高，"望子成龙""望女成凤"并无明显的差异，可见，家长教育期望更多是一种美好的想法、一种理想的状态，在人们对教育的重要性形成共识之后，受到的约束并不多。相较家长教育期望，家长教育预期则深深植根于社会经济地位之中，受到父辈受教育程度、家庭类型、家庭结构、家庭经济状况的约束，也受到与家庭社会经济地位有着密切联系的子女认知水平的影响。研究还发现，家庭经济状况、家庭结构、家庭类型、子女认知水平是影响家长教育期望实现的主要因素。

质性研究结果也表明家庭对儿童成长发展的重要性。父母的言语激励、行为垂范对个体能动性的发挥、学业成绩的提升有帮助；家庭的经济支持、理解型亲子关系也有益于子女的学业成功。

二、学校教育：社会再生产/社会流动的关键因素

适用于资本主义社会的传统阶层再生产机制理论普遍强调了学校教育在再生产过程中的重要作用。宏观上，国家充分重视学校教育对文化霸权建立的重要作用，精密安排了一套对应于生产场所劳动分工的学校教育体系及权力导向关系。微观上，学校以精英阶层的文化作为学校主导文化、以优势群体家庭使用的语言作为学校语言的方式，保护、延续、强化了文化资本的不平等。

学校教育不仅是社会再生产的重要机制，也是社会流动的关键因素。特别是在以绩效主义为主导的现代社会，教育在个人地位获得中的地位更加重要，甚至成了弱势群体向上流动的最重要渠道。此外，家庭资源中对儿童成长发展有着重要影响的文化资本、教育期望等与学校教育关系密切：家长的受教育程度，通常可以作为衡量家庭制度化文化资本的标志，家长的受教育程度越高，子女可利用的文化资本越丰富；家长的受教育程度越高，对子女的教育预期越高，越有利于子女的学业发展。

本书从学前教育经历对儿童认知发展的影响及学校质量对学生能力发展的影响两个方面验证了学校教育的重要性。学前教育经历对儿童认知发展的影响研究发现，虽然学前教育经历对儿童认知发展的影响因认知能力的层面不同及时间长度的不一而有异，但总体上看，接受学前教育对儿童的认知发展非常重要。

学校质量对学生能力发展的影响研究发现，以良好的学习氛围、雄厚的教师支持与先进的教学方法为标志的优质学校教育对青少年的能力发展能够起到一定的积极效应；特别是对于底层家庭的子女而言，学校资源对能力发展的影响更为重要；能力发展涉及多个方面，除学校质量因素外，还与自身特质、家庭背景有关，家长的关心支持能够减少子女的焦虑情绪，家庭学习氛围的营造能够培养子女学习的兴趣，提高子女学习的积极性，这为那些由于经济条件的限制而无法获取优质教育资源的家庭子女的能力发展提供了学校因素之外的途径。

通过乡城流动对教育获得的影响效应分析发现，从乡到城的流动经历对农村青少年的教育获得有着显著的积极影响，原因在于城乡教育资源的巨大差异。正是从农村到城市的流动使处于教育资源匮乏环境下的学生获得了丰富的城市教育资源，从而促进了其学业发展，这也可视为学校教育促进社会流动的佐证。

三、社会再生产与社会流动的权力烙印

（一）权力通过制度设置影响地位获得

社会再生产是一个系统的工程，其机制存在于一个社会的宏观制度支持与微观制度设置之中。这些宏观和微观的制度安排与历史传统、文化习惯有关，但不可否认的是它们也具有明显的权力烙印，甚至可以说，某种意义上资本主义阶层再生产的发生就是强权设计的结果。在资本主义社会，作为统治阶级代表的精英集团，为维护自身的地位与利益，利用所掌控的权力，进行一系列的制度设计，这些制度安排以强制或教化的方式成为社会普遍遵循的规则，规则运作的正常结果使作为一个整体的优势群体的地位优势得以维持，作为一个整体的弱势群体的地位劣势得以延续，发生阶层再生产。

但资本主义社会的精英集团并非总是能够准确预见制度的效果，也并非总是能够完全掌控社会的发展趋势，特别是面临外部激烈的竞争刺激时（集团外部或全球化视角下的国家外部），制度安排也要考虑其他阶层群体，考虑整体的活力，因此，制度运作的惯性有时也会发生不利于优势群体、将部分优势群体成员甩入底层的现象，也会发生部分弱势群体成员利用规则实现地位逆转发生阶层跨越的现象。其实，一个社会中"上层下流"与"下层上流"现象的发生是正常的，也是必要的，倘若这个社会就会"阶层固化"，特别是底层的向上流动之路阻滞，将会引发诸多社会矛盾，因此可以说，适度的阶层再生产与社会流动是一个社会正常、健康的标志，前者保证了社会的稳定，后者则激发了社会的活力。

逆风飞扬：社会再生产机制与农民工子女发展研究

就中华人民共和国成立以来的中国社会而言，社会再生产与社会流动的地位在不同的时段表现出明显的不同，有些时段社会流动较为剧烈，有些时期社会再生产的特征更为明显。但无论两者的地位高低如何，权力都起到了重要的甚至决定性的作用。

中华人民共和国成立之初，社会流动剧烈，通过土地改革运动、没收官僚买办资本、民族工商业社会主义改造等方式手段，对中国社会的结构进行了重塑，原来底层的工人与农民阶级翻身做了主人，而原来上层的地主阶级、官僚资产阶级和民族资产阶级则被消灭，使中国社会的结构在以后很长时间都呈现出"两个阶级一个阶层"的形态。

高度集中的计划经济体制建立后，确立了对社会分层影响深远的身份制度，特别是城乡户籍身份制度，在全国范围内，严格规定农民未经允许不得进城，城市单位不得自主招用农村劳动力，城乡二元分割的社会结构肇始于此。

改革开放后，国家确立了以经济建设为中心的发展战略，经济体制逐渐由计划经济向市场经济转轨。政治分层标准逐渐被废弃，经济分层越发明显。国家围绕每一时期发展战略的制度安排深刻地影响了农民地位、农业农村发展，这可以看作农民、农民工及其子女地位获得的远端环境。除这些宏观制度安排外，一些特定领域的微观制度设置也深刻地影响了农民工子女的成长发展。最有代表性的就是政府部门关于流动儿童城市就学问题的若干政策意见文件的颁布实施：从1992年《〈中华人民共和国义务教育法〉实施细则》开始关注流动儿童在城市的义务教育问题，到1998年《流动儿童少年就学暂行办法》确定了流动儿童在城市公办学校借读的就学方式，到2001年《国务院关于基础教育改革与发展的决定》确立流动儿童教育"两为主"的原则（以流入地区政府管理为主，以全日制公办中小学为主），再到2012年《关于做好进城务工人员随迁子女接受义务教育后在当地参加升学考试工作的意见》保护了流动儿童在流入地中考、高考的权利，每一项政策的颁布实施都体现了权力的意志并深刻地影响了流动儿童的成长发展路径。

（二）权力通过学校、家庭对地位改变发挥作用

由于家庭和学校是社会再生产或社会流动的重要机制，权力可以通过两者发挥其促进弱势群体地位改变的作用。

一个社会中控制性权力关系的教育制度设置决定了教育之社会再生产与社会流动功能的强弱，也正是在此意义上，使得对于社会再生产/社会流动的干预成为可能。就中国学校教育的现实而言，一方面教育事业获得了巨大发展，各阶段教育机会供给量持续快速增加，各个阶层都从教育事业的发展中获益，特别是一些底层子弟通过教育改变了命运，这说明教育发挥了促进社会流动的作用。另一方面，教育不平等仍然较为明显地存在着，这种不平等既表现为从幼儿园到大学各阶段教育质量的不平等，又表现为城乡教育资源的差异。教育不平等的存在表明学校教育阶层再生产的作用仍在持续。

部分地抑制学校教育的阶层再生产效应，充分发挥其阻断贫困代际传递恶性循环、促进社会流动的作用，一直是研究者及政策实践者努力的方向，当然这种努力的尝试多种多样，着力点也各有不同。其中，一种观点认为，童年时代的早期为儿童成长发展的敏感期、关键期，这一关键时期对儿童成长发展非常重要，因此，在童年时代的早期内实施适当的良性干预，将会使儿童受益无穷。本书支持了这一判断，发现学前教育对儿童认知能力的发展十分重要。这一发现的政策意义在于：要大力发展普及学前教育，但由于没有学前教育经历的儿童主要分布于农村、西部地区，因此国家干预的重点应为大力发展农村、西部相对欠发达地区的教育特别是学前教育，尽量保证适龄儿童都能够进入正规或非正规的学前教育机构接受学前教育。另一种观点认为，在某一阶段的教育机会基本饱和的情况下，学校教育质量对学生发展的影响更加突出。本书的发现支持了这一判断，这意味着，国家力量可以通过消减各教育阶段、城乡之间的学校教育质量差异的方式改善教育不平等，从而达到促进社会流动的效果。

家庭文化资本对子女学业成绩的影响研究及家庭资源对家长教育预期的影响研究都支持了家庭文化资本对子女地位获得的重要作用，因此，消减文

化资本的不平等应是干预的重点。相比经济资本，文化资本有着更为不易改变、坚实顽固的阶层壁垒作用。因此，消减文化资本社会不平等的代际传递也更为艰难，需要强烈、持续的外力干预。从不同类型文化资本的作用看，干预的有效发力点应为对子女学业成就有着重要影响的制度化文化资本，即应该注重提高为人父母者的受教育程度，提高每一位公民的受教育程度。从缩小阶层差异的角度看，政府可以通过促进教育资源均衡的方式弥补家庭制度化文化资本的分化，通过缩小学校之间在教学质量和学生阶层构成上的差异，为不同阶层学生通过后天努力获取文化资源实现向上流动创造条件。可以看出，即使从家庭层面看，国家力量实施干预的重点仍然在教育方面。

四、乡城流动：农民工子女向上流动的重要途径

对农民工子女这一弱势群体地位的改变而言，除可以从社会再生产/社会流动的主导机制上探寻相关方案外，乡城流动也是一个重要的实现路径。

本书一方面利用全国样本数据，以群体比较的视角、能够消减混淆变量影响的倾向值匹配等方法系统分析了乡城流动对教育获得、健康状况的影响；另一方面采用深度访谈、自我民族志的方式收集资料，分析乡城流动对儿童成长发展的影响，最终量化研究和质性研究殊途同归，都得出了乡城流动是农民工子女向上流动重要途径的结论。

乡城流动对教育获得影响的量化分析发现，流动儿童因进入城市享受较好的教育资源，而获得更高的教育水平。当然，也不是所有的农民工子女都具有相同的进入城市接受教育的机会，只有那些拥有优势家庭背景、个人特征者才更容易通过流动的方式变换生活教育环境，获得更好的发展。

乡城流动有利于学业发展的结论也在质性研究中得到佐证。那些历尽千辛万苦让子女在城市就读的农民工，很大程度上看重的就是城市的优质教育资源对子女学业发展的帮助；那些具有两地（农村和城市）就读经验的流动儿童以切身的体会描述了乡城教育的差异以及这种差异对学习成绩的不同影响。

乡城流动与儿童健康的量化研究通过构建儿童健康测量指标体系，分析了不同类型儿童在健康状况、健康功能、健康行为和健康潜能上的差异。发现留守儿童的总体健康水平低于完整家庭儿童与流动儿童，留守儿童的健康劣势主要体现在健康行为与健康潜能方面；农村完整家庭儿童与流动儿童的总体健康水平虽无显著差异，但乡城流动经历对健康状况、健康行为的正向效应是明显的，简单来说，如果城市的卫生保障能够覆盖流动儿童，即克服流动对健康潜能的负向影响，流动对儿童的健康也将具有明显的促进作用。

结合流动、留守对儿童的发展影响看，跟随父母的乡城迁移有利于促进子女的学业发展、教育获得，有利于促进子女的身体健康、心理健康，因此也最终有利于子女摆脱父辈的命运，实现向上的社会流动；亲子分离、留守在家的农民工子女无论在学业方面，还是在健康方面都面临重重困境，受到诸多限制，因此最终更可能重蹈父辈的命运，落入阶层再生产。

五、农民工子女地位改变的其他因素

希拉里（2015）以"举全村之力"为名写了一本书，影响较广，中心意思是儿童的成长发展是多方面影响的结果，与他们生活的社会有关，与成长的家庭有关，与父母有关，也与个人有关，因此，养育一个孩子需要多方面的共同努力，需要"举全村之力"。

本书对以农民工子女为代表的弱势群体再生产机制与向上流动的研究发现，促进这一群体地位的变化，增加其向上的流动率，也是一项系统的工程，除需要政府部门干预外，还需要社会、家庭、个人等多方面的共同努力。

（一）家庭决策

研究发现，留守经历对儿童的教育获得、健康状况都有着明显的不利影响。相反，跟随父母的乡城流动对儿童的成长发展有着显著的促进作用。因此，在条件允许的情况下，农民工父母将未成年子女带在身边，在城市生活学习，应是一条有利于促进子女发展的路径。但必须承认的是，家庭式流动对于相当一部分在城市艰难谋生的农民工来说并非易事。说到底，家庭式流动的决策并非仅仅是家庭的事，决策的背后是对所在城市生活成本、融入感、接纳度的考量，当福利待遇、医疗保障、子女入学等一系列关乎归属感的政策都因身份而异时，就不难理解为何那么多农民工将子女留在了家乡。基于此，为鼓励家庭式流动，政府层面应推进农民工市民化的政策，坚决取缔因身份而异的政策制度。政府的努力是一方面，家庭也要有面对困难的准备，在异地就学政策已经出台但还不完善的条件下，家庭应着眼于使孩子接受优质教育资源，克服一些生活、居住甚至不平等待遇的障碍。事情已悄悄出现了一些可喜的变化，研究表明，家庭式流动正成为一种趋势，新生代农民工父母越来越倾向于安排子女在随迁地就学（杨雪、马肖曼，2016）。

（二）社会组织帮助

社会学视角下的农民工子女研究，既有大样本的群体状况描述、生存境遇原因分析，又有选取典型样本的深度个案分析，这些研究为世人呈现了留守儿童、流动儿童的生存生活现状，以及造成如此状况的个体、家庭和制度原因，也为相关部门改进性、保护性政策的制定提供了依据。

然而，由于相关政策的制定经常发生在问题普遍出现之后，缺乏及时性，而且这一群体规模庞大，遭遇的问题也是各种各样，这些林林总总的问题很难简单统括于一个政策之下，也很难凭一句"加强对弱势儿童的关注"得以解决。也就是说，对留守儿童、流动儿童的帮扶关爱，除政府部门颁布法律、出台政策这一根本的手段之外，还需要更多社会力量的参与。专业的社会工作及社会公益组织早已参与此项活动，它们凭借专业的知识，为困难留守儿童、流动儿童提供了许多及时有效的服务工作，也积累了丰富的经验。相信经由这些社会组织的干预介入，不仅有助于服务对象克服目前的生活困难，而且有利于其长远的发展，有助于这一群体向上流动率的提升。

（三）个体能动性发挥

王宁和马莲尼（2019）在探讨低阶层子女是否有向上流动的机会时强调，尽管阶层资源对代际流动具有支配性作用，但个体的能动性对代际流动的影响同样是不可忽视的；低阶层子女在家庭内生资源不足的情形下，如果能充分发挥能动性，借助义务教育等外生资源，也可以克服阶层背景的物质资源劣势，实现超越父辈的向上流动；能动性得到发挥的根源之一在于积极的人生态度与远大的人生目标的确立。然而问题在于低阶层子女往往受制于家庭资源的贫乏，更易形成短视的人生目标，这严重妨碍了其能动性的发挥。可用两种方式突破"短视模式"：一是在目标的规划上，采用中产阶层子女的目标；二是及时修正、调整、提升人生目标。王宁和马莲尼对能动性对社会流动影响的强调同样适用于农民工家庭及子女，艰难困苦的冲击、物质资源的匮乏，虽然严重制约着农民工子女的向上流动，但如果充分发挥家庭和个体的能动性，坚韧不屈、发愤图强，充分利用外在资源，趋利避害，是可以逆流而上、逆风飞扬，实现向上的社会流动的。

六、讨论与不足

（一）自发调节的市场可以消减阶层分化吗？

本书的主要观点是就我国社会各阶层间的相对关系而言，因制度变迁的路径依赖与阶层间持续的优势累积，社会各阶层相对位置仍将呈现出"再生产"的特征；弱势群体整体上的阶层再生产并非表明其是一个固化的、永远没有向上流动机会的群体；以农民工子女为代表的弱势群体，无论是再生产还是向上流动的主导机制都存在于其所生活的社会生态系统之中，这个生态系统既包括远端的制度文化情境，又包括近端的物质条件、互动人群情境（家庭、学校等），有些情境是易于改变或者深受社会中控制性权力关系操控的；我国的体制为干预社会再生产特别是促进弱势群体的向上流动提供了机会，而且对于弱势群体的干预，国家力量应积极参与。

逆风飞扬：社会再生产机制与农民工子女发展研究

但一直有一种不同的观点，认为中国的贫困问题、贫富分化问题可以通过政府继续放权、市场发挥主导作用、经济持续发展的方式最终解决。这就引发了对一个问题的思考：自发调节的市场可以消减阶层分化吗？

关于这一问题，我们赞同波兰尼（2007）的观点，自发调节的市场是一个彻头彻尾的乌托邦，市场力量的扩张或早或晚会引发旨在保护人、自然和生产组织的反向运动，并表现为社会保护性的立法及其他干预手段。简单而言，市场扩张具有贪婪性、不可控性，会引发强者越强、弱者越弱、社会道德沦陷、社会正义缺失等问题，如果不进行干预会引发严重的后果。因此，自发调节的市场是要不得的，市场需要在权力、社会的约束之下运作。就弱势群体的地位获得看，如果放任市场的扩张，只会使弱者更弱，向上流动几乎不可能实现。然而对阶层地位获得、阶层固化进行强力干预，促进弱势群体的向上流动，恰恰是我国政治体制、治理体系的优势。那么，政府应该怎样干预呢？

由于政策制度是权力作用于社会结构的根本途径，因此改革调整那些阻碍了社会流动的制度设置应是有效的干预方式。由于学校教育是阶层再生产/社会流动的关键机制，因此国家干预的发力点应是教育制度的设置调整。结合本书的理论分析与实证研究，具体而言，应废除那些具有直接排斥效应的教育制度；应改革教育制度设置的双重分割性，大力发展农村教育，缩小城乡教育资源、教育质量的差异；应重视学前教育，特别重视农村、西部等相对欠发达地区的学前教育，保证适龄儿童都能够进入正规或非正规的学前教育机构接受教育；应继续坚持实施并完善对贫困地区、贫困人口的教育照顾政策；应立法保护流动儿童公平接受各类教育的权利。

本书强调了政府干预对弱势群体地位改变的重要性，也论证了可行的、易于操作的干预方式，甚至通过家庭、学校教育重要性的实证分析，间接证实了政策干预的效果。但是必须承认，一方面，研究缺乏直接的关于政策干预效应的实证分析，获取相关的数据十分不易，需要收集一些关键政策实施前后弱势群体的资料；另一方面，即使收集了相关数据，由于需要控制的混淆变量实在太多，也难以确证该政策的效应。因此，政策效应分析是一个有待

第十一章 结论与讨论

进一步深入思考的问题。

另外，消减阶层分化，促进弱势群体的向上流动，除需要政府干预之外，还需要社会组织的参与。如果说政府通过制度设置的方式对弱势群体地位的改变是普遍性的、整体性的，那么，社会组织的介入帮扶则是针对具体人员的有的放矢。专业的社会工作及社会公益组织为包括留守儿童、流动儿童在内的弱势群体提供了大量的帮扶服务，积累了丰富的经验。如何将社会组织的帮扶经验进行梳理总结及推广使用也是有待进一步研究的问题。

（二）研究结论适用于其他弱势群体吗？

考虑弱势群体范畴的广泛性、群体间的差异性，本书的社会再生产机制分析，试图涵盖包括农民工子女在内的更广泛的弱势群体，而向上流动的实证分析，则仅以一个公认的弱势群体——农民工子女为对象，探寻其可能的向上流动路径。因此，本书的一些发现可能适用于农民工子女以外的若干弱势群体，而一些研究结论则不一定适用于其他弱势群体。

具体而言，虽然不同弱势群体间有着明显的差异，但他们在整体社会结构中都处于相对底层的位置，因此，这些底层群体的再生产方式必然有着共同之处。这些群体再生产和向上流动的主导机制理应从其所生活的社会生态系统中找寻，家庭与学校无疑是最为重要的近端生态系统，现阶段中国"强力政府、国家主导"的体制特点无疑是最为重要的远端生态系统。基于此，家庭、学校教育、权力是社会再生产主导机制的结论也适用于农民工子女群体外的其他大多弱势群体。乡城流动对农民工子女地位提升具有显著作用的结论，由于强调了从乡到城的环境差异对个体发展的影响，因此该结论可能仅适用于农村的一些弱势群体，对于城市的弱势群体显然是不适用的。但即便如此，探寻向上流动途径的方式是相似的，都要从该群体的生存环境、向上流动的障碍因素着眼，从此意义上讲，本书的一些研究结论虽然不一定适用于其他弱势群体，但以农民工子女群体为例的向上流动路径的探析方式，也为其他弱势群体的相关研究提供了参考。

（三）家庭、学校重要性分析的局限性

家庭与学校为社会再生产或社会流动主导机制的实证分析部分，本书分析了家庭文化资本对子女学业成就的效应，家庭资源对家长教育期望、家长教育预期的影响，学前教育对儿童认知能力发展的作用，学校质量对学生科学能力发展的影响。虽然这些分析无一例外地证实了家庭、学校对个体地位获得的重要性，但是应该明白分析只选用了家庭、学校的一些指标（如文化资本、学前教育经历、学校质量），还有其他诸多指标没有涉及，因此，仅仅用这些指标的效应分析，对于系统地说明家庭、学校教育的重要性存在着局限性，即还有待进一步探索来系统地分析家庭与学校教育作用的方式方法。

总之，解答"社会再生产主导机制与弱势群体向上流动"可行性的研究路径可能有多种，本书以理论分析与实证分析相结合的方式探寻社会再生产的主导机制，并以农民工子女为例探析向上流动途径的研究方式只是其中之一，仍有待更进一步的研究。

参考文献

[1] Agasisti T, Longobardi S, 2014. Inequality in Education:Can Italian Disadvantaged Students Close the Gap?[J]. Journal of Behavioral and Experimental Economics, (1):8-20.

[2] Anderson S, Leventhal T, Newman S, et al., 2014. Residential Mobility among Children: A Framework for Child and Family Policy[J]. Cityscape: A Journal of Policy Development and Research, (1):5-36.

[3] Andres L, Adamuti-Trache M, Yoon E S, et al., 2007. Educational Expectations, Parental Social Class, Gender, and Postsecondary Attainment:A 10-Year Perspective[J]. Youth & Society, (2):135-163.

[4] Andrew A, Orazio A, Emla F, et al., 2018. Impacts 2 Years after a Scalable Early Childhood Development Intervention to Increase Psychosocial Stimulation in the Home: A Follow-up of a Cluster Randomised Controlled Trial in Colombia[J]. PLOS Medicine, (4):1-19.

[5] Antón J I, 2010. The Impact of Remittances on Nutritional Status of Children in Ecuador[J]. International Migration Review, (2): 269-299.

[6] Almond D, Currie J, 2011. Human Capital Development before Age Five[A]// Card D, Ashenfelter O. Handbook of Labor Economics[C]. Philadelphia, PA: Elsevier.

[7] Atkinson P A, Martin C R, Rankin J, 2009. Resilience Revisited[J]. Journal of Psychiatric and Mental Health Nursing, (2):137-145.

[8] Maughan B, McCarthy G, 1997. Childhood Adversities and Psychosocial Disorders[J]. British Medical Journal, (1):156-169.

[9] Barnett W S, 1992. Benefits of Compensatory Preschool Education[J]. Journal of Human Resources, (2):279-312.

[10] Bian Y, Logan J R, 1996. Market Transition and the Persistence of Power: The Changing Stratification System in Urban China[J]. American Sociological Review, (5):739-758.

[11] Blake J, 1981. Family Size and the Quality of Children[J]. Demography, (4):421-442.

[12] Blau D, Currie J, 2006. Pre-School, Day Care, and After-School Care: Who's Minding the Kids?[A]//Hanushek E A, Welch F. Handbook of the Economics of Education [C]. Amsterdam:Elsevier.

[13] Blau P M, Duncan O D, 1967. The American Occupational Structure[M]. New York: John Wiley Press and Sons.

[14] Boudon R, 1974. Education, Opportunity, and Social Inequality: Changing Prospects in Western Society[M]. New York:Wiley.

[15] Boudreau J W, Boswell W R, Judge T A, et al., 2001. Personality and Cognitive Ability as Predictors of Job Search among Employed Managers[J]. Personnel Psychology, (1):25-50.

[16] Bourdieu P, 1984. Distinction: a Social Critique of the Judgement of Taste[M]. Cambridge: Harvard University Press.

[17] Bourdieu P, 1986. The Forms of Capital[A]//Richardson J G. Handbook of Theory and Research in the Sociology of Education[C]. New York:Greenwood Press.

[18] Bourdieu P, Passeron J C, 1990. Reproduction in Education, Society and Culture[M]. London: Sage Publications.

[19] Breen R, Goldthorpe J H, 1997. Explaining Educational Differentials[J].

Rationality and Society, (3):275-305.

[20] Bronfenbrenner U, 1979. The Ecology of Human Development:Experiments by Nature and Design[M]. Cambridge, MA:Harvard University Press.

[21] Bryant D M, Peisner-Feinberg E S, Clifford R M, 1993. Evaluation of Public Preschool Programs in North Carolina[R]. Chapel Hill, NC:Frank Porter Graham Child Development Center.

[22] Burger K, 2010. How Does Early Childhood Care and Education Affect Cognitive Development? An International Review of The Effects of Early Interventions for Children from Different Social Backgrounds[J]. Early Childhood Research Quarterly, (2):140-165.

[23] Byun S, Schofer E, Kim K, 2012. Revisiting the Role of Cultural Capital in East Asian Educational Systems: The Case of South Korea[J]. Sociology of Education, (3): 219-239.

[24] Carneiro P M, Heckman J J, 2003. Human Capital Policy[A]//Heckman J J, Krueger A B, Friedman B M. Inequality in America:What Role for Human Capital Policies?[C]. Cambridge, MA:MIT Press.

[25] Case A, Lubotsky D, Paxson C, 2002. Economic Status and Health in Childhood: the Origins of the Gradient[J]. American Economic Review, (5):1308-1334.

[26] Case R, Griffin S, Kelly W M, 1999. Socioeconomic Gradients in Mathematical Ability and Their Responsiveness to Intervention During Early Childhood[A]//Keating D P, Hertzman C, Mustard J F. Developmental Health and the Wealth of Nations:Social, Biological and Educational Dynamics[C]. New York:Guilford Press.

[27] Cawley J, Heckman J J, Vytlacil E, 2001. Three Observations on Wages and Measured Cognitive Ability[J]. Labour Economics, (4):419-442.

[28] Chen L J, Yang D L, Ren Q, 2015. Report on the State of Children in China[R].

Chicago: Chapin Hall at the University of Chicago.

[29] Chen Y, Cowell F A, 2017. Mobility in China[J]. Review of Income and Wealth, (2): 203-218.

[30] Chetty R, Nathaniel H, Lawrence F K, 2016. The Effects of Exposure to Better Neighborhoods on Children: New Evidence from the Moving to Opportunity Experiment[J]. American Economic Review, (4):855-902.

[31] Coleman J S, Campbell E Q, Hobson C J, et al., 1976. Equality of Educational Opportunity[M]. Washington, DC: Government Printing Office.

[32] Damian R I, Rong S, Shanahan M, et al., 2015. Can Personality Traits and Intelligence Compensate for Background Disadvantage? Predicting Status Attainment in Adulthood[J]. Journal of Personality and Social Psychology, (3):473-489.

[33] Davis-kean, Pamela E, 2005. The Influence of Parent Education and Family Income On Child Achievement:The Indirect Role of Parental Expectations and the Home Environment[J]. Journal of Family Psychology, (2):294-304.

[34] de Graaf N D, Graaf P M, Kraaykamp G, 2000. Parental Cultural Capital and Educational Attainment in the Netherlands: A Refinement of the Cultural Capital Perspective[J]. Sociology of Education, (2):92-111.

[35] Dimaggio P, 1982. Cultural Capital and School Success:The Impact of Status Culture Participation on the Grades of U. S. High School Students[J]. American Sociological Review, (2): 189-201.

[36] Downey D B, Condron D J, 2016. Fifty Years since the Coleman Report: Rethinking the Relationship between Schools and Inequality[J]. Sociology of Education, (3): 207-220.

[37] Duncan O D, Featherman D L, Duncan B, 1972. Socioeconomic Background and Achievement[M]. New York: Seminar.

[38] Elder G H, 1994. Time, Human Agency, and Social Change:Perspectives on

the Life Course[J]. Social Psychology Quarterly, (1):4-15.

[39] Erikson R, Goldthorpe J H, 1987a. Commonality and Variation in Social Fluidity in Industrial Nations. Part Ⅰ: A Model for Evaluating the "FJH Hypothesis" [J]. Europe Sociological Review, (1):54-77.

[40] Erikson R, Goldthorpe J H, 1987b. Commonality and Variation in Social Fluidity in Industrial Nations. Part Ⅱ: The Model of Core Social Fluidity Applied[J]. Europe Sociological Review, (2):145-166.

[41] Erikson R, Jonsson J O, 1996. Can Education Be Equalized ? The Swedish Case in Comparative Perspective[M]. Boulder, Colo:Westview Press.

[42] Fan X, 2001. Parental Involvement and Students' Academic Achievement: A Growth Modeling Analysis[J]. The Journal of Experimental Education, (1):27-61.

[43] Fauth R C, Jodie L R, Jeanne B G, 2007. Does the Neighborhood Context Alter the Link between Youth's after-School Time Activities and Developmental Outcomes? A Multilevel Analysis[J]. Developmental Psychology, (3):760-777.

[44] Featherman D L, Jones F L, Hauser R M, 1975. Assumptions of Social Mobility Research in the United States:The Case of Occupational Status[J]. Social Science Research, (4):329-360.

[45] Flere S, Kirbiš A, 2010. Cultural Capital and Intellectual Ability as Predictors of Scholastic Achievement: a Study of Slovenian Secondary School Students[J]. British Journal of Sociology of Education, (1):47-58.

[46] Frank R, Hummer R A, 2002. The Other Side of the Paradox: the Risk of Low Birth Weight among Infants of Migrant and Nonmigrant Households within Mexico[J]. International Migration Review, (3):746-765.

[47] Farkas G, Grobe R P, Sheehan D, et al., 1990. Cultural Resources and School Success: Gender, Ethnicity, and Poverty Groups within an Urban School District[J]. American Sociological Review, (1):127-142.

[48] Gaag J V D, 2002. From Child Development to Human Development[A]// Young M E. From Early Child Development to Human Development: Investing in Our Children's Future[C]. Washington D C:The World Bank.

[49] Galster G, Seanp K, 1995. The Geography of Metropolitan Opportunity:A Reconnaissance and Conceptual Framework[J]. Housing Policy Debate, (1):7-43.

[50] Giedd J N, Blumenthal J, Jeffries N O, et al., 1999. Brain Development during Childhood and Adolescence:a Longitudinal MRI Study[J]. Nature Neuroscience, (10):861-863.

[51] Glewwe P, 1999. Why does Mother's Schooling Raise Child Health in Developing Countries? Evidence from Morocco[J]. Journal of Human Resources, (1):124-159.

[52] Gofen A, 2009. Family Capital:How First-Generation Higher Education Students Break the Intergenerational Cycle[J]. Family Relations, (1):104-120.

[53] Goldenberg C, Gallimore R, Reese L, et al., 2001. Cause or Effect? A Longitudinal Study of Immigrant Latino Parents' Aspirations and Expectations, and Their Children's School Performance[J]. American Educational Research Journal, (3):547-582.

[54] Gong X, Xu D, Han W J, 2016. The Effects of Preschool Attendance on Adolescent Outcomes in Rural China[J]. Eearly Childhood Research Quarterly, (37):140-152.

[55] GottfredsonL S, 2002. Where and Why g Matters:Not a Mystery[J]. Human Performance, (1-2):25-46.

[56] Goyette K, Xie Y, 1999. Educational Expectations of Asian American Youths: Determinants and Ethnic Differences[J]. Sociology of Education, (1):22-36.

[57] Greenman E, Xie, 2008. Is Assimilation Theory Dead? the Effect of Assimilation on Adolescent Well-being[J]. Social Science Research, (1):109-

137.

[58] Guo Q, Sun W, Wang Y, 2017. Effect of Parental Migration on Children's Health in Rural China[J]. Review of Development Economics, (4):1132-1157.

[59] Guo S Y, Fraser M W, 2015. Propensity Score Analysis:Statistical Methods and Applications[M]. Los Angeles:Sage.

[60] Hagan J, Macmillan R, Wheaton B, 1996. New Kid in Town:Social Capital and the Life Course Effects of Family Migration on Children[J]. American Sociological Review, (3):368-385.

[61] Halfon N, Shulman E, Hochstein M, 2001. Brain Development in Early Childhood[A]//Halfon N, Shulman E, Hochstein M. Building Community Systems for Young Children[C]. Los Angeles, CA: UCLA Center for Healthier Children Families and Communities.

[62] Hall J, Sylva K, Melhuish E, et al., 2009. The Role of Pre-School Quality in Promoting Resilience in the Cognitive Development of Young Children[J]. Oxford Review of Education, (3):331-352.

[63] Hango D W, 2006. The Long-Term Effect of Childhood Residential Mobility on Educational Attainment[J]. Sociological Quarterly, (4):631-664.

[64] Hanushek E A, 2003. The Failure of Input-based Schooling Policies[J]. Economic Journal, (485): 64-98.

[65] Hauser R M, Anderson D K, 1991. Post-High School Plans and Aspirations of Black and White High School Seniors:1976–1986[J]. Sociology of Education, (4): 263-277.

[66] Heckman J J, 2013. Giving Kids a Fair Chance[M]. Cambridge, MA: MIT Press.

[67] Heckman J J, Masterov D V, 2007. The Productivity Argument for Investing in Young Children[J]. Applied Economic Perspectives and Policy, (3):446-493.

[68] Heckman J J, Stixrud J, Urzua S, 2006. The Effects of Cognitive and

Noncognitive Abilities on Labor Market Outcomes and Social Behavior[J]. Journal of Labor Economics, (3): 411-482.

[69] Heckman J J, Raut L K, 2016. Intergenerational Long-term Effects of Preschool: Structural Estimates from A Discrete Dynamic Programming Model[J]. Journal of Econometrics, (1):164-175.

[70] Hildebrandt N, McKenzie D J, Esquivel G, et al., 2005. The Effects of Migration on Child Health in Mexico[J]. Economia, (6):257-289.

[71] Hill H C, 2017. The Coleman Report, 50 Years On:What Do We Know about The Role of Schools in Academic Inequality?[J]. The Annals of the American Academy, (1):9-26.

[72] Howes C, 1988. Relations Between Early Child Care and Schooling[J]. Developmental Psychology, (1):53-57.

[73] Howes C, Hamilton C E, 1993. The Changing Experience of Child Care: Changes in Teachers and in Teacher-Child Relationships and Children's Social Competence with Peers[J]. Early Childhood Research Quarterly, (1):15-32.

[74] Howes C, Smith E, Galinsky E, 1995. The Florida Child Care Quality Improvement Study:Interim Report[R]. New York: Families and Work Institute.

[75] Hout M, DiPrete T A, 2006. What We Have Learned: RC28's Contributions to Knowledge about Social Stratification[J]. Research in Social Stratification and Mobility, (1):1-20.

[76] Hu F, 2012. Migration, Remittances, and Children's High School attendance:The Case of Rural China[J]. International Journal of Educational Development, (3):401-411.

[77] Jacob B A, Wilder T, 2011. Educational Expectations and Attainment[A]// Duncan G J, Murnane R J. Whither Opportunity? Rising Inequality and the Uncertain Life Chances of Low-Income Children[C]. New York, NY: Russell

Sage Press.

[78] Jann B, 2008. The Blinder-Oaxaca Decomposition for Linear Regression Models[J]. The Stata Journal, (4):453-479.

[79] Jæger M M, 2011. Does Cultural Capital Really Affect Academic Achievement? New Evidence from Combined Sibling and Panel Data[J]. Sociology of Education, (4): 281-298.

[80] Katsillis J, Rubinson R, 1990. Cultural Capital, Student Achievement, and Educational Reproduction:The Case of Greece[J]. American Sociological Review, (2): 270-279.

[81] Kingston P W, 2001. The Unfulfilled Promise of Cultural Capital Theory[J]. Sociology of Education, (1):88-99.

[82] Kontos S, 1994. The Ecology of Family Day Care[J]. Early Childhood Research Quarterly, (1):87-110.

[83] Kramers P G, 2003. The ECHI Project:Health Indicators for the European Community[J]. The European Journal of Public Health, (S1):101-106.

[84] Kuncel N R, Hezlett S A, Ones D S, 2004. Academic Performance, Career Potential, Creativity, and Job Performance: Can One Construct Predict Them All?[J]. Journal of Personality and Social Psychology, (1):148-161.

[85] Lamb M E, Hwang C P, Broberg A, et al., 1988. The Effects of Out-of-Home Care on the Development of Social Competence in Sweden:A Longitudinal Study[J]. Early Childhood Research Quarterly, (4):379-402.

[86] Lareau A, 2003. Unequal Childhoods:Class, Race, and Family Life[M]. CA:University of California Press.

[87] Lareau A, Weininger E B, 2003. Cultural Capital in Educational Research: A Critical Assessment[J]. Theory and Society, (5):567-606.

[88] Lee M H, 2011. Migration and Children's Welfare in China: the Schooling and Health of Children Left Behind[J]. Journal of Developing Areas, (2):165-

182.

[89] Lei X, Lin W, 2009. The New Cooperative Medical Scheme in Rural China: Does More Coverage Mean More Service and Better Health?[J]. Health Economics, (S2): 25-46.

[90] Liang Z, Guo L, Duan C C, 2008. Migration and the Well-Being of Children in China[J]. The Yale-China Health Journal, (5):25-46.

[91] Li Q, Liu G, Zang W, 2015. The Health of Left-behind Children in Rural China[J]. China Economic Quarterly, (36):367-376.

[92] Linn R L, Hastings C N, 1984. A Meta-Analysis of the Validity of Predictors of Performance in Law School[J]. Journal of Educational Measurement, (3):245-259.

[93] Long L, 1992. International Perspectives on the Residential Mobility of America's Children[J]. Journal of Marriage and Family, (4):861-869.

[94] Lucas S R, 2001. Effectively Maintained Inequality:Education Transitions, Track Mobility, and Social Background Effects[J]. American Journal of Sociology, (6):1642-1690.

[95] Ludwig J, Duncan G J, Hirschfield P, 2001. Urban Poverty and Juvenile Crime: Evidence from a Randomized Housing-mobility Experiment[J]. The Quarterly Journal of Economics, (2):655-679.

[96] Luthar S S, 1991. Vulnerability and Resilience:A Study of High-risk Adolescents[J]. Child Development, (3):600-616.

[97] Maas C J M, Hox J J, 2005. Sufficient Sample Sizes for Multilevel Modeling[J]. Methodology, (3):86-92.

[98] Magnuson K, Duncan G J, 2016. Can Early Childhood Interventions Decrease Inequality of Economic Opportunity?[J]. The Russell Sage Foundation Journal of the Social Sciences, (2):123-141.

[99] Menjívar C, 2010. The Ties That Heal: Guatemalan Immigrant Women's

Networks and Medical Treatment[J]. International Migration Review, (2):437-466.

[100] Myrberg E, Rosén M, 2009. Direct and Indirect Effects of Parents' Education on Reading Achievement among Third Graders in Sweden[J]. British Journal of Educational Psychology, (4):695-711.

[101] Nee V, 1989. A Theory of Market Transition:From Redistribution to Markets in State Socialism[J]. American Sociological Review, (5):663-681.

[102] Nee V, 1996. The Emergence of a Market Society: Changing Mechanisms of Stratification in China[J]. American Journal of Sociology, (4):908-949.

[103] Neisser U, Boodoo G, Bouchard T J, et al., 1996. Intelligence:Knowns and Unknowns[J]. American Psychologist, (2):77-101.

[104] Nelson C A, 2000. The Neurobiological Bases of Early Intervention[A]// Shonkoff J P, Meisels S J. Handbook of Early Childhood Intervention[C]. MA:Cambridge University Press.

[105] Noble D J, Martin K, Qin L, et al., 2017. What Could Cognitive Capital Mean for China's Children?[J]. Psych Journal, (2):153-160.

[106] Nye B, Hedges L V, 2004. How Large Are Teacher Effects?[J]. Educational Evaluation & Policy Analysis, (3):237-257.

[107] OECD, 2016a. PISA 2015 High Performers:China[M]. Paris:OECD Publishing.

[108] OECD, 2016b. PISA 2015 Results in Focus[M]. Paris:OECD Publishing.

[109] Osborn A F, Milbank J E, 1987. The Effects of Early Education: A Report from the Child Health and Education Study[M]. Oxford:Clarendon Press.

[110] Paes De Barros R, Mendonça R, 1999. Costs and Benefits of Preschool Education in Brazil[R]. World Bank.

[111] Parish W L, Michelson E, 1996. Politics and Markets: Dual Transformations [J]. American Journal of Sociology, (4):1042-1059.

[112] Parkin F, 1979. Marxism and Class Theory: A Bourgeois Critique[M]. New York: Columbia University Press.

[113] Plowden B, 1967. Children and their Primary Schools: A Report of the Control Advisory Council for Education[M]. London: HMSO.

[114] Potok N, 2018. America's Children: Key National Indicators of Well-Being[EB/OL]. [2018-08-13]. https://www.childstats.gov/americaschildren/.

[115] Portes A, Rivas A, 2011. The Adaptation of Migrant Children[J]. The Future of Children, (1):219-246.

[116] Pribesh S, Douglas D B, 1999. Why Are Residential and School Moves Associated with Poor School Performance?[J]. Demography, (4):521-534.

[117] Richards M, Deary I, 2010. Cognitive Capital in the British Birth Cohorts:An Introduction[J]. Longit Life Course Studies, (3):197-200.

[118] Rigby M J, Köhler L I, Blair M E, et al., 2003. Child Health Indicators for Europe: a Priority for a Caring Society[J]. The European Journal of Public Health, (S3):38-46.

[119] Robinson R V, Garnier M A, 1985. Class Reproduction among Men and Women in France: Reproduction Theory on Its Home Ground[J]. American Journal of Sociology, 91(2):250-280.

[120] Rodgers B, Power C, Hope S, 1997. Parental Divorce and Adult Psychological Distress:Evidence from a National Birth Cohort:A Research Note[J]. Journal of Child Psychology and Psychiatry and Allied Disciplines, (7):867-872.

[121] Rona-Tas A, 1994. The First Shall Be Last? Entrepreneurship and Communist Cadres in the Transition from Socialism[J]. American Journal of Sociology, (1):40-69.

[122] Rosenbaum J, 1995. Changing the Geography of Opportunity by Expanding Residential Choice:Lessons from the Gautreaux Program [J]. Housing Policy Debate, (1):231-269.

[123] Rumberger R W, Larson K A, 1998. Student Mobility and the Increased Risk of High School Dropout[J]. American Journal of Education, (1):1-35.

[124] Ruopp R, Travers J, Glantz F, et al., 1979. Children at the Center: Final Report of the National Day Care Study[M]. Cambridge, MA: Abt Associates.

[125] Scanlon E, Devine K, 2001. Residential Mobility and Youth Well-Being:Research, Policy, and Practice Issues [J]. Journal of Sociology and Social Welfare, (1):119-138.

[126] Sewell W H, Hauser R M, 1972. Causes and Consequences of Higher Education:Models of the Status Attainment Process[J]. American Journal of Agricultural Economics, (5):851-861.

[127] Sewell W H, Hauser R M, 1992. The Influence of The American Occupational Structure on the Wisconsin Model[J]. Contemporary Sociology, (5):598-603.

[128] Sewell W H, Shah V P, 1968. Parents' Education and Children's Educational Aspirations and Achievements[J]. American Sociological Review, (2):191-209.

[129] Stillman S, Gibson J, Mckenzie D, 2012. The Impact of Immigration on Child Health: Experimental Evidence from a Migration Lottery Program[J]. Economic Inquiry, (1):62-81.

[130] Sue S, Okazaki S, 1990. Asian-American Educational Achievements:A Phenomenon in Search of an Explanation[J]. American Psychologist, (8):913-920.

[131] Sun X, Chen M, Chan K L, 2015. A Meta-Analysis of the Impacts of Internal Migration on Child Health Outcomes in China[J]. Bmc Public Health, (1):1-11.

[132] Szelenyi I, Kostello E, 1996. The Market Transition Debate: Toward a Synthesis?[J]. American Journal of Sociology, (4):1082-1096.

[133] Tilly C, 1998. Durable Inequality[M]. Berkeley:University of California Press.

[134] Tong Y, Luo W, Piotrowski M, 2015. The Association between Parental Migration and Childhood Illness in Rural China[J]. European Journal of Population, (5):561-586.

[135] Tremblay R E, 1999. When Children's Social Development Fails[A]//Keating D, Hertzman C. Developmental Health and the Wealth of Nation[C]. New York:Guilford Press.

[136] Tønnessen M, Telle K, Syse A, 2016. Childhood Residential Mobility and Long-Term Outcomes[J]. Acta Sociologica, (2):113-129.

[137] United Nations Children's Fund, 2015. Children in China:An Atlas of Social Indicators[EB/OL]. [2015-01-14]. http://www. unicef. cn/en/uploadfile/2015/0114/20150114094309619. pdf.

[138] Walder A G, 1992. Property Rights and Stratification in Socialist Redistributive Economies[J]. American Sociological Review, (4):524-539.

[139] Walder A G, 1996. Markets and Inequality in Transitional Economies:Toward Testable Theories[J]. American Journal of Sociology, (4):1060-1073.

[140] Weber M, 1968. Ecnomy and Society[M]. New York:Bedminster Press.

[141] Werner E, Smith R, 1992. Overcoming the Odds:High Risk Children from Birth to Adulthood[M]. NY:Cornell University Press.

[142] Whitebook M, Howes C, Phillips D, et al., 1989. Who Cares? Childcare Teachers and The Quality of Care in America[J]. Young Children, (1):41-45.

[143] Willms J D, 1999. Quality and Inequality in Children's Literacy: The Effects of Families, Schools, and Communities[A]// Keating D P, Hertzman C. Developmental Health and the Wealth of Nations:Social, Biological and Educational Dynamics[C]. New York: Guilford Press.

[144] Willis P, 1997. Learning to Labor: How Working Class Kids Get Working ClassWork[M]. New York: Columbia University Press.

[145] Wong R S, 1998. Multidimensional Influences of Family Environment in

Education:The Case of Socialist Czechoslovakia[J]. Sociology of Education, (1):1-22.

[146] Woldehanna T, Gebremedhin L, 2012. The Effects of Pre-School Attendance on the Cognitive Development of Urban Children aged 5 and 8 Years:Evidence from Ethiopia[Z]. Young Lives Working Paper 89.

[147] Woodhead M, 2012. Pathways Through Early Childhood Education in Ethiopia, Indiaand Peru:Rights, Equity, and Diversity[J]. Childhood Poverty Multidisciplinary Approaches, (5):1327-1333.

[148] Wu X, Zhang Z, 2015. Population Migration and Children's School Enrollments in China, 1990–2005[J]. Social Science Research, (53):177-190.

[149] Wu Y, 2008. Cultural Capital, the State, and Educational Inequality in China, 1949–1996[J]. Sociological Perspectives, (1):201-227.

[150] Xie Y, Greenman E, 2011. The Social Context of Assimilation:Testing Implications of Segmented Assimilation Theory[J]. Social Science Research, (3):965-984.

[151] Xie Y, Hannum E, 1996. Regional Variation in Earnings Inequality in Reform-Era Urban China[J]. American Journal of Sociology, (4):950-992.

[152] Xu H, Xie Y, 2015. The Causal Effects of Rural-to-Urban Migration on Children's Well-being in China[J]. European Sociological Review, (4):502-519.

[153] Xu J, Hampden-Thompson G, 2012. Cultural Reproduction, Cultural Mobility, Cultural Resources, or Trivial Effect? A Comparative Approach to Cultural Capital and Educational Performance[J]. Comparative Education Review, (1):98-124.

[154] Yamamoto Y, Brinton M C, 2010. Cultural Capital in East Asian Educational Systems:The Case of Japan[J]. Sociology of Education, (1):67-83.

[155] Zhang Y, Kao G, Hannum E, 2007. Do Mothers in Rural China Practice

Gender Equalityin Educational Aspirations for Their Children?[J]. Comparative Education Review, (2):131-157.

[156] Zhao Q, Yu X, Wang X, et al., 2014. The Impact of Parental Migration on Children's School Performance in Rural China[J]. China Economic Review, (31):43-54.

[157] Zhou X, Xie Y, 2019. Market Transition, Industrialization, and Social Mobility Trends in Post-Revolution China[J]. American Journal of Sociology, (6):1810-1847.

[158] Zhou X, 2000. Economic Transformation and Income Inequality in Urban China: Evidence from Panel Data[J]. American Journal of Sociology, (4):1135-1174.

[159] Zuccotti C V, Ganzeboom H B, Guveli A, 2017. Has Migration Been Beneficial for Migrants and Their Children? Comparing Social Mobility of Turks in Western Europe, Turks in Turkey, and Western European Natives[J]. International Migration Review, (1):97-126.

[160] 埃尔德, 2002. 大萧条的孩子们[M]. 田禾, 马春华, 译. 南京: 译林出版社.

[161] 鲍尔斯, 金蒂斯, 1990. 美国: 经济生活与教育改革[M]. 王佩雄, 等, 译. 上海: 上海教育出版社.

[162] 边燕杰, 2002. 市场转型与社会分层——美国社会学者分析中国[M]. 北京: 生活·读书·新知三联书店.

[163] 边燕杰, 吴晓刚, 李路路, 2008. 社会分层与流动: 国外学者对中国研究的新进展[M]. 北京: 中国人民大学出版社.

[164] 边燕杰, 张展新, 2002. 市场化与收入分配——对1988年和1995年城市住户收入调查的分析[J]. 中国社会科学, (5): 97-111.

[165] 伯恩斯坦, 1989. 社会阶级、语言与社会化[G]// 张人杰. 国外教育社会学基本文选. 上海: 华东师范大学出版社.

[166] 布尔迪约, 帕斯隆, 2002a. 继承人——大学生与文化[M]. 邢克超, 译.

北京：商务印务书馆.

[167] 布尔迪约, 帕斯隆, 2002b. 再生产——一种教育系统理论的要点 [M]. 邢克超, 译. 北京：商务印务书馆.

[168] 布洛维, 2007. 公共社会学 [M]. 北京：社会科学文献出版社.

[169] 曹谦, 2018a. 流动经历对农村青少年教育获得的影响——基于"中国城镇化与劳动力移民研究"数据的实证研究 [J]. 教育与经济, (4): 89-96.

[170] 曹谦, 2018b. 学区房真的重要吗?——基于国际学生评估项目 (PISA 2015) 数据的分析 [J]. 统计与信息论坛, (6): 115-122.

[171] 陈纯槿, 柳倩, 2017. 学前教育对学生 15 岁时学业成就的影响——基于国际学生评估项目上海调查数据的准实验研究 [J]. 学前教育研究, (1): 3-12.

[172] 陈丽, 王晓华, 屈智勇, 2010. 流动儿童和留守儿童的生长发育与营养状况分析 [J]. 中国特殊教育, (8): 48-54.

[173] 陈欣欣, 张林秀, 罗斯高, 等, 2009. 父母外出与农村留守子女的学习表现——来自陕西省和宁夏回族自治区的调查 [J]. 中国人口科学, (5): 103-110.

[174] 陈玥, 赵忠, 2012. 我国农村父母外出务工对留守儿童健康的影响 [J]. 中国卫生政策研究 (11): 48-54.

[175] 陈云松, 贺光烨, 句国栋, 2019. 无关的流动感知：中国社会"阶层固化"了吗? [J]. 社会学评论, (6): 49-67.

[176] 陈在余, 2009. 中国农村留守儿童营养与健康状况分析 [J]. 中国人口科学, (5): 95-102.

[177] 程猛, 康永久, 2016. "物或损之而益"——关于底层文化资本的另一种言说 [J]. 清华大学教育研究, (4): 83-91.

[178] 褚宏启, 2015. 城镇化进程中的教育变革——新型城镇化需要什么样的教育改革 [J]. 教育研究, (11): 4-13.

[179] 丁继红, 徐宁吟, 2018. 父母外出务工对留守儿童健康与教育的影响 [J].

人口研究, (1): 76-89.

[180] 董海军, 2019. 成长的驱动与机会：底层苦难经历的自我民族志[J]. 中国青年研究, (7): 24-29.

[181] 段成荣, 赖妙华, 秦敏, 2017. 21世纪以来我国农村留守儿童变动趋势研究[J]. 中国青年研究, (6): 52-60.

[182] 段成荣, 梁宏, 2005. 关于流动儿童义务教育问题的调查研究[J]. 人口与经济, (1): 11-17.

[183] 段成荣, 杨舸, 2008a. 我国流动儿童最新状况——基于2005年全国1%人口抽样调查数据的分析[J]. 人口学刊, (6): 23-31.

[184] 段成荣, 杨舸, 2008b. 我国农村留守儿童状况研究[J]. 人口研究, (3): 15-25.

[185] 范先佐, 2005. 农村"留守儿童"教育面临的问题及对策[J]. 国家教育行政学院学报, (7): 78-84.

[186] 方长春, 2005. 家庭背景与教育分流——教育分流过程中的非学业性因素分析[J]. 社会, (4): 105-118.

[187] 伏干, 2017. 流动儿童学校表现研究现状与展望[J]. 现代中小学教育, (5): 8-12.

[188] 葛兰西, 2000. 狱中札记[M]. 曹雷雨, 姜丽, 张跣, 译. 北京：中国社会科学出版社.

[189] 格雷戈里, 2012. 心理测量：历史、原理及应用[M]. 施俊琦, 译. 北京：机械工业出版社.

[190] 顾辉, 2015. 社会流动视角下的阶层固化研究——改革开放以来我国社会阶层流动变迁分析[J]. 广东社会科学, (5): 202-213.

[191] 国家卫生和计划生育委员会流动人口司, 2017. 中国流动人口发展报告[M]. 北京：中国人口出版社.

[192] 郭申阳, 马克·W. 弗雷泽, 2012. 倾向值分析：统计方法与应用[M]. 郭志刚, 巫锡炜, 译. 重庆：重庆大学出版社.

[193] 韩嘉玲, 高勇, 张妍, 等, 2014. 城乡的延伸——不同儿童群体城乡的再生产 [J]. 青年研究, (1): 40-52.

[194] 洪岩璧, 赵延东, 2014. 从资本到惯习：中国城市家庭教育模式的阶层分化 [J]. 社会学研究, (4): 73-93.

[195] 胡鞍钢, 2002. 影响决策的国情报告 [M]. 北京：清华大学出版社.

[196] 胡安宁, 2012. 倾向值匹配与因果推论：方法论述评 [J]. 社会学研究, (1): 221-242.

[197] 胡安宁, 2017. 文化资本研究：中国语境下的再思考 [J]. 社会科学, (1): 64-71.

[198] 胡枫, 李善同, 2009. 父母外出务工对农村留守儿童教育的影响——基于5城市农民工调查的实证分析 [J]. 管理世界, (2): 67-74.

[199] 胡建国, 李伟, 蒋丽平, 2019. 中国社会阶层结构变化及趋势研究——基于中国社会流动变化的考察 [J]. 行政管理改革, (8): 58-66.

[200] 黄斌欢, 2014. 双重脱嵌与新生代农民工的阶级形成 [J]. 社会学研究, (2): 170-188.

[201] 黄斌欢, 2015. 留守经历与农村社会的断裂——桂中壮族留守儿童研究 [J]. 中国农业大学学报(社会科学版), (4): 48-58.

[202] 江立华, 2011. 乡村文化的衰落与留守儿童的困境 [J]. 江海学刊, (4): 108-114.

[203] 江立华, 鲁小彬, 2006. 农民工子女教育问题研究综述 [J]. 河北大学成人教育学院学报, (1): 44-46.

[204] 江求川, 2017. 家庭背景、学校质量与城乡青少年认知技能差异 [J]. 教育与经济, (6): 21-30.

[205] 卡尔·波兰尼, 2007. 大转型：我们时代的政治和经济起源 [M]. 冯钢, 刘阳, 译. 杭州：浙江人民出版社.

[206] 李陈续, 2002. 农村"留守儿童"教育问题亟待解决 [N]. 光明日报, 2002-04-09.

[207] 李成贵, 2007. 必须高度关注留守儿童和流动儿童的教育问题 [J]. 调研世界, (5): 3-4.

[208] 李春玲, 2003. 社会政治变迁与教育机会不平等——家庭背景及制度因素对教育获得的影响 (1940—2001)[J]. 中国社会科学, (3): 86-98.

[209] 李飞, 杜云素, 2019. 资源约束下的苦难与超越: 高学业成就农村青年的求学史分析 [J]. 中国青年研究, (7): 5-14.

[210] 李建平, 1995. 流动的孩子哪里上学——流动人口子女教育探讨 [N]. 中国教育报, 1995-01-21.

[211] 李路路, 2002. 制度转型与分层结构的变迁——阶层相对关系模式的"双重再生产"[J]. 中国社会科学, (6): 105-118.

[212] 李路路, 2003. 制度转型与阶层化机制的变迁——从"间接再生产"到"间接与直接再生产"并存 [J]. 社会学研究, (5): 42-51.

[213] 李路路, 2006. 再生产与统治——社会流动机制的再思考 [J]. 社会学研究, (2): 37-60.

[214] 李路路, 秦广强, 陈建伟, 2012. 权威阶层体系的构建——基于工作状况和组织权威的分析 [J]. 社会学研究, (6): 46-76.

[215] 李培林, 1996. 流动民工的社会网络和社会地位 [J]. 社会学研究, (4): 42-52.

[216] 李强, 2005. "丁字型"社会结构与"结构紧张"[J]. 社会学研究, (2): 55-73.

[217] 李强, 2006. 当前中国社会结构变化的新趋势 [J]. 经济界, (1): 35-42.

[218] 李强, 2012. 农民工与中国社会分层 [M]. 北京: 社会科学文献出版社.

[219] 李强, 陈宇琳, 刘精明, 2012. 中国城镇化"推进模式"研究 [J]. 中国社会科学, (7): 82-100.

[220] 李强, 臧文斌, 2011. 父母外出对留守儿童健康的影响 [J]. 经济学 (季刊), (1): 341-360.

[221] 李祥云, 魏萍, 2014. 学校资源配置对学生成绩的影响机制研究——基

于对 JX 县小学问卷调查的实证分析 [J]. 教师教育学报, (5): 63-72.

[222] 李煜, 2006. 制度变迁与教育不平等的产生机制——中国城市子女的教育获得 (1966—2003) [J]. 中国社会科学, (4): 97-109.

[223] 李钟帅, 苏群, 2014. 父母外出务工与留守儿童健康——来自中国农村的证据 [J]. 人口与经济, (3): 51-58.

[224] 林晓珊, 2019. 境遇与体验：一个阶层旅行者的自我民族志 [J]. 中国青年研究, (7): 15-23.

[225] 林宗弘, 吴晓刚, 2010. 中国的制度变迁、阶级结构转型和收入不平等：1978—2005[J]. 社会, (6): 1-40.

[226] 刘保中, 张月云, 李建新, 2014. 社会经济地位、文化观念与家庭教育期望 [J]. 青年研究, (6): 46-55.

[227] 刘精明, 2008. 中国基础教育领域中的机会不平等及其变化 [J]. 中国社会科学, (5): 101-116.

[228] 刘守义, 2006. 河北省尚义县农村家庭教育投资行为研究 [D]. 北京：中国农业科学院.

[229] 刘欣, 2018. 协调机制、支配结构与收入分配：中国转型社会的阶层结构 [J]. 社会学研究, (1): 89-115.

[230] 刘云彬, 王志明, 杨晓芳, 2009. 精英的选拔：身份、地域与资本的视角 [J]. 清华大学教育研究, (5): 42-59.

[231] 卢晖临, 梁艳, 侯郁聪, 2015. 流动儿童的教育与阶级再生产 [J]. 山东社会科学, (3): 79-87.

[232] 陆学艺, 2002. 当代中国社会阶层研究报告 [M]. 北京：社会科学文献出版社.

[233] 陆学艺, 2004. 当代中国社会流动 [M]. 北京：社会科学文献出版社.

[234] 罗仁福, 赵启然, 何敏, 2009. 贫困农村学前教育现状调查 [J]. 学前教育研究, (1): 7-10.

[235] 吕利丹, 阎芳, 段成荣, 等, 2018. 新世纪以来我国儿童人口变动基本事

实和发展挑战 [J]. 人口研究, (30): 65-78.

[236] 吕绍青, 张守礼, 2001. 城乡差别下的流动儿童教育——关于北京打工子弟学校的调查 [J]. 战略与管理, (4): 95-108.

[237] 马洪杰, 张卫国, 2019. 文化再生产抑或文化流动：中国中学生学业成就的阶层差异研究 [J]. 教育与经济, (1): 25-34.

[238] 马克思, 1963. 资本论：第一卷 [M]. 郭大力, 王亚南, 译. 北京：人民出版社.

[239] 庞丽娟, 韩小雨, 2010. 中国学前教育立法：思考与进程 [J]. 北京师范大学学报(社会科学版), (5): 14-20.

[240] 清华大学课题组, 2012. 让每个学子都拥有公平的机会 [N]. 光明日报, 2012-07-03(015).

[241] 任松筠, 刘允明, 戴丹, 2005. 关注农村"留守儿童"综合症 [N]. 新华日报, 2005-08-25(B03).

[242] 沈百福, 2004. 义务教育投入的城乡差异分析 [J]. 教育科学, (3): 23-26.

[243] 沈纪, 2019. 留守和流动对儿童健康的影响——基于儿童健康综合测量的一项研究 [J]. 江苏社会科学, (1): 80-90.

[244] 申继亮, 2008. 流动和留守儿童的环境资源比较 [J]. 教育探究, (2): 1-7.

[245] 申继亮, 王兴华, 2007. 流动对儿童意味着什么——对一项心理学研究的再思考 [J]. 中国妇运, (6): 27-29.

[246] 世界银行东亚及太平洋地区人类发展部, 2011. 中国的儿童早期发展与教育：打破贫困的代际传递与改善未来竞争力 [M]. 北京：中国人口出版社.

[247] 孙立平, 2003. 断裂：20世纪90年代以来的中国社会 [M]. 北京：社会科学文献出版社.

[248] 孙远太, 2010. 家庭背景、文化资本与教育获得——上海城镇居民调查 [J]. 青年研究, (2): 35-43.

[249] 谭深, 2011. 中国农村留守儿童研究述评 [J]. 中国社会科学, (1): 138-150.

[250] 唐一鹏, 王维懿, 胡咏梅, 2016. 学前教育与未来学业成就——基于

PISA2012 的实证研究 [J]. 外国教育研究, (5): 99-109.

[251] 田旭, 黄莹莹, 钟力, 等, 2018. 中国农村留守儿童营养状况分析 [J]. 经济学 (季刊), (1): 247-276.

[252] 万国威, 2012. 中国少儿教育福利省际均衡性研究 [J]. 中国人口科学, (1): 82-93.

[253] 王春光, 2005. 农民工：一个正在崛起的新工人阶层 [J]. 学习与探索, (1): 38-43.

[254] 王代芬, 王碧梅, 2016. "买房择校": 被定格的教育机会 [J]. 教育学术月刊, (4): 48-54.

[255] 王甫勤, 时怡雯, 2014. 家庭背景、教育期望与大学教育获得——基于上海市调查数据的实证研究 [J]. 社会, (1): 175-195.

[256] 王海珍, 刘殿国, 2016. 泛珠三角区域多层经济增长理论模型及应用研究——基于社会嵌入性视角的分析 [J]. 统计与信息论坛, (10): 35-41.

[257] 王慧敏, 吴愈晓, 黄超, 2017. 家庭社会经济地位、学前教育与青少年的认知—非认知能力 [J]. 青年研究, (6): 46-57.

[258] 王蕾, 贤悦, 张偲琪, 等, 2019. 中国农村儿童早期发展：政府投资的效益—成本分析 [J]. 华东师范大学学报 (教育科学版), (3): 122-132.

[259] 王宁, 马莲尼, 2019. 目标导向与代际社会流动——一个能动性的视角 [J]. 山东社会科学, (4): 50-60.

[260] 王水珍, 刘成斌, 2007. 流动与留守——从社会化看农民工子女的教育选择 [J]. 青年研究, (1): 22-30.

[261] 王香丽, 2010. 基础教育阶段重点学校制度对我国教育公平的影响 [J]. 教育评论, (6): 3-6.

[262] 汪建华, 黄斌欢, 2014. 留守经历与新工人的工作流动：农民工生产体制如何使自身面临困境 [J]. 社会, (5): 88-104.

[263] 吴帆, 杨伟伟, 2011. 留守儿童和流动儿童成长环境的缺失与重构——基于抗逆力理论视角的分析 [J]. 人口研究, (6): 90-99.

[264] 吴愈晓, 2013. 教育分流体制与中国的教育分层 (1978—2008)[J]. 社会学研究, (4): 179-202.

[265] 吴愈晓, 黄超, 2016. 基础教育中的学校阶层分割与学生教育期望 [J]. 中国社会科学, (4): 111-134.

[266] 吴愈晓, 黄超, 黄苏雯, 2017. 家庭、学校与文化的双重再生产：文化资本效应的异质性分析 [J]. 社会发展研究, (3): 1-27.

[267] 邬志辉, 李静美, 2015. 农村留守儿童生存现状调查报告 [J]. 中国农业大学学报(社会科学版), (1): 65-74.

[268] 吴映雄, 杜康力, 2014. 父母外出打工对留守儿童的学业成绩的影响——基于性别差异的视角 [J]. 特区经济, (4): 186-189.

[269] 吴志明, 2012. 群体社会化理论下流动儿童社会化的三种倾向与乡土回归 [J]. 中国青年研究, (6): 19-23.

[270] 希拉里·罗德姆·克林顿, 2015. 举全村之力：希拉里谈教育 [M]. 曾桂娥, 译. 上海：上海译文出版社.

[271] 谢东虹, 2016. 留守经历对新生代农民工工作流动的影响——基于 2015 年北京市数据的实证检验 [J]. 南方人口, (3): 1-9.

[272] 谢建社, 牛喜霞, 谢宇, 2011. 流动农民工随迁子女教育问题研究——以珠三角城镇地区为例 [J]. 中国人口科学, (1): 92-100.

[273] 熊易寒, 2010. 底层、学校与阶级再生产 [J]. 开放时代, (1): 94-110.

[274] 闫伯汉, 2018. 农民工的孩子们：流动对儿童认知发展的影响研究 [M]. 北京：科学出版社.

[275] 闫伯汉, 2017. 乡城流动与儿童认知发展——基于 2012 年中国城镇化与劳动移民调查数据的分析 [J]. 社会, (4): 59-89.

[276] 闫伯汉, 2014. 基于不同视角的中国农村留守儿童研究述评 [J]. 学术论坛, (9): 129-134.

[277] 杨东平, 2000. 对我国教育公平问题的认识和思考 [J]. 教育发展研究, (9): 14-17.

[278] 杨东平, 2005. 中国教育制度和教育政策的变迁 [EB/OL]. [2005-05-11]. http://www.aisixiang.com/data/6728.html.

[279] 杨菊华, 谢永飞, 2015. 流动儿童的学前教育机会: 三群体比较分析 [J]. 教育与经济, (3): 44-51.

[280] 杨威, 2012. 流动儿童家庭教育期望的影响因素探析——基于北京市某区的问卷调查 [J]. 西北人口, (2): 98-102.

[281] 杨习超, 姚远, 张顺, 2016. 家庭社会地位对青少年教育期望影响研究——基于 CEPS 2014 调查数据的实证分析 [J]. 中国青年研究, (7): 67-73.

[282] 杨雪, 马肖曼, 2016. 乡—城新生代流动家庭子女的教育选择研究 [J]. 教育与经济, (1): 91-96.

[283] 叶敬忠, 潘璐, 2008. 别样童年: 中国农村留守儿童 [M]. 北京: 社会科学文献出版社.

[284] 叶敬忠, 王伊欢, 张克云, 等, 2005. 对留守儿童问题的研究综述 [J]. 农业经济问题, (10): 73-78.

[285] 叶敬忠, 王伊欢, 张克云, 等, 2006. 父母外出务工对农村留守儿童学习的影响 [J]. 农村经济, (6): 119-123.

[286] 应星, 2015. 中国社会 [M]. 北京: 中国人民大学出版社.

[287] 俞可平, 2005. 中国模式: 经验与鉴戒 [N]. 文汇报, 2005-09-04(6).

[288] 余秀兰, 韩燕, 2018. 寒门如何出"贵子"——基于文化资本视角的阶层突破 [J]. 高等教育研究, (2): 8-16.

[289] 曾东霞, 2019. "斗室星空": 农村贫困家庭第一代大学生家庭经验研究 [J]. 中国青年研究, (7): 38-43.

[290] 翟帆, 赵秀红, 2007. 让农村孩子也拥有花样年华 [N]. 中国教育报, 2007-03-12(1).

[291] 张绘, 龚欣, 尧浩根, 2011. 流动儿童学业表现及影响因素分析——来自北京的调研证据 [J]. 北京大学教育评论, (3): 121-136.

[292] 张玉林, 2013. 中国教育：不平等的扩张及其动力 [J]. 群言, (3): 25-29.

[293] 郑磊, 翁秋怡, 龚欣, 2019. 学前教育与城乡初中学生的认知能力差距——基于 CEPS 数据的研究 [J]. 社会学研究, (3): 122-145.

[294] 郑磊, 吴映雄, 2014. 劳动力迁移对农村留守儿童教育发展的影响——来自西部农村地区调查的证据 [J]. 北京师范大学学报 (社会科学版), (2): 139-146.

[295] 赵娟, 2005. 流动儿童少年学习困难的非智力因素分析——多次转学经历的个案研究 [J]. 青年研究, (10): 10-15.

[296] 赵如婧, 周皓, 2018. 儿童健康发展的比较研究 [J]. 青年研究, (1): 34-45.

[297] 赵树凯, 2000. 边缘化的基础教育——北京外来人口子弟学校的初步调查 [J]. 管理世界, (5): 70-78.

[298] 赵晓航, 2017. 父母外出务工对农村留守儿童健康的影响——基于 CFPS 2012 数据的实证分析 [J]. 社会发展研究, (1): 19-41.

[299] 赵玮, 2008. 勿将留守儿童标签化为"问题儿童"——河南省农村留守儿童教育问题的调研报告 [J]. 现代教育科学, (6): 99-101.

[300] 中国儿童中心 (国务院妇女儿童工作委员会办公室), 2005. 中国流动人口中儿童状况抽样调查 [J]. 中国妇运, (6): 8-10.

[301] 中国发展研究基金会, 2023. 中国儿童发展报告 2023: 促进农村儿童质量发展 [M]. 北京：中国发展出版社.

[302] 中国发展研究基金会项目组, 2013. 走教是推广农村学前教育覆盖率的有效方式——贫困地区儿童早期发展试点情况 [J]// 王梦奎. 反贫困与中国儿童发展 [M]. 北京：中国发展出版社.

[303] 中华人民共和国中央人民政府, 2011. 国务院关于印发中国妇女发展纲要和中国儿童发展纲要的通知 [EB/OL]. [2011-07-30]. http: //www.gov.cn/gongbao/content/2011/content_1927200.htm.

[304] 周国华, 2010. 2008 年流动与留守儿童研究新进展 [J]. 人口与经济, (3): 76-79, 92.

[305] 周丽婷, 2006. 河北省妇联儿童部公布抽样调查结果：八成以上留守儿童成绩中等偏下 [N]. 中国妇女报, 2006-09-02(2).

[306] 周潇, 2011a. 农村青少年辍学现象再思考：农民流动的视角 [J]. 青年研究, (6): 43-52.

[307] 周潇, 2011b. 劳动力更替的低成本组织模式与阶级再生产———一项关于流动/留守儿童的实地研究 [D]. 北京：中国社会科学院研究生院.

[308] 周雪光, 2011. 权威体制与有效治理：当代中国国家治理的制度逻辑 [J]. 开放时代, (10): 67-85.

[309] 周宗奎, 孙晓军, 刘亚, 等, 2005. 农村留守儿童心理发展与教育问题 [J]. 北京师范大学学报(社会科学版), (1): 71-79.

[310] 朱光磊, 李晨行, 2017. 现实还是风险："阶层固化"辨析 [J]. 探索与争鸣, (5): 76-82.

[311] 朱科蓉, 李春景, 周淑琴, 2002. 农村"留守子女"学习状况分析与建议 [J]. 教育科学, (4): 21-24.